米中冷戦がもたらす
経営の新常識

15選

ハーバード大学国際問題研究所 元・客員研究員
恩田達紀

日経BP

前書き

今まさに日々の変化が激しくなり、グローバル規模でバランス・オブ・パワー(力の均衡)は大きく崩れ、乱れはじめている。現時点では「歴史上どんな位置にあるのか」が非常に難解であり、日々起こる事象の理解に苦しむ時代である。

そして、世界的な連携が深くなっていることにより、劇的な出来事が起こるたびに、その影響度やリスクなどがまったく予想がつきにくい時代である。

米中の覇権争いは、実際に表裏にわたって熾烈な争いが繰り広げられている。その背景や根底にある考え方や戦略は表に出にくい。

現在の国際情勢における対立は、従来の「軍事的安全保障」に加え、「経済的安全保障」、そして、根底にある人間社会の基本的概念である「イデオロギー・価値観」の領域での争いにまで発展しはじめている。

国際間の「社会問題の解決」も、この3つの国際間の対立が激しくなればトーンダウンし、共同で対処することができなくなってしまう。そして、その新しい世界的枠組みとなる「軍事的・経済的安全保障の関連性と優先度」と「イデオロギーの対立」の理解を怠ると、極端に誤った判断を下してしまう恐れがあり、国や企業の存亡に大きく影響を与える時代となった。
世界を取り巻く環境の変化が激しい中、最近はコンサルティングの現場から多くの要望や悲鳴が聞こえてきている。

「パンデミック、ロシアのウクライナ侵攻などの危機により、世界の軍事的安全保障と経済的安全保障の両方を正確に捉え行動しなければ、グローバルビジネスから退場させられる可能性が増した。」「習近平《シー・ジンピン》政権は、従来の改革開放路線から権威主義的政策へ大きく舵を切った。この先中国や世界はどうなるのか。」「米国の力が弱まるにつれ、より世界の情勢がわからなくなっている。この先何をベースに考え、ビジネスを進めたらいいのか。」

「経済合理性や規模の利益を追求する時代は終わったが、どこで生産し、どこに販売するのが最適なのかがわからない。」「サプライチェーン全体を自社で末端まで管理し、危機が生じても動じないレジリエントなビジネスモデルに早急に転換しなければならない。」

「米国・欧州同様に自らの言葉でメディアなどに対外声明やコメントを出さねばならない時代になった。事前に深い知識と準備が必要だ。」「情報が多すぎ、偽情報など一方的な情報に惑わされやすい。情報に対する〝真贋を見極める目〟を養いたい。」「できる限り直接的に一次的なインテリジェンス情報を入手し、確度の高い判断を下せるようにしたい。」
「従来の〝守りを重視したリスク管理機能〟ではなく、〝攻めのインテリジェンス機能〟がほしい。リスクを恐れるあまり、何もしない経営体質になってしまった。」「正解がない中で、グレーな部分を判断し、リスクを理解して事業を推進する体制を作っていかなければ生き残れない。」「自社内に新たなインテリジェンス機能を有する組織を創設し、経営トップはもとより、社員全体のインテリジェンス情報リテラシーを向上させる必要がある。」

こうした声を受けて、本書では、20世紀初頭から米ソ冷戦に至るまでと、それ以降の現在に至るまでの「軍事的安全保障」、「経済的安全保障」、「イデオロギー・価値観」という3つの構造的な対立について、米中や日本、インドなどを含む主な国が置かれた「地政学的視点」とともに、「歴史的背景・経緯」、「リーダーの意思決定による結末」、「政治・経済、ビジネスへの影響」を捉え、教訓となるものについて解説を加えた。

加えて、冷戦後期からの筆者の米国、中国、東欧、アジアでの現地駐在で得た知見や経験で特徴的なものや、その時の実感について参考までにいくつか紹介している。

本書全般では、直近の世界情勢について、米中のどちら側に偏ることなく、味方することなく、双方の本質的なベース・起点となる考え方と立場を客観的に捉え分析している。また、過去に同様もしくは近似する場面や歴史を振り返り、現在と過去の類似点や相違点を例示し、現在と将来についての方向性を解析することを試みた。

そして、それぞれの戦略上のPros & Cons（良い点や悪い点、賛否両論）を踏まえ、その本質的な考え方などから表れる事象と結果について解析した。全15章のどの章からでも読んでいただける構成となっている。

15章からなる本編の参考情報として、巻末の図解編では模式化を試みた。現在の難解な世界情勢と米中冷戦構造に対して、より一層理解を深めていただきたいとの思いからである。長年従事してきたコンサルティングビジネスの考え方をいくつか取り入れ、重要だと思われるポイントについては、一つ一つ図表化している。

本編とともに図解編を併せて参考にしていただき、本編では個別に解説しにくかった欧州やインド太平洋地域の国々の動きなどの理解の一助としていただければ幸いである。

二〇二三年五月

恩田達紀

米中冷戦がもたらす経営の新常識15選　目次

第1章

米中アラスカ交渉決裂
新冷戦の幕開け

経営目線でもっと注意を払うべき事態に

米中冷戦がもたらす
経営の**新常識**15選

米国の油断を中国が突く

今や米国の最大の敵は「中国」となる。

しかし、従来の敵の概念とはまったく異なるものであったため、認識するまでには多くの時間を必要とした。

中国は米国にとって、捉えどころがない挑戦者であった。

まずは、多くの米国人が新しい敵を敵と認識し、本格的に気づくに至る過程と中国に対する脅威を実感する主な出来事やターニングポイントについて捉えていく。

「捉えどころのない」挑戦者が最大の敵へ

米国にとって、新しい敵と従来の敵との大きな違いは、

①「膨大な経済規模を有す」：今や世界第2位の経済規模、米国を2020年代後半から2030年代前半までには凌駕する勢い

②「似て非なる経済システム」：矛盾を巧みに利用する社会主義による市場経済と外国の企業

活動への中国政府からの足かせとコントロール

③「価値観・イデオロギー、民主主義の概念がまったく異なる相手」：中国独自の解釈による特異的な全過程人民民主主義

④「交渉上手」：長期戦を見据えたしたたかな視座、官民一体の国家としての戦略と意思決定

⑤「気づかぬうちに米国へ浸透」：政治、経済、軍事、学究、メディア等あらゆる分野でヒト・モノ・カネ・情報に浸透

の5つが際立っていると考えられる。

そして、米国自身がその最大の敵を世界の政治と経済に取り込み、自ら作り出してしまっていたことである。本書では、米中間でのその象徴的な背景や出来事について、その変化・事象を現在に照らし合わせて分析を試みる。

当初は中国に対しては、「Rival」、「Enemy」、「Opponent」、「Foe」など、一般的な「ライバル、敵、敵対者、反対の者」としての言葉を使って表現していた。その後、米国は従来の概念を超越した敵として、中国に対し、「Adversary」という言葉を使うようになっていく。この言葉には、「非常に手強い敵としてのニュアンス」が感じ取れる。

Adversaryの語源は、Online Etymology Dictionary（オンラインの英語語源辞書）によれば、12世紀の古期フランス語由来の言葉で、「特に人類の敵として、悪魔のような敵意をもった敵」と

定義している。

米国にとって、敵として脅威となる手強い国家の出現である。

パックス・アメリカーナの油断

1991年12月25日、米国とソビエト連邦との第2次世界大戦後の東西冷戦は実質的に終結を迎えた。

強敵であったソ連の崩壊後、対テロ戦争ではアフガニスタンで約20年にわたる米国史上最長の戦争を展開したが、「米国の足元や覇権を脅かす国家」としての強敵は現れなかった。

しかし、その陰で約30年もの間、さらに手強い敵は着々と、したたかに力を蓄えていく。言うまでもなく、今や「あらゆる分野で米国の最大の競争相手となる中国」は、1989年6月4日の天安門事件での国際社会からの孤立後、経済も低迷し、そのどん底から這い上がってきたのである。

米国のトランプ政権前までは、その存在はわかっていてもその本質的な脅威は、見逃されていたか、あえて見ないようにしてきた。実際オバマ政権当時は、経済を優先させ領土問題や人権問題なども見て見ぬ振りをする場面が多かった。また、米国にとって「敵の敵は味方」的な発想が盲目的状況を加速させてきたとも言える。

冷戦後期からは、日本との経済・貿易戦争（１９８５〜97年）、９・11後のテロ戦争とアフガニスタン戦争（２００１〜21年）、大量破壊兵器疑惑でのイラク戦争（２００３〜11年）、金融危機（２００７〜10年）等、その他散発的、局所的問題はあるものの、米国にとっては大敵のいない経済優先の平和な世界、文字通りグローバリズムの時代であった。

冷戦後は、強敵のいないパックス・ロマーナ（ローマの平和）的な状況を米国や世界は謳歌していた時代とも言える。

米国国内では、「中国寄りの政治家」、「中国とのビジネスで莫大な利益を得ている経済人」、「親中国の学者や研究者」、「中国系のロビー活動」、いわゆる「中国ハンドラー（中国関連情報や政策立案などで多大な影響力を有する人や世論を左右する人）」たちが幅を利かせた。

中国共産党系国有メディア（現在の米国では外国の宣伝機関認定による規制対象の中国国有メディアとして「新華社」、「中国中央電視台」、「人民日報」、「中国新聞社」、「環球時報」、「経済日報」、「解放日報」、「第一財経グローバル」、「新民晩報」、「中国社会科学出版社」、「北京週報」等がある）は、自由に米国内や世界で活動できた。彼らの極端なプロパガンダまでも自由に米国内を闊歩する状態であった。

身近なところでは、私の研究室があるボストン対岸のケンブリッジでも、中国からの研究者や留学生で溢れかえっていた。

「中国大手企業とのビジネスの緊密化と拡大」、「深圳などのスタートアップとの協業や投資話」、「中国企業のウォール街への新規上場」をはじめ、中国関連のビジネスやお金儲けの話などは連日のように尽きない感もあった。２０１９年には中国企業の米国上場は１５０社を超え（２０１９年2月時点１５６社、米国預託証券形式、ブルームバーグ調べ）、連日のように株価が最高値を更新する時もあった。

世界の経済規模の1位と2位の国が蜜月状態になり、その利を主に2国で分け合い享受していた。まさしくパックス・アメリカーナ（アメリカの平和）の油断であったと言える。

内輪揉めと平和ぼけ

２０１８～19年当時の米国では、国内の激しい分裂状況を見ることが日常茶飯事のようになる。

トランプ大統領の極端な米国ファースト政策や演説・スローガンなどは、大統領が使用するにしては類を見ない辛辣な中傷の言葉などが頻繁に使われる。街中でも子供たち同士で、ふざけあって「トランプ言葉（スラング）」として、乱暴な言葉を真似て使っている場面によく遭遇したものである。

典型的な例は、ボストンの街中でも、「ＭＡＧＡ（Make America Great Again）」のＰＲ看板に対抗し、その対面のビルや住宅の玄関などに「ＭＡＴＡ（Make America Trump-less Again：アメリカからトランプをなくせ）」などというジョークもよく張られる。このような放送禁止用語にはならない、笑えるものも多くあり、反論の横断幕やバナーがあちこちにユーモラスに飾られて、庶民・老若男女の生活の一部のようであった。

家庭でのテレビのライブやメディアでは、頻繁に共和党と民主党の議会内外での壮絶な罵りあいやバトルが見られた。共和党と民主党の露骨な批判と誹謗中傷合戦の末、大統領の弾劾裁判にまで発展するほど国内は分裂していく。

また保守系、リベラル系、独立系メディアなど各社こぞって、火に油を注ぐような極端な対立状況を連日報道し、煽ることで視聴率を稼ぐ。

敵は国内にあり、外国に目を向けるより国内の米国人同士の戦いが熾烈になる。共和党、民主党の激しい争いや、米連邦捜査局（ＦＢＩ）、米中央情報局（ＣＩＡ）といった諜報機関なども含めた内紛のスキャンダル合戦に多くの時間を奪われる。弾劾裁判も相まってその極みに達していた。

特にトランプ大統領のプレスインタビューでの記者との質疑と応答でのやりとりは毎回、ハリウッド映画のシーンを見ている感覚も無きにしもあらずであった。ましてや米中の貿易戦争の論争などは、国内の熾烈な争いに比べ、メディアをはじめ突っ込んだ議論は少なく、中国は「人口が多いので経済規模が大きくなり、力を持つのは当たり前」、といったところで議論が終わることも多々あった。トランプ大統領の政策に対しては「米国第一主義は、グローバル化の阻害要因」とする批判により、中国の本質的脅威については見過ごされることが多くなる。

内輪揉めに終始している米国の死角は大きく、平和ぼけの時代とも言われる。

キッシンジャーの警告

米国のキッシンジャー元国務長官の策略により、1972年2月21日、ニクソン大統領と毛沢東主席との直接会談が実現し、世界を驚愕させた。

以来、文化大革命で孤立していた共産主義中国を、国際社会に引き入れていくことになった。

米ソ冷戦の最中でアジアにおける共産主義化のドミノ倒しに真っ向から対峙していたニクソンが、ベトナム戦争を終結させるべくキッシンジャーの説く、当時は驚くべき斬新な「対中宥和戦略」に転じた。

当時のニクソンの共産主義に対する敵対的言動が非常に激しかったことより、この政策変更は世界を驚かせた。その政策変更を促した張本人であるキッシンジャーの中国に対する近年の考え方を2019年11月21日に、ブルームバーグ主催の新経済フォーラムで聞くことができた。そのドスの利いた低音のゆっくりした声から発せられた中国に対するキッシンジャーの近年の見識は、明確で正鵠を射たものであった。かつての冷戦時の参謀の話は、95歳を超えても凄みとともに威圧感がひしひしと伝わった。

ニクソン大統領のもと、キッシンジャー国務長官は策士として、対ソビエト戦略のために中国と手を組んだ立役者である。その語った内容の要旨をメモにとった。[※1]

「今や米中は冷戦の麓に入った。」
「この潜在的対立は将来破滅に向かう。」
「米国と中国は今までとは別格な対決になる。」

「米ソ冷戦状況を遥かに凌ぐことになる。」

「かつてのソ連は経済的には重要な国ではなく、つながりもごく僅かであった。」

「しかし今の中国はまったく違う。」

「まず中国は屈強な経済大国になってしまった。」

「我々は足元をお互いに踏みつけ競い合う状況に来た。あらゆるところで対決することになる。」

「そして世界は危機的状況になる。」

「結末はかつてヨーロッパで起こったこと（第2次世界大戦）の比ではない。」


キッシンジャーからこのようなまったく翻ったかのような話が繰り出されたことに驚いた。機を見るに敏で、鋭い見識は晩年になれども健在であると感じた。

共産主義に対して嫌悪感を露わにしていたニクソンが、泥沼のベトナム戦争の早期収束に向け、背に腹は代えられずキッシンジャーの策略を実行し中国の主権を認め、平和共存五原則に基づく国交が開かれることになった。共産主義政権として、ソビエト連邦とともに、中華人民共和国を敵視する政策を続けていた米国の外交方針が大きく転換した。当時はソ連と中国の関係は同じ共産主義国でも冷え切り、イデオロギー対立や中ソ国境紛争など亀裂が広がっていた。「敵の敵は味方」、対ソ戦略のために敵であった中国と米国は手を結ぶことになった。

その当事者本人で歴史を大きく変えた人間が、今また大きく時代が変わることを予見している。

キッシンジャーによる極秘裏に始動した事前中国交渉から始まり、1972年のニクソン大統領の訪中を経て、1979年のカーター大統領の時に米中国交正常化に至った。

引き換えに台湾を国際的に追い出してしまう結果になり、米国の台湾に対する「玉虫色外交と曖昧で宙ぶらりんな政策（米国では台湾曖昧戦略と呼ぶ）」と対応が始まった。火種は消えることなく現在に続くことになる。

「米国と中国は今までとは別格な対決になり、米ソ冷戦状況を遥かに凌ぐことになる」というキッシンジャーの言葉は重い。

フランケンシュタインを創ってしまった

その後のマイク・ポンペオ前米国国務長官の2020年7月23日の演説は、後世に残る貴重な内容である。

一般的な米国人の中国に対する考え方を大きく見直させるものとなった。短い演説の中にも、その歴史的背景、考察、自分の経験、米国の成り立ち、価値観の大切さなど、ポンペオ氏の奥深い見識が示されている。

カリフォルニア州のリチャード・ニクソン大統領図書館&博物館にて「共産主義中国と自由世界の未来」と題した約25分の演説であった。この演説は、今までの中国への宥和路線に対し、「アメリカのNo!」を中国に突きつけ、「米国の敵」と識別したことを世界に印象づけた。

1972年から米国の中国共産党に対する関わり方への反省と今後の対策について述べている。そして、将来にわたって米国と世界の自由と民主主義を守り抜くポンペオ氏の熱い信念からの演説であった。

特に印象的だった言葉は、「ニクソン大統領はかつてこのように語った。私は世界に中国共産党を開かせたことによって、『フランケンシュタイン』を創ってしまったことを今恐れている」である。※2

現職であった米国国務長官が明確に「一般の中国人と中国共産党を区別」した。

中でも、フランケンシュタインという言葉は「米国が自ら創り出してしまった恐ろしい恐怖と脅威」として、筆者のみならず全米の視聴者の目を覚ますには十分なものとなった。ポンペオ氏の演説の一言一句は、非常に重たく奥深さを感じる。中国共産党に対する米国の見識は以降のバイデン政権へも大きく引き継がれることになる。

「韜光養晦」に対する「曖昧戦略」、「敵の敵は味方」のツケ

この約25分間のポンペオ氏の演説の言葉の中には、今までの米国政府の考え方と一線を画す深い内容が所々に表現されている。ニクソン大統領の訪中50年の節目として、半世紀にわたる米国の対中政策の大転換の必要性を唱えた。様々な中国共産党の国際的な約束の破棄などの実例も挙げている。

中国共産党と自由・民主主義国家の違いを明確に示し、「自由主義の世界は独裁体制に勝利しなければならない」と強硬姿勢を前面に出す。米国建国以来の考え方と共産主義中国の考え方との違いを表現し、自由主義の同盟・有志国が立ち上がって中国の姿勢を変えることの重要性を訴えている。対中政策の転換を示唆するとともに同盟国に対して対中包囲網を提唱する。

ポンペオ氏は東西冷戦時に、共産主義に対する深い経験と見識を得ている。

彼は、ウェストポイント陸軍士官学校を1986年5月に首席で卒業後、米ソ東西冷戦の最中の1986年から1991年まで、西ベルリンで米国陸軍機甲部隊に従軍し共産主義を目の

当たりにしている。

ポンペオ氏は、共産主義中国の自由世界に対する脅威と習近平《シー・ジンピン》総書記による覇権主義拡大の恐怖について明確にする。興味深いことに、「習近平主席（President Xi）」という言葉を使わず、「習近平総書記（General Secretary Xi）」と表現していることも見逃せない。これは暗に中国共産党の代表であって、中国国家の代表ではないとのポンペオ氏の見解がベースになっている。中華人民共和国の憲法による中国共産党の位置付けは、通常の民主主義国家と決定的に異なる点についても述べている。

米国はソビエトの崩壊を契機に、共産主義はもう終わると思った。そして信じた。

しかし、その過程で自らがフランケンシュタインを創ってしまうことになった。

当時の、アジアのドミノ倒し的な共産化を恐れ、ソビエトが支援するベトナム戦争を早期に終結させるために、中国と手を結んだ代償が今に跳ね返っている。

ニクソン政権の政策により、共産主義中国を承認することで、台湾をも失った。

皮肉にも台湾はアジアの民主主義の防波堤であり最前線で戦っている。米国の後づけの今の支援などは見苦しく映る感もある。

実際、ニクソン政権からオバマ政権まで、中国の人権侵害、人民解放軍の太平洋地域での軍備拡張、軍事基地建設、資源奪取行為、周辺国との領土紛争などに至る一連の覇権拡大に対して、米国は「曖昧戦略」を貫いてきた。これは「どちらにも付かない」という戦略で、中台、香港関係では中国の一国二制度を認めつつ政策を曖昧にする戦略、日中関係でも日中の両方に良い顔をし、双方を揉めさせて最終的なキャスティング・ボートを米国が握る戦略である。

その間、中国は米国に対しては臥薪嘗胆《がしんしょうたん》。鄧小平の戦略「韜光養晦《とうこうようかい》（牙を隠し才能を覆い好機を待って襲う戦略）」により、その牙を隠してきた。毛沢東の死後、鄧小平による改革開放を経て、今や経済では世界貿易の主要プレーヤーとなり、政治では台湾に代わり国連常任理事国として絶大な影響力を有するまでになった。

「敵の敵は味方」という米国の戦略の失敗のツケは計り知れないものとなっている。

トランプ政権が最後に、中国の人権問題を問う

米国のバイデン政権発足の前日、２０２１年1月19日に、当時のトランプ政権は「中国新疆《しんきょう》ウイグル自治区のジェノサイド認定」を公表する。ホワイトハウスを翌日に去る予定のトランプ政権が最後に、中国の人権問題に対し、後足で砂をかけるように、汚名を着せるかたちになる。

そして1月20日にバイデン新政権が発足。バイデン大統領は就任当日、約15の大統領令に署名する。国連の世界保健機関（WHO）や地球温暖化対策のパリ協定への復帰など、トランプ政権が脱退を決めた国際的枠組みに再び返り咲く。また、移民問題では、メキシコ国境の壁の建設やイスラム教の国からの移民受け入れ抑制・禁止などのトランプ政権の政策を停止。パンデミック、地球温暖化、人種問題、経済といった危機に対し、トランプ政権と真逆の政策を即時に大統領令で真っ向から覆したことにより、中国はバイデン政権の中国政策も大きく変化するものと期待していた。中国共産党系の各メディアでは、大々的に米中は関係修復に向かうとの報道が1面を飾る。

しかし、バイデン政権の対中国政策については、中国側の予想とはまったく異なるものとなった。

通常であれば、米中2つの大国間の首脳会談は、次期大統領が決まった時点で日程の調整がなされる。それが後回しにされていたため、直前まで未定の状態であった。初めて2月10日に「バイデン・習の米中首脳電話会談」が行われたものの、通り一遍な儀礼的挨拶に終わることになる。中国、アジア、欧州連合（EU）のメディアの多くは、関係修復と新しい米中関係のはじまりを期待した記事内容を掲げていた。

図表1−1　バイデン政権発足時から米中外交直接交渉（アラスカ・トーク）に至る米国の矢継ぎ早の対中政策

2021年	1月19日	「中国新疆ウイグル自治区のジェノサイド認定」前トランプ政権
	1月20日	「バイデン新政権発足」
	2月10日	「バイデン・習の米中首脳電話会談」
	3月1日	「中国に対する国防タスクフォース発足」国防総省
	3月3日	「外交政策優先順位と中国に対する考え方」国務省
	3月12日	「Quad（クアッド）共同声明とASEANの位置付け」国務省
	3月12日	「通信・半導体関連の5社制裁」連邦通信委員会
	3月18日	「米中外交直接交渉（アラスカ・トーク）」於米国アンカレッジ

出所：各種の公開情報を基に筆者がまとめた

そして、その後しばらく、米中双方にとって間合いがあり、凪《なぎ》の時間となる。米中双方ともに、次の直接外交交渉への準備を進める。

バイデン政権発足直後の米国の足場固め

バイデン政権発足後の約2カ月は、米中の現場レベルの直接交渉は持たれずにいた。

政権発足時からアンカレッジ交渉までの経緯を振り返ると、決裂の根本的理由が凝集しており興味深い（**図表1−1**）。米国は、次の中国との直接交渉に向けて、着々と準備を進め、トランプ政権時代とは異なる対中戦略と交渉を目論んでいた。

3月1日、「中国に対する国防タスクフォース発足」（国防総省）では、中国の挑戦に対する対策を6月末までに情報機関・専門家・議会超党派で策定する計画を出す。3月3日の「外交政策優先順位と中国に対する考え方」（国務省）では、「中国は21世紀における最大の地政学的試練」と明記している。

3月12日「Ｑｕａｄ（クアッド：日米豪印戦略対話）共同声明と東南アジア諸国連合（ＡＳＥＡＮ）の位置付け」（国務省）では、米日豪印4カ国首脳の共同声明において、ＡＳＥＡＮを含むインド太平洋地域における平和と繁栄、世界的な価値観のもとに強靭な民主主義を築いていくとした声明を出す。こうして米国主導の対中包囲網の形成が始まる。

3月12日には「通信・半導体関連の5社制裁」を連邦通信委員会（ＦＣＣ）より公表。華為技術（ファーウェイ）や中興通訊（ＺＴＥ）など中国5社の通信機器や監視カメラについて米国内で販売を事実上禁じたと発表した。ファーウェイとＺＴＥのほか、監視カメラの杭州海康威視数字技術（ハイクビジョン）と浙江大華技術（ダーファ・テクノロジー）、無線機の海能達通信（ハイテラ）を新たに制裁企業に指定する。米国は、中国との直接外交交渉を優位に進めるための対中政策を矢継ぎ早に出す。

歴史に残る直接米中外交バトル「アラスカ・トーク」

バイデン政権発足後、最初の米中外交直接交渉が２０２１年3月18、19日の2日間の日程で米国アラスカ州のアンカレッジで行われる。この初回交渉初日における壮絶な米中の非難の応戦を起点に、関係は急速に悪化に向かったと言える。「米中アラスカ・トーク（米中アラスカ交渉）」

は後世歴史に残る外交交渉として外交史に刻まれることになる。

この外交交渉の緒戦の内容と反論による応戦は、その後の米中の覇権争いにおいて、お互いの傷口に塩を塗っていく展開になる。そして、相容れない主張により亀裂を拡大させていく。外交やビジネスの交渉の観点からも参考になる点が非常に多い。

交渉内容は、「経済・外交・軍事・先端技術・安全保障・人権問題」の分野全般で、1回目の直接交渉はお互いの主張の表明に終始し、合意事項はなしという結果である。

双方の主交渉当事者は、米国側は、ブリンケン国務長官とサリバン大統領補佐官（国家安全保障問題担当）。中国側は、楊潔篪《ヤン・ジエチー》中国共産党政治局委員と王毅《ワン・イー》国務委員兼外相である。米中ともに、外交のトップ2人である。

米国側の改善要求は、①香港問題（一国二制度違反、民主化勢力の人権問題、選挙制度）、②新疆ウイグル・チベット両自治区問題、③台湾問題、④東シナ海・南シナ海問題、⑤米国の同盟国やパートナーへの威圧、⑥サイバー攻撃・技術・知財問題である。

一方、中国側の改善要求は、①トランプ関税撤廃（↓フェーズ1の取り決めは当面継続）、②香港・新疆ウイグル関連制裁（↓制裁解除せず、会談前日3月17日に新たに24人制裁追加）、③ファーウェイ、中芯国際集成電路製造（SMIC）制裁（→解除意向なし）、④ビザ（査証）制限（→持ち越し）、⑤在ヒューストン中国総領事館の閉鎖解除（→解除・再開せず）である。括弧内に、米国側の対応を記した。

双方の歩み寄りの姿勢は一切なく、トランプ政権時より関係が悪化する懸念が増大する。まさしく双方とも言いっぱなしの喧嘩のような状態が続くことになる。

中国の誤算、想定外の議題、レッドラインに触れる

中国側のバイデン政権に対する誤算は大きい。

前トランプ政権は、トランプ自身がビジネスマンであったため、米中貿易不均衡を主とした交渉に重きを置き、強硬に、ビジネスライクに、中国へ輸入拡大を迫っていた。トランプ独特の強硬な態度や姿勢は目立ったが、実は香港をはじめとする人権問題、領土問題などについては、交渉において優先度が下げられていた。そのため、中国は、貿易問題で手強いと思われたトランプ政権に代わり、民主党のバイデン政権になったことにより、米中関係は大きく改善できることを期待していた。またバイデン自身が副大統領時代から、息子のハンター・バイデンとともに

中国ビジネスに大きく関与してきており、お互いのウィン・ウィン関係は築きやすいとも考えていた。バイデン政権の方が、中国側にとって扱いやすく、交渉が有利に運べるとの思惑があった。

しかし実際は真逆であり、バイデン民主党政権は、「民主主義、人権、法の支配を前政権以上に堅持、重視する政権」であり、トランプのようにビジネス的ウィン・ウィン関係で妥協点を探し出すような交渉とはまったく別のものとなる。トランプ政権時代からの「米中貿易交渉における中国側のフェーズ1合意事項の不履行」の話が主題ではなく、米国側は「民主主義、人権、法の支配」に関する議題を主に提起する。中国側の予想が外れる。

中国側にとっては妥協の余地が少ない、中国に対し「民主主義、人権、法の支配の改善」を米国側が優先してきたため、中国側からはまったく相容れない交渉内容に映ったのである。中国側は、これらの国内制度、領土や人権問題などについては、外国からの中国への内政干渉にあたり、超えてはならないレッドラインであるとの反論と主張に終始する。

外交交渉の場で、この中国側のレッドラインを冒頭で突きつけられ、意表を突かれたかたちになる。

中国側の面子は丸潰れ、食事も出さない無礼な相手

中国側にとっては、米中のこのアラスカにおける直接外交の交渉日程は、日本、韓国より後回しにされたことになる。前のオバマ政権、トランプ政権ともに、直接交渉は中国を優先することが多かった。

アジアでの最初の訪問国は日本と韓国であった。ブリンケン国務長官は日本と韓国を訪問後、距離的に近いはずの中国には寄らずアンカレッジまで戻り、中国の外交代表を呼び寄せるかたちになった。アジアの盟主を自負する中国にとっては面子丸潰れ状態であった。

このように会議が始まる前から、中国側のプライドはかなり傷ついていた。そして食事を共にしないまま、最初の交渉が始まることになる。新型コロナウイルス禍ではあったが、初日の交渉会場に向かうホテルの通路では、対面の食事も予定していない米国側の態度へ怒りのコメントも出された。言うまでもなく、中国の食事に対する文化的な重みは非常に大きく深い。中国側にとっては、遠路はるばるアンカレッジまで来たのに食事も出さない、無礼極まりないとの感覚になり、怒り心頭に発する状態になっていた。

一方、米国側のこのアラスカ・トークの交渉は、従来の対中交渉スタイルとは大きく異なった。米中間の多岐にわたる問題や課題に対して、実際の細かい交渉を行う意図であった。過去の米国の中国に対する交渉では、米国側の意図に反して、交渉上手の中国相手に大きな妥協をせざるを得ない場面が都度見られた。トランプ政権時の交渉は、中国側にうまくはぐらかされて本質的な合意事項は棚上げになってきたとの感覚であった。

アンカレッジ交渉の米国側は、提起する議題に対し、まったく隙を与えない戦略で臨んでいた。米国側に同行していた、アドバイザーの米国家安全保障会議（NSC）のカート・キャンベル・インド太平洋調整官とローラ・ローゼンバーガー中国担当上級部長の2人は、中国との交渉経験が豊富で、従来の交渉スタイルを大きく変えたい意図があった。キャンベル調整官はオバマ政権時代ではアドバイザーとして中国への対抗軸となる外交・経済のアジア軸足（ピボット）戦略なども立案しており、交渉上手な中国を心得ていた。

このような事前の背景と思惑の下、米中の初回外交交渉がスタートすることになる。

米中双方ともに想定外の反論合戦を世界に公開

会議場では、米中双方ともに張り詰めた緊張感が漂う。

初日交渉の冒頭部分の双方の激しい反論発言までマスメディアに公開される。米中双方の意に反した公開となる。このアンカレッジ交渉のような米中当事者同士の直接外交交渉の現場で、激しい反論合戦が世界に公開されたことは、今までに類を見ない。

冒頭発言の中で、米国側の交渉議案の提示に対して、中国側が、米国側の挙げた議案そのもの自体に、反論することになった。そして、米中ともに反論に次ぐ反論をせざるを得ない状況に陥る。

楊潔篪政治局委員の発言要旨を以下に要訳する。

①民主主義:「米中は異なる民主主義であり、米国流を他国に押し付けるな。米国と違い中国共産党は人民から多大な支持を得ている。」
②国際関係:「既に中国は最大の貿易相手であり、米国の政策は誤りである。」
③人権問題:「内政干渉するな、米国の方が深刻な問題を抱えている。」

④経済関係：「利益優先、経済を最優先するべきで、米中でウィン・ウィンになればよい。その他の西側のルールや価値観を押し付けるな。」

⑤国際秩序：「米国や西側は世界を代表していない。世界の多くの国は西側の国際秩序とは異なる見解である。」

当初、マスメディアは冒頭の双方の挨拶終了時点の約10分程度で退却する予定であった。しかし、中国側の激しい反論が冒頭で長時間なされ、マスメディアに公開されたため、米国側としてブリンケン国務長官は一歩も引けず、メディアを会場から退去させず留まらせ、米国側の反論もメディアに公開させることになる。異例の外交交渉がスタートする。

冒頭の挨拶と外交プロトコルは、当初予定では双方ともに5分程度、合計10分の短い時間を想定していた。結果的に、米国側も計11分半で6分程度長くなったが、中国側は一方的に計42分を費やした。4人の話が終わった時点（通訳含む）で、冒頭のやりとりだけで既に合計54分を経過していた。

No！と言える中国と英雄の出現

この直接外交交渉の激しい反論場面がメディアで公開されたことにより、楊潔篪氏は即座に中国の国民的英雄になる。

米国との外交交渉の場で、きっぱりと米国に「No！」を突きつけ、中国側の持論を一切曲げず妥協しない姿勢は、中国人民に大いに感動を与える。筆者の上海の友人の幾人かは、「交渉内容はともかく、この時ばかりは歴史的に外国から苦しめられてきた中国が、今回の中米交渉では米国と対等、もしくは、それ以上に米国を論破した。スカッとした気持ちになった」と語っていたことは印象的であった。王毅氏も日本との交渉では、常に強硬な交渉や声明を発してきたが、米国に対して、このような楊潔篪氏ほどの激しい反論を見ることはなかった。

この交渉直後、中国人民へのインパクトが如実に現れている面白い出来事がある。中国の通販サイトの淘宝網（タオバオ）で、交渉の翌日3月20日から発売されたのは、「中国人はその手は食わない。中国の内政問題に干渉するな。米国人に語る資格はない。上から目線で中国に語るな。」と中国語と英語で書かれたTシャツや携帯電話ケースであり、一時的に人気商品にもなった。

このような楊潔篪政治局委員と王毅外相への中国国内のメディアや国民からの熱烈な歓迎と支持は、過去の日本の出来事に重なる警戒感が湧き上がる。「台頭するアジアの国」と「米英など西欧」に対する同様な対抗意識と対立感情は、古くて新しい話に映る。

日本の過去にも、松岡洋右（首席代表）の国際連盟の満州国決議での演説と退席（ジュネーブ、1933年2月24日）後の帰国時や、山本五十六（海軍側代表）のロンドン軍縮会議予備交渉（1934年10月から）後の帰国時の日本国内の熱狂的な歓迎状況に近いものを感じざるを得ない。

第1章：参考文献と情報の出所

※1　ブルームバーグ主催新経済フォーラム、「キッシンジャー氏談話」、2019年11月21日、筆者要旨意訳

※2　マイク・ポンペオ前米国国務長官の演説、「共産主義中国と自由世界の未来」、2020年7月23日

第 2 章

2023年は米中デカップリング元年に

まず、軍事面の安全保障体制が築かれる

２０２３年は、米中経済のデカップリング元年として歴史に刻まれるだろう。中国の核の脅威が増し、米ソ冷戦と類似の道をたどる。これまでの経済合理性を最優先としたビジネスルールは終焉を迎え、安全保障を踏まえたリスクに対応するルールに大きく舵を切る。この米中新冷戦は、実は日本には大きなチャンスが到来する。

米中の新冷戦がもたらす一番大きな変化は、「敵対する2極と、その周辺に絶えず起こる摩擦と亀裂」である。アテナイ（ギリシア共和国の首都アテネの古名）の歴史家トゥキュディデスの教え（章末の**別掲記事**を参照）にあるような、恐怖による同盟の亀裂と新興台頭国である中国との国際問題が最高潮に達し始めている。

中国の習近平《シー・ジンピン》は、２０２２年10月の第20回共産党大会で、中国共産党総書記の異例の3期目の続投を決めた。習近平政権が２０１８年3月の全国人民代表大会（全人代）にて、中国国家主席の任期を撤廃したことにより、異例となる習近平氏の国家主席3期目へと進むことになる。そして２０２３年3月の第14期全人代において3度目の国家主席に就任する。より一層の権威主義的統治と引き締めが始まる。

習近平政権は、**図表２－１**にあるような数多くの国際問題も抱えており、西側諸国との歩み寄りについては期待が薄い。そのため、この異例となる習近平政権の3期目は、世界の民主主義

図表2-1　中国が抱える国際問題の例

周辺国との領土問題	南シナ海、東シナ海、尖閣諸島、インドのガルワン渓谷、ネパールのフムラ地区、ブータンの西部ドクラム地域・東部サクテン野生生物保護区など
人権問題	新疆ウイグル自治区、チベット自治区、内モンゴル自治区を含む中国少数民族の人権問題、香港民主化運動への弾圧と一国二制度の実質上の終焉など
一国二制度の台湾への侵攻脅威	台湾海峡への空と海からの軍事威嚇、プロパガンダなど
軍備拡大や諜報活動	米国の軍事機密情報への不正ハッキング、サイバー攻撃、千人計画・諜報活動による先端技術者・大学教授への浸透、精密短・中距離弾頭ミサイル展開、極超音速ミサイル開発と実験、外国領土への軍事拠点の構築拡大、核弾頭保有数倍増、米国の同盟国への威嚇など
国有メディア、孔子学院などによるプロパガンダと米国内浸透工作	中国国営の新華社、中国中央電視台（CCTV、系列の国際テレビCGTN）、中国国際放送局、政府系英字紙チャイナ・デーリー、中国共産党機関紙の人民日報、中国国営通信社の中国新聞社、中国共産党系メディアの環球時報、米国海天発展を外国宣伝機関として米国は認定
国会議員の浸透工作	特定の米英の国会議員に対する中国の議会工作員による関係構築、贈収賄、不法ロビー活動など
領事館、工作員による不正諜報活動	ヒューストン総領事館、大学・研究機関、米国政府機関への工作活動など
通信機器インフラ・アプリなどによる不正データ収集	通信機器の華為技術（ファーウェイ）、中興通訊（ZTE）、監視カメラの浙江大華技術（ダーファ・テクノロジー）、杭州海康威視数字技術（ハイクビジョン）、無線機の海能達通信（ハイテラ）や国有通信会社3社など
新型コロナウイルスの起源調査に対する透明性の欠如	武漢地域の新型コロナ再調査拒否、武漢での世界軍人オリンピック時に米軍による新型コロナ拡散説、米国フォート・デトリック（米陸軍感染症医学研究所）起源説のプロパガンダなど
米中貿易協定、WTOなど国際ルールの不履行	米国との多額の貿易不均衡、保護主義的政策の延長、過度な報復措置など
一帯一路の債務国への過剰貸付	債務不履行時のインフラ（港湾、鉄道、橋梁など）の長期租借（スリランカ南部のハンバントタ港の99年間など）、軍事拠点化など

出所：各種の公開情報を基に筆者がまとめた

国家にとって重大な脅威となっている。
習近平政権による「国内外への権威主義の拡大」や「中国外交部や中国国有系メディアを主体とするプロパガンダ」など、その脅威は日に日に増大している。「領土問題」、「人権問題」など国際的にまったく相容れない事象に対しては、「戦狼外交」による強硬な反論や言動とプロパガンダにより、世界を震撼《しんかん》させている。

ここで戦狼外交とは、中国の外交官や人民解放軍の高官や報道官による攻撃的で好戦的な外交スタイルのことを表す。「戦狼」は、大ヒットした中国のアクション映画『戦狼ウルフ・オブ・ウォー』(ウー・ジン監督・主演による2017年製作のアクション映画。中国の映画史上で歴代興行収入1位を記録)に由来する。中国の外交官が、「西欧列強に対する積年のトラウマと恨みを晴らす」かのように振る舞うことにより、多くの中国人民の支持を得る。西欧に狼のように噛み付くスタイルに共感を覚える。習近平主席は、外交官は闘争精神を示すように指示しており、戦狼外交を積極的に実施する外交官や軍人を評価している。

中国の偵察気球の米軍機による撃墜が歴史の一幕に

歴史は繰り返す。習近平の異例の中国共産党総書記3期目の続投以降、まさしく「トゥキュデイデスの罠」に陥る危機が現実的となっている。

米中ともにお互いに信用できない世界が始まることにより、心理的不安と敵対意識が増大し、意図せず様々な形で表面に表れる。双方の不信はさらなる不信を生むとともに、世界中に心理的疑心暗鬼とメランコリー（憂鬱）の状態を創り出す。

米中の間で２０２３年2月4日に起こった、「中国の偵察気球の米軍機による撃墜」は、その一つの大きな出来事であり歴史に刻まれる。これまでも幾度となく「中国は、気象調査用の気球として米国には少なくとも3回以上、その他世界約40カ国の上空侵入」を行っていたと米国は見る。※1 しかし、直近の米中両国の関係悪化により、もはや米国としても見逃すわけにはいかなくなり、結果的に撃墜に至った。

冷戦時代を振り返ると、１９６０年5月、米軍のＵ２偵察機が、旧ソ連のウラル管区上空で撃墜された事件の状況に類似している。ソ連のフルシチョフ第一書記は米国のスパイ行為であると激しく非難、前年の「フルシチョフの米国招待」へのお礼としていた「アイゼンハワー大統領のソ連招待」をキャンセル、その後のパリの首脳会談も中止された。

米ソ関係は、スターリンが死去（１９５３年3月）し、朝鮮戦争休戦後（１９５３年7月）は、アイゼンハワーとフルシチョフ両首脳による米ソ緊張緩和の方向に進んでいた。しかし、このＵ２

撃墜事件以降の米ソ関係は悪化の一途をたどり、スプートニク・ショック（1957年10月）、ベルリンの壁建設（1961年8月）、キューバ危機（1962年10月）、ベトナムのトンキン湾事件（1964年8月）へと発展。以降、米国の介入でベトナム戦争は泥沼化し、米ソによる東西冷戦は長期化していくことになった。

近年の中国の台頭は目覚ましく、核弾頭開発や宇宙開発などの技術開発競争も熾烈を極めている。

中国の核兵器開発に制限はなく、生産を加速させている

米国国防総省は、中国の核弾頭は2035年には1500発以上になると報告（中国の軍事動向を分析した年次報告書、2022年11月29日）しており、かなりのハイペースで核兵器生産を行っている。これが量と質ともに大きな脅威となっている。

冷戦時からの米ソ核兵器開発競争によって米露の保有する核兵器は老朽化が進んでいるが、中国の核兵器はほとんどが新規開発されたものであり、性能は最新である。現在、中国は「米国との核兵器開発に関する対話」を拒んでおり、米中2国間における核兵器開発に関する対話は一切ない。

1970年代からの米ソ戦略兵器制限交渉（SALT）や1980〜90年代の戦略兵器削減交渉（START）などのような交渉の場も米中にはまったくない。世界的に中国の核開発を抑制する実質的枠組みは現在存在しないのである。

目下、中国の核兵器開発に制限はなく、米国に対する核兵器の優位性を向上させるため生産をしたたかに加速させている。ウクライナ侵攻におけるプーチン大統領の核使用を臭わせる危険な発言とともに、中国の核弾頭の増産が進み、再び核兵器による世界的脅威が呼び起こされている。初期の米ソ冷戦時代と酷似した核兵器開発競争が現在に蘇るとともに、憂鬱な心理的脅威も世界的に広がる。

中国の宇宙戦略は新たなスターウォーズ計画

中国の宇宙戦略は新たなスターウォーズ計画であり、広域経済圏構想「一帯一路」の宇宙版と言える。現代戦の切り札であり、ソ連の轍を踏まない教訓が生かされている。

習近平政権は2015年5月に、建国100年の2049年までを見据える「中国製造2025（中国製造業発展計画）」を発表、第1段階の2025年までに世界の製造強国入りを果

図表2-2　中国の代表的な宇宙開発の動き

2011年末	「北斗（中国独自の全地球測位システム）」を軍事目的以外の民間に開放
2012年12月	「北斗」を太平洋島嶼諸国に運用開始
2017年	欧州宇宙機関（ESA：European Space Agency）との協力関係を強化し、米国を尻目に欧州への浸透を図る
2018年12月	「北斗」の全世界向け展開開始
2019年	世界で初めて月の裏側に探査機「嫦娥4号」を着陸させ、翌年には月の土壌を「嫦娥5号」により持ち帰る
2020年	火星探査機「天問1号」の打ち上げ成功、中露共同の「国際月科学研究ステーション」建設計画に参画
2020年6月	米国に依存しない中国独自の衛星ネットワーク「北斗」が完成、世界覇権へ向けたインフラ機能が整備される
2021年	火星無人探査に成功
2022年	宇宙ステーションを建設、長期滞在可能なレベルに到達
2030年以降	有人月面探査などを目論む
2045年	有人火星探査などを目論む

出所：各種の公開情報を基に筆者がまとめた

たし、第2段階の2035年までに中国の製造業レベルを世界の製造強国の中位に押し上げ、第3段階の2049年までに製造強国のトップになることを示した。ここで宇宙分野を重要領域と位置付け、2030年に「宇宙強国」になるという目標を掲げている。

そして2016年3月に、中国科学院国家宇宙科学センターより、「2016～30年宇宙科学計画研究報告書」が公表され、2030年までの戦略目標及びロードマップが示された。

2016年7月に「第13次5カ年計画」にて、「国家科学技術革新特別計画」を打ち出し、「宇宙を活用した軍事的優位性の構築と宇宙関連ビジネスの世界展開を目的」とし、「一帯一路構想」に宇宙領域を加えた。続く2017年10月の第19回共産党大会にて、習近平主席は戦略的目標として「2045年には重点分野で米国と肩を並べ、世界宇宙強国を建設する」とした。

中国は、2003年に初めて有人宇宙飛行を成功させ、最優先国家プロジェクトとして宇宙科学技術を急速に発展させていく。その後の中国の宇宙開発の代表的な動きを**図表2-2**にまとめた。米国とロシアが主に先導してきた宇宙開発分野に、中国という強力なライバルが出現した。

中国の宇宙利用は、「情報収集・警戒監視・偵察」、「衛星測位」、「衛星通信」などであり、すべての軍事と民間利用は国家が統制管理する。「一帯一路構想」参加国への市場展開は国家が進めている。特に、専制主義国家にとっては、中国同様に国民への支配力を高めることができるため、中国の宇宙技術を活用した国家統制は非常に役立つツールとなる。中国としては、将来的な軍事的安全保障の緊密なパートナー関係を築くことができ、中国寄りの国を拡大できるメリットがある。

中国の宇宙開発は、「中国国家航天局(宇宙開発の管轄機関)」が統括し、主に以下の2つの国有企業が研究開発から製造までの機能を担う完全な国家統制プロジェクトである。中国航天科工集団（CASIC）は中国最大のミサイル兵器システム企業であり、防空・巡航ミサイル、固体燃料ロケット、宇宙技術製品、電磁スペクトル製品などを担当、中国航天科技集団が中国の宇宙開発を担う、宇宙船、ロケット、ミサイルシステムの開発・製造などを行う。

中国にとっての宇宙開発の教訓は、米ソ冷戦末期のSTART時のソ連の交渉の失敗例である。その失敗事例とは、「米国が進めていた宇宙空間のミサイル防衛に対するソ連側の譲歩」である。

冷戦の末期に、米ソ首脳軍縮会議（レーガン－ゴルバチョフ会談）のデタント（米ソ軍縮による緊張緩和）交渉において、ソ連側の一番のネックとなっていた「米国のミサイル防衛システム（通称スターウォーズ計画）」をゴルバチョフ大統領が容認してしまい、核弾頭などの戦略兵器の削減を主に米ソ合意としたことである。そのため宇宙領域に関しては、米国の安全保障上の優位性は揺るぎないものとなっていく。この米ソ冷戦時のソ連の軍事的失敗を中国は教訓にしている。

そのため中国は、「宇宙開発に関する強硬な戦略と米国に対する対抗姿勢」を決して緩めない。宇宙開発に関しては、安全保障上の最大関心事の一つであり、開発競争は一歩も引かない姿勢で臨み、米国を早期に追い越すことが目的であり莫大な予算を掛けている。2021年の宇宙ロケット打ち上げ数は55回となり、米国を抜き国別の打ち上げ数も世界1位となった。※2

ロシアのウクライナ侵攻においても衛星の効力をはじめ、宇宙空間利用の有効性を目の当たりにした。現代戦にとって、宇宙戦、情報戦、サイバー戦、電磁波戦の統合により、軍隊を統制する能力と敵の監視、ミサイル防衛、通信妨害（高周波ジャマー）などを向上させることは切り札となる。中国の宇宙開発は、「ソ連の失敗の轍を踏まない、米国に対して決して妥協しない堅固な姿勢」である。

中国のこのような「宇宙開発と世界覇権を見据えた戦略と行動」は、米国や世界にとって大きな脅威となった。

米国のバイデン政権は、2021年8月2日から中国の宇宙開発国有企業の上記2社を含む、59の企業・団体（防衛・関連材料48、監視技術2、直接・間接的支配所有9）に対して、「財務省OFACリスト」に掲載し制裁対象企業とした。

さらに米国は2022年10月12日に「国家安全保障戦略」を公表、中国の宇宙覇権拡大への対抗を明確化した。具体的には、第4章の「地域ごとの米国戦略・海空宇宙防衛」に、「米国は宇宙領域について世界のリーダーとしての地位を維持し、持続可能で安心、安全、安定なこの領域を国際社会と協働していく。これらの目的は、米国の宇宙における利益を保護し、武力競争による不安定化を避け、宇宙環境に対して責任を持って管理していくことである」と示されている。※3

宇宙においてもその熾烈な覇権争いに拍車がかかる。

新たに追加・強化された西側の軍事同盟とパートナー関係

米国も軍事面の安全保障体制の強化を急いでいる。これまで米国が第2次世界大戦後、最も信頼を寄せてきた同盟・パートナー関係の核となるものは、「Five Eyes（ファイブ・アイズ）」、「北大西洋条約機構（NATO）」、「日米同盟（日米安全保障条約）」、「米韓同盟（米韓相互防衛条約）」である。

ファイブ・アイズは、以下の5カ国の諜報機関の協定の通称であり、一般的にはこの通称の方がよく使われる。成り立ちは、米英の諜報活動がベースであり、「UKUSA協定」が正式名称である。

具体的には米国NSA（国家安全保障局）、英国GCHQ（政府通信本部）、カナダCSE（通信保安局）、オーストラリアASD（信号総局）、ニュージーランドGCSB（政府通信保安局）による諜報活動の相互活用を行う。

旧大英帝国の植民地主要国の構成で、第2次世界大戦時より秘密裏に共同で諜報活動を行っていたが、現在はこの協定があることは公開されている。強固で高度な諜報機関の協力関係であり、米英はそのリーダーシップを担う。諜報活動では、この「5カ国の個別諜報機関とファイ

図表2-3　米国の「軍事的安全保障」で、直近で加わったもの

2021年6月10日	米英	新大西洋憲章（New Atlantic Charter）
2021年9月15日	米英豪	AUKUS（オーカス：米英豪安全保障同盟、3カ国頭文字）
近日中改定	日・NATO	日・NATO国別パートナーシップ協力プログラム（IPCP：Individual Partnership and Cooperation Programme）
2021年9月24日	日米豪印	Quad（日米豪印戦略対話：Quadrilateral Security Dialogue）
2022年1月6日	日豪	日豪円滑化協定（RAA：Reciprocal Access Agreement）
2022年6月29日	NATO	NATO 2022戦略コンセプト（NATOのインド太平洋地域への積極的関与拡大）
2023年1月11日	日英	日英円滑化協定（RAA：Reciprocal Access Agreement）

出出所：各種の公開情報を基に筆者がまとめた

ブ・アイズ」と、「中国（国家安全部）やロシア（対外情報庁や連邦保安庁）など」が、日々しのぎを削っている。ファイブ・アイズは、米国のインド太平洋地域の諜報活動においても、信頼度とともに優先度が非常に高い。

「中国の脅威の世界的拡大」と「中国とロシアの関係の緊密化」により、「NATOのアジアへの関与」も積極的になっている（2022年6月29日、日本NATO首脳会合）。米国にとって、「日米同盟」、「米韓同盟」は、インド太平洋地域の東アジアでの対中戦略の要であり、対露、対北朝鮮、台湾海峡についても重要な役割を期待されている。

ほかにも、中国包囲網を目指して新たに軍事同盟やパートナー関係が追加・強化されている（図表2－3）。

以下に新たに追加・強化されたその主な背景と意図、米中間での牽制とバランス関係について述べていく。

「新大西洋憲章」は、米英による新たな敵への認識合わせ

まず世界の二極化の中核をなす「新大西洋憲章」は、英国コーンウォールでの主要7カ国（G7）サミット開催期間に先立つ2021年6月10日に、米英2国間のみで合意された。新大西洋憲章は、バイデン大統領とジョンソン首相による初めての対面会談で署名される。G7サミットがクローズアップされる最中で、あまり注目度は大きくなく、報道も比較的少なかった。

しかし、今後世界の二極化が進む中で、この憲章の歴史的意義は非常に大きいものになると考える。対立極にある強大な中国に対し、「西側の中核（米英を核とする新たな秩序と対極の形成）の役割」を将来的に果たす基盤となると想定する。そしてこの憲章には、両国の新たな強大な敵への認識合わせの意味合いもある。

かつての「(旧)大西洋憲章」は、まさに第2次世界大戦中の1941年8月14日にチャーチル首相とルーズベルト大統領により合意された。この合意の背景は、欧州ではナチスの勢力拡大、アジアでは日本の勢力拡大に対峙するためであり、「英米を中心とした西側が結束するための

価値観を共有し、その脅威に対処」することであった。歴史を振り返ると、当時の米国は、国内では第1次世界大戦参戦の自省と厭戦ムードが蔓延しており、欧州でのナチスの侵略やファシズムの台頭に対し、中立的な立場を貫いていた。米国は欧州での戦争には参加はしないが、ルーズベルト大統領は米国議会の承認を経て1941年3月に欧州への「武器貸与法（レンド・リース法）」を成立させ、欧州の英国、フランス、ソ連への大量の武器供与を開始した。このような武器貸与法に関しては、現在も継続されている。バイデン大統領は、「ウクライナ民主主義防衛・武器貸与法（2022年5月9日）」を成立させている。米国とNATOは参戦していないが、ウクライナに対しNATO経由で多額の軍事支援を開始している。

オーカスは、太平洋地域の軍事的安定性を強化する目的

「AUKUS（オーカス：米英豪安全保障同盟）」は、2021年9月15日に太平洋地域の軍事的安定性を強化する目的で締結された。この新しい同盟はインド太平洋地域にとって、第2次世界大戦後の重要な「歴史的背景」と「国家間の軍事的安全保障の考え方の変遷」を如実に表している。そして、今後のインド太平洋地域の軍事的・経済的安全保障を熟考していく上でも大いに役立つ。

この協定締結後の3カ国共同声明では、特定の対象国を明示していないが、「インド太平洋地

域で強大な軍事力を有する国の台頭」による脅威が念頭にある。軍事的意味合いは非常に高いレベルにあり、この同盟は明確に「核による抑止力」を狙ったものとなっている。オーカス締結目的は、

①米国主導のインド太平洋軍事同盟の中核へ

②中国の高度な軍備拡張に対し、軍事バランスの均衡化と米英のオーストラリアへの先端技術・武器供与

③インド太平洋地域で日米豪印4カ国の安全保障の枠組み「Ｑｕａｄ（クアッド：日米豪印戦略対話）」を補足する安全保障目的

である。

中国人民解放軍は、米国国防総省による「２０２１中国軍事力レポート」によれば、既に「弾道ミサイル搭載型原子力潜水艦」を6隻、攻撃用原子力潜水艦を4隻保有、計10隻の原子力潜水艦を就航させている。攻撃用ディーゼル潜水艦を含めると、計46隻の潜水艦を保有するまでに増強されている。原子力潜水艦は、燃料補給が不要で長期間にわたり海洋に潜航し続けることができ、敵に探知されにくい。また、核ミサイルを搭載することにより、移動型の弾道ミサイル搭載型原子力潜水艦となる。中国人民解放軍は、この海域から、多方向へ核ミサイルを発射することができる。

一方のオーストラリアは現在、原子力潜水艦を保有していない。豪中のインド太平洋海域の軍事バランスは、オーストラリアが明らかに劣勢である。オーカスを締結し、まず2030年までに米国よりバージニア級原子力潜水艦2隻を購入、次に8隻の原子力潜水艦を米英と協力して建造する。オーカスにより、オーストラリアへ原子力潜水艦、無人潜水機などの武器供与や、海面下戦闘能力、長距離攻撃能力、敵基地攻撃能力、サイバーセキュリティー、暗号化技術、AI（人工知能）、量子技術など最先端テクノロジーの協力を行う。

世界の警察としての役割が、米1国からNATOと米同盟国に移行

NATOのインド太平洋地域への関与拡大の意味するものは、米ソ冷戦終結後の過去約30年を振り返ると、世界の軍事的安全保障の観点から、「NATOのアジアへの関与拡大」は「世界の警察としての役割」が、「米国1国」から「NATOと米国の同盟国」に移行した出来事となる。

こうした背景から、「日・NATO国別パートナーシップ協力プログラム（IPCP：日本とNATOの協力の主要指針、協力原則と分野等の合意）」の改定は、日本の安全保障政策にとって、「もろ刃の剣の協力関係」となる可能性が高い。この協定の今後の改定次第で、「日本の平和のために有効となるか」、または「日本は戦争に巻き込まれていくことになるか」の分水嶺になるであろう。2022年2月24日のロシアのウクライナ侵攻後、ロシアと中国のさらなる緊密化は、NA

TOとそのインド太平洋地域のパートナー国の脅威を増幅させた。そのため現在は、日本とNATO双方にて、このIPCPの改定作業を急ぐこととなる。

岸田文雄首相は2022年6月29日のNATO首脳会合に、日本の総理大臣として初めて出席し、NATOのインド太平洋地域への関与拡大を歓迎した。その上でIPCPを新しい時代に適合するように改定し、新たな協力文書の早期合意に向けて作業を加速させることを確認し合う。NATO加盟国に加え、NATOとアジア太平洋パートナー4カ国（AP4：日、豪、韓、ニュージーランド）による首脳会合も初めて実施された。冷戦後初めて、ロシアと中国のような、NATOとAP4にとって共通の大きな仮想敵国が出現し、軍事的脅威を目の当たりにしたためである。世界レベルでの安全保障の枠組みが、欧州とアジア太平洋をベースに発展することを意味する。

岸田首相は演説で、ロシアと北朝鮮は国名を言及、中国は国名こそ直接言及はしていないが、「ポスト冷戦期の終わりを明確に告げた。東シナ海・南シナ海で力を背景とした一方的な現状変更の試みが継続」と述べており、「露中を敵国とした明確な日本とNATOとの関係強化」について世界に発信した。この文言は、次の米中による覇権争いに対し、日本は、軍事的にも世界規模で完全に渦中に巻き込まれたことを意味する。後世から振り返るならば、紛れもなく、世界規模での日本の新冷戦へのコミットメントとなる歴史的声明となるであろう。ロシアのウクライナ侵攻や北朝鮮や中国の日本周辺海域へのミサイル発射、船舶、航空機の侵入などによる絶え間ない威圧行為が度重なり、日本国内では、深い議論がない状態で事態が進んでいる。

NATOと日本双方にとって、インド太平洋地域の安全保障協力は、相思相愛的なパートナーに見えるが、大きな落とし穴もあることを見逃してはならない。

落とし穴とは、「NATO加盟国同士の集団的自衛権の問題」と「パートナー協力の定義と内容」が曖昧な点である。現時点では、NATOとのパートナー関係の定義が曖昧すぎるため、双方ともにどこまで軍事支援をするか線引きは難しい。NATOの加盟国条約第5条に、「集団的自衛権」が明確に記されている。「加盟国1国が武力攻撃を受けた場合は、全加盟国に対する攻撃と見なし、兵力使用を含む反撃をする」ことである。

日本はNATOの正式加盟国ではないので、NATOの集団的自衛権の行使に直接的に加わることは当然ありえない。しかし、NATOと日本のパートナー関係の「協力内容とコミットメント」を明確に定義することは難しい。日本は憲法による制限もあり、現状では「双方向の武力行使」のパートナーにはなれない。かつての湾岸戦争（1991年）での日本の立場のように、「武力行使を相互に伴わない関係（軍事的安全保障関係）」は、双方に懐疑心を増幅させる。「日本の安全（領土だけでなく、シーレーンを含めた経済海域を含む）を守るために、日本はお金や装備などを出すだけですか？　後方支援とはどこまでやってくれるのですか？　命の犠牲は我々だけですか？」というもっともな理屈になってしまう。

ＮＡＴＯのインド太平洋地域への関与拡大はアジアの軍事的緊張を高める。日本も東アジアにおいて、中国、ロシア、北朝鮮の軍事的脅威にさらされている。日米同盟でも、日本が先に戦わなければ武力支援は得られにくい。日本1国が中国、ロシア、北朝鮮などから武力攻撃を受けた場合、ＮＡＴＯが日本に「相応な支援とコミットメント」をしてくれることは心強く感じる。しかし、欧州やインド太平洋地域でＮＡＴＯ加盟国の1国が攻撃を受けた場合、日本は一緒に反撃に加わらなくても、紛争への「相応な支援とコミットメント」が当然必要となる。ＮＡＴＯの「アジアにおける極めて重要なパートナー」の意味は、「集団的自衛権行使の一員」の暗示となる。

クアッドは日本発の世界的協力枠組みである

クアッドの発想は日本発の世界的協力枠組みである。インド太平洋地域の主要な4カ国により、安全保障や経済を協議するもので、日本の発案が世界的な枠組みに発展した数少ない例である。２００６年の第1次安倍内閣時からの安倍晋三氏の信条であった「自由で開かれたインド太平洋構想」に沿い、「日・NATO国別パートナーシップ協力プログラム」とともに、後日新たに「クアッド」が2021年9月24日に実現する。世界的枠組みづくりが下手で、国際的に受け身の姿勢が多い日本にとっては、珍しく地域をリードする構想を生み出す。

クアッドは、「アジアの民主主義の弧」とも言われる。4カ国はインド洋と太平洋を囲むように位置し、自由や民主主義、法の支配といった共通の価値観を持つ。クアッドの共同声明における東南アジア諸国連合（ASEAN）の位置付けは、「クアッドは、インド太平洋地域のASEANの将来性を鑑み、一体性と中心性を強くサポートする」、「共通の価値観に根ざした民主主義の強靭性を強化し、平和・繁栄を支える」と明記している（出所：ホワイトハウス、2021年3月12日）。

欧州の民主主義国家も、インド太平洋地域での安全保障に協力できる立てつけになっている点も見逃せない。4カ国以外の欧州の英仏独との共同軍事演習などの協力関係もクアッドには含まれている。先に述べた「オーカス」や「日・NATO国別パートナーシップ協力プログラム」に比べると、協力内容はまだ詳細に詰まってはなく、比較的に幅広で緩やかである。しかし、クアッドはアジア太平洋地域の軍事的安全保障とともに、経済的安全保障も協力内容に含まれる。「平和と安定」、「新型コロナウイルスとグローバルヘルスの安全保障」、「強靭で健全なインフラ構築」、「気候変動対策」、「サイバーセキュリティー」、「基幹となる先端技術」、「STEM（Science、Technology、Engineering and Mathematics）技術に関する米国留学奨学金制度」、「宇宙空間」、「海洋安全保障」、「人道支援と災害支援」という日本が貢献できる内容が非常に多く、多岐にわたる協力内容である。

アジア太平洋地域において、「オーカス」、「日・NATO国別パートナーシップ協力プログラム（改定作業中）」、「クアッド」の同盟と枠組みは強力となる。米国をはじめとする4カ国にとっては、「中国の軍事的・経済的な脅威に対する抑止効果」となり、外堀的な役目を果たす。中国にとっては「中国に対する包囲網」として映り、アジア太平洋地域の覇権拡大の大きな足かせとなる。中国の代表的国有メディアである中央電視台や人民日報などは、中国に対する脅威だとして、都度、強烈な反論と非難声明を出す。中国にとってインドが参加するクアッドは、身近にあるトゲのように大きな脅威となったことがよくわかる。

さらにクアッドは、従来、米ソ冷戦時代よりネルー首相が掲げた「非同盟主義を基本政策」にするインドを米国寄りの同盟メンバーに引き入れたことに、非常に大きな意味を持つ。

日本の立ち位置の重要性が増している。

米中デカップリングは日本の好機に

しかし、こうした動きはマイナス面ばかりではない。

世界のバランス・オブ・パワー（力の均衡）の変化は、日本の歴史的教訓を踏まえれば、有利な針路を示し始めている。米ソ冷戦時代は、米国や欧州企業にとって、アジアでは日本が西側の民主主義陣営にとって最も信頼できる国の一つであったことにより、日本経済が大きく発展したことは事実である。歴史は繰り返す。新しい冷戦構造が到来する中で、この状況を正確に、かつ、よく理解して進むことが、次の日本の発展に大きく寄与することになる。

トゥキュディデスの教え

アテナイの歴史家トゥキュディデスの教えを振り返る。

アテナイとスパルタの覇権をかけた「ペロポネソス戦争（紀元前431～前404年）」は、史上最大の規模になると予測し、その戦況を逐次記録に残したものである。

ハーバード大学ケネディ行政大学院初代学長のグレアム・アリソン教授は、トゥキュディデスの記録をもとに『Destined for War』を出版した。※4 そのアリソン教授は、「過去約500年の新旧の2大覇権国の衝突では、16ケースのうち12ケースで実際の戦争となった」と分析している。著書では、「米国と中国はトゥキュディデスの罠から逃れることができるか？」について述べている。

アリソン教授によれば、戦争が勃発する要因は3つあるという。それは「利益」、「名誉」、「恐怖」である。

「①急速に台頭する国の出現」、「②それを恐れる既存支配国」、「③同盟関係の亀裂」が要因となり、戦争が勃発すると説明している。特にアリソン教授が着目したのは、その中でも「恐怖」であり、まさに現在の中国の急速な台頭による脅威は周辺国のみならず、世界的な国際問題に発展し予断を許さない状況にある。

アテナイとスパルタのペロポネソス戦争では、「アテナイの勃興と恐怖がスパルタに植えつけられ、戦争が必然となった」としている。

米国に迫る中国の経済力の拡大、宇宙開発を含めた技術的躍進や軍事力の増強は、周辺国・地域への威圧とともに紛争の引き金となり始めている。

かつての日本（大日本帝国）の台頭ケースは、世界の覇権国家となりつつある現在の中国の置かれている状況に近く、覇権争いでは類似した事例になっている。アリソン教授による「トゥキュディデスの罠の16のケーススタディー」の中で、10番目と14番目に日本のケースが「新興勃興国（新しく急速に、台頭し既存覇権国を脅かす国）」として挙げられている。

10番目のケースは、19世紀後半から20世紀前半にかけての日本であり、東アジアで陸と海の覇権を争い、ロシアや中国と戦ったケースである。14番目のケースは、20世紀半ばのアジア・パシフィックにおける日本の覇権拡大により、真珠湾攻撃に至り米国との総力戦に至ったケースである。

西欧や米国の経済制裁による、原油、鉄などの必須資源の日本への輸出停止を受け、経済的に孤立への道へ進み、最終的に破壊的結果につながった。

第2章：参考文献と情報の出所

※1　米国国防総省及び国務省報道官声明、２０２３年2月9日
※2　中国国家航天局、「China launches final rocket of the year into orbit」、２０２１年12月31日
※3　米国ホワイトハウス、「国家安全保障戦略、第4章」、２０２２年10月12日
※4　Graham Allison、『Destined for War、Can America and China Escape Thucydides's Trap?』、Houghton Mifflin Harcourt、２０１７年

第3章

「米英加＋EU＋日豪印」による経済包囲網

ココム規制のような貿易管理体制へ

米国を中心とした西側の民主主義国家が築く、中露など専制主義国家に対する貿易管理規制は、実はかつて日本が経験した「COCOM（ココム：対共産圏輸出統制委員会）規制」の新型版のような方向へ向かう。

中国を仮想敵国とした米国主導の軍事ブロックの形成が進むとともに、経済ブロック化の方向として、排他的「ABC＋EQブロック形成」（米英加＋欧州連合（EU）＋Quad（クアッド：日米豪印戦略対話））が着々と進んでいる。米国は主要7カ国（G7）連携を核に、欧州とは「US－EU TTC（米国－EU貿易技術評議会）」、インド太平洋地域では「IPEF（インド太平洋経済枠組み）」と「PBP（太平洋島嶼《とうしょ》国協力パートナー）」によって経済をブロック化する方向に進んでいる（巻末の図解10「米中覇権争いの『新冷戦の戦国マップ』」を参照）。

これは、第2次世界大戦時の日本に対する経済包囲網であった「ABCD包囲網（米英中蘭による経済封鎖）」を彷彿《ほうふつ》とさせる。日本に代わり現在は、中国に対する経済的包囲網が水面下で着々と出来はじめている。

しかし現在の中国は、かつての日本とは比較にならないほどの経済力を有し、世界貿易の中心的役割を果たしているため、この米国主導の包囲網は、時間をかけてでも実行に移されるとみられる。

米国通商代表部（USTR）は、度重なる中国の世界貿易機関（WTO）の約束不履行とその遵守状況を批判し、新たな対抗戦略の必要性を唱えている。WTOは実質的に機能不全に陥っており、新たな仕組みの「US－EU TTC」と「IPEF＋PBP」を設立し、価値観を共有する主に民主主義国家による経済連携を強化する方向に動いているのが実情である。

将来的に米国は、CPTPP（環太平洋パートナーシップに関する包括的及び先進的な協定）、RCEP（地域的な包括的経済連携）協定に代わる経済連携ブロック試案として、「US－EU TTC」と「IPEF＋PBP」を連携させた枠組みづくりを図る。

CPTPPに加盟できない米国の事情

米国には、もはやCPTPPなどの関税同盟には加盟できない事情がある。米国の歴代政権は、「ラストベルト（錆び付いた工業地帯。中西部地域と一部大西洋岸中部地域で工場閉鎖に伴って失業者が増加している地帯を表現する呼称）」と言われる工業地域の労働者たちの雇用喪失問題を無視できないからである。

CPTPPに加わることは、ラストベルトから仕事を奪うものと労働者の多くは考える。グローバル化により、多くの工場が中国やアジアなどに奪われたという認識と感情には根深いものがある。ラストベルト州とは、イリノイ、インディアナ、ウィスコンシン、ミシガン、オハイオ、ペンシルバニアなどを指し、ほとんどが民主党支持と共和党支持が拮抗する「スイングステート（選挙における両党の激戦州）」である。激戦州は全米では10州程度あり、その半数がこのラストベルト州である。

大統領選挙で勝つためには、特にラストベルト州を押さえる必要がある。

オバマ大統領時代は、旧環太平洋経済連携協定（ＴＰＰ）を政権のレガシー（遺産）と呼び、軍事・外交の軸足をアジアに移す「リバランス政策」の柱にしようとしていた。オバマ政権時代は、２０１０年にＴＰＰ交渉に加わり、２０１５年秋に12カ国で大筋合意していた。しかし、任期内に米国議会の承認を得ることを断念せざるを得なかった。トランプ氏が大統領選挙の公約にＴＰＰ不参加を掲げて当選し、米国は離脱。トランプ政権時と同様に、バイデン政権に変わっても、ＣＰＴＰＰへの賛成は得られ難い。

日本としては、米国にＣＰＴＰＰへの参加を都度促してきているが、このような背景により、その実現性は低いのが実情である。米国としては、ＣＰＴＰＰ、ＲＣＥＰに代わる米国主導のアジア太平洋地域における新たな枠組みづくりが喫緊の課題となっている。

WTOの機能不全への不信感がある

米国はWTOには失望している。バイデン政権においても、USTRは、度重なる中国のWTOの約束不履行とその遵守状況を批判し、新たな対抗戦略の必要性を示している。

USTRは2022年2月16日に「中国によるWTO協定遵守に関する報告書2021年」を公表した。キャサリン・タイ代表は、「中国は、20年間もWTOに加盟しているにもかかわらず、WTOとそのルールである市場に基づく原理を受け入れる動きを見せてこなかった。中国は経済や貿易に対し、代わりに国が主導し、非市場的なアプローチを拡大し、保持してきた。そのアプローチを追求する中で、中国の政策や手法は、WTOのルールの前提に難題を投げかけ、世界中の労働者やビジネスに重大な損害を引き起こしてきたことは明らかである。特に中国の産業政策によってターゲットにされた産業は顕著である」との声明を出している。[※1]

この報告書は、「中国のWTO加盟国としてのステータス評価」、「中国問題へのこれまでの対策の有効性と修正」、「WTO外を含めた新しくより有効な対中戦略の必要性」、「中国の不公正貿易慣行の実例」の4部構成となっている。

米国はWTO加盟国と連携し、中国をWTOに27回提訴し、すべての提訴で勝訴したが中国は政策を変えていない。また、トランプ前政権時の米中貿易の第1段階の合意では、中国は合意内容の一部は履行したが、農業分野の非関税障壁削減・撤廃などには未着手、米国製品・サービス購入も目標額を大きく下回った。

USTRは、中国の国家主導と非市場的慣行が当面は変わらないとみており、2国間、多国間、WTO外を含め、同盟国・パートナー国とのより緊密かつ幅広い協力による解決の必要性について述べている。

例として、US－EU TTC、日米通商協力枠組み（2021年11月17日）、日米EU三極貿易大臣会合（2021年11月30日）及び、インド太平洋諸国とも通商関係の強化を挙げている。

中国のWTOの約束不履行は米国にとって大きな問題であるとともに、WTOの機能不全への不信感が増大している。

US-EU TTCの背景と狙い

米国は軍事的な安全保障体制であるクアッドが立ち上がった後、経済的安全保障で真っ先に取り組んだのは、欧州連合（EU）対策である。クアッド成立（2021年9月24日）直後の9月29日、米国主導のUS－EU TTCの初回会合をピッツバーグで開催する。

米国は、米国の軍事的同盟・パートナー関係国、かつ経済的に中国と関わりが深い国・地域に対する経済的安全保障の枠組みづくりに本腰を入れる。参加者は、下記のようにハイレベルの実務推進者である。

米国側は、ブリンケン国務長官、レモンド商務長官、タイ米国通商代表部代表、EU側は、ドムブロフスキス上級副委員長（通商担当）、ベステアー上級副委員長（欧州デジタル化対応総括・競争政策担当）である。

双方によるハイレベル貿易技術協議として、主に通商、WTO改革、気候変動などを中心に10個のワーキンググループを設置し協議していく。10個のワーキンググループは、①技術標準、②気候・クリーン技術、③安全なサプライチェーン、④情報通信技術・サービス（ICTS）の安全保障と競争性、⑤データガバナンスとテクノロジープラットフォーム、⑥安全保障と人権を脅かす技術の乱用、⑦輸出管理、⑧投資審査、⑨中小企業のデジタルツールのアクセス・利用の促進、⑩世界的通商課題を含む、技術開発、知財、サイバーセキュリティー、半導体、AI（人工知能）、製薬、先端材料、グリーンエネルギーなど多岐にわたっている。

過去を振り返ると、トランプ政権時代は米国と北大西洋条約機構（NATO）の関係が悪化（主に防衛費の応分負担など）するとともに、EUとの関係も悪化していった。特に当時のメルケル独首相の推し進める「対中政策では主に貿易優先の宥和政策」や「ロシアへの過度なエネルギー依存と宥和政策（露への各種大型投資、NATO軍事費抑制、2本目の天然ガスパイプライン開発などEUの露依存増加）」は、トランプ大統領との溝を深めるばかりであった。

しかし興味深いことに、バイデン政権では、トランプ政権以前から大きな懸案となっていた「民間航空機、鉄鋼・アルミニウム製品などの協議」を棚上げにした。米国はまずEUを新しい経済的安全保障の陣営に引き入れるため、あえてネックであった一番大きな個別交渉事項を棚上げにしたのである。TTCの公式声明としては、中国を名指しすることは避けたが、「WTO改革を含む中国への輸出管理強化への枠組みづくりを開始する」ことが、すべてのワーキンググループの大きな目的の一つになっている。

米国バイデン民主党政権の中国の脅威に対する「緊迫度と本気度」がうかがえる。

EUもメルケル首相の引退で潮目が変わる。

それまで、EUの貿易相手国の第1位は、2020年には米国を抜いて、中国に代わっていた。2020年の貿易総額は5860億ユーロ（出所：EU統計局、2021年2月15日）にも達している。また2020年12月30日時点では、EUと中国の7年に及んだ交渉は、「EU－中国包括的投資協定（CAI）」を締結することで大筋合意し、あとはEU議会による批准待ちとなっていた。

トランプ政権時代は、トランプ大統領とEUのリーダー的存在のメルケル首相との度重なる意見や政策の食い違いが多かった。EU全体としても貿易に関しては、米国より中国を優先させる動きが目立った。EU内の風潮は、中国に対する根強い批判はあっても、ビジネスでの中国との関係強化を優先する考え方が主流になっていた。

当時、EUの中国に対する不信感（香港民主派弾圧、華為技術（ファーウェイ）5G関連スパイ疑惑、南シナ海の領土・航行問題、新型コロナウイルス起源調査の不透明性など）は増していたが、特にメルケル首相がEUの経済的リーダーとして、2013年からその中国とのCAI交渉を後押ししていた。ロシアに関しても、メルケル首相とプーチン大統領の間で、ロシア産天然ガスパイプラインの「ノルドストリーム1」に続き、「ノルドストリーム2」の完成も間近に迫っていた。旧東ドイツ育ちのメルケル首相は、旧共産圏の国々を熟知しているということで、その経済関係の構築に邁進していった。

しかし、16年間首相の座にいたメルケル首相は、2021年の総選挙後に完全引退を表明。メルケル政権が終わりを迎えていた。ドイツにおいて、親中国路線は大きく変化しはじめることになる。米中関係が悪化する中、EUの中国に対する不信感も2021年にはさらに増幅する。

2021年2月8日の「EU－中国外相会談（ボレル上級代表、王毅外相テレビ会談）」までは、双方の関係はむしろ良好であり、前年末のCAIの大筋合意に対し、EU各国は個別の批准に進む方向であった。

しかし、米国による「新疆ウイグル自治区の人権侵害問題」の指摘の表面化と制裁を契機に、EU内では堰《せき》を切ったかのように、対中宥和政策の変更がはじまる。EUも一気に米国に歩調を合わせ始め、メルケル路線を大きく変えることとなる。「香港の一国二制度変更」、「香港民主派弾圧」、「5G（高速通信規格）など中国製機器によるスパイ活動」、「一帯一路における相手国債務返済危機」、「新型コロナ危機時の医療サプライチェーン崩壊」など度重なる中国問題に加え、この人権問題はEUの方向転換を決定的にしたと言える。

特に人権を重視するEUとしては、これ以降、多くの中国問題を見て見ぬ振りはできなくなり、中国の人権侵害問題に対して正面から抗議しはじめるようになる。そして、3月22日には「米、EU、英、加による中国の新疆ウイグル自治区人権侵害」を非難する共同声明を出し、米英加に同調し共同制裁を発動しはじめる。EUは「新疆ウイグル人権侵害の中国新疆ウイグル公安部門上層部や新疆生産建設兵団と公安局などの団体への制裁（11個人と4団体）」を発動した。1989年の天安門事件以来の欧州側からの制裁の発動となる。

中国の趙立堅外務省報道官は、「EUは中国の厳正なる立場と強い反対を顧みず、デマや虚偽情報に左右され、事実に反した一方的な制裁という間違った決定を下した。乱暴に内政に干渉し国際法と国際関係の基本原則に公然と背き、中国とEUの関係を深刻に損なった。根拠のない一方的な制裁は双方の関係発展に深刻な問題をもたらす」との非難声明を出す。中国側は、即座にEU委員会の議員や組織に対し報復制裁を発動、制裁の応酬になる。

その後、EUは5月20日にCAIの批准手続き凍結を発表する。EU議会によるCAI凍結採択では、賛成599票、反対30票、棄権58票となり、約7年間の交渉と合意は凍結された。EU議会の決議は「中国との関係でバランスを取り戻すことが必要、経済だけでなく人権や民主主義など、EUが重視する基本的な価値観を含め、中国との関係を再考すべきだ」と主張した。

中国の王毅外相は、「新疆ウイグルについての非難は中国への内政干渉であり不当である」とのCAI凍結非難声明を出す。

この時点で、EUと中国の関係は修復不可能な様相を呈する。経済をテコにその他の問題を先送りにしてきた中国は、相容れない人権問題などは受け入れ難く、交渉は途絶えることになる。その後のEUと中国の関係はさらに拗《こじ》れ、EUは米国と共同歩調をとり、中国問題について対処していくようになる。

EUは、「6月10日、中国の新型コロナ起源の自由で透明性ある調査の要求」、「7月8日、EU議会北京冬季五輪外交的ボイコット決議可決」を経て、一連の対中国政策を大幅に変更した。これを受けた2021年9月29日に、EUと米国はUS－EU TTCを開催することになり、実質上の対中国政策を見据えた経済的安全保障枠組みづくりに進むことになったのである。

このような米国主導による経済的安全保障枠組みに、「経済的にどっぷりと親中路線」であったEUを引き入れたことは、米国の対中経済戦略のみならず、世界経済においても大きなインパクトを与える。また、ロシアのウクライナ侵攻による中露の経済的緊密化を抑制することも大きな目的の一つになる。欧州に対する「軍事的安全保障のNATO」に対し、「経済的安全保障のTTC」的役割を果たす。

このように、TTCは実質的に米国とEUの脅威となっている対中貿易戦略と貿易管理がコアになっている。この枠組みが今後はロシアを含む、民主主義国家以外の多くの国々との貿易管理に適用範囲が広がると予想される。このような新型の西側輸出規制の誕生への備えが急務となる。

日本政府や企業も新しい世界貿易の枠組みを理解し、早期にこの新しい取り組みと仕組みに参加し議論を進める必要がある。これを怠れば、企業の存続や世界的なレピュテーションリスク（評判の低下、ブランド毀損）にも大きく影響することになる。

IPEFのベースの考え方は「米国のインド太平洋戦略」

バイデン大統領は日本来日時の2022年5月23日、「IPEF構想」を表明したが、「構想」自体の具体的な内容を示さなかったため、IPEFは捉えどころのないものとの印象を与えた。しかし、「IPEF構想」表明の3カ月前の2022年2月11日、ホワイトハウスから発表された「米国のインド太平洋戦略（Indo-Pacific Strategy of the United States）」には、IPEFのベースとなる考え方が明確に示されている。中国への対抗を企図し、関税同盟は不要とし、米国の優先国を明示した。※2

この米国のインド太平洋戦略は、バイデン政権発足後に初めて公式にインド太平洋地域に対する米国のスタンスを示したものである。ホワイトハウスの公式声明では中国を明確に名指ししており、中国からの差し迫った挑戦への対応が急務であると述べられている。IPEFは、主に日米が主導するアジア太平洋地域の経済的安全保障の枠組み形成を目指している。

「ＩＰＥＦ」と「ＲＣＥＰやＣＰＴＰＰ」との違いは、関税パートナー関係ではないことである。

単なる関税同盟を米国は必要としていなく、米国国内の支持も得られない。関税同盟は、米国の製造業の活性化には不利に働くことになり、あえて結ぶ必要性は薄い。主目的は、主に中国の国家主導と非市場的慣行や国際的ルールの不履行など種々の問題に対して、同盟・パートナー国と共に、インド太平洋地域における経済的安全保障を構築していくことである。

ホワイトハウス声明の要旨は以下の４つである。さらに重点施策として５つを挙げている（図表３－１）。

①第２次世界大戦以後、米国は豪・日・韓・比・泰とのパートナー・同盟関係を通し、インド太平洋諸国との関係を強化し発展に貢献してきた。

②世界で最もダイナミックなインド太平洋地域における米国の関与を強化する。

③近年、拡大を図る中国に対抗するため、21世紀に見合った米国の役割とリーダーシップを発揮する。

④共通の価値観や規範が中国の脅威によって覆されるかどうかを左右する大事な10年となる。

重点施策には、米ソ冷戦時代の同盟国の名前がズラリと挙がっているのも特徴的である。こ

図表3-1　米国のインド太平洋戦略に示された5つの重点施策

①自由で開かれたインド太平洋推進	・民主主義への投資、表現の自由、市民社会の活性化
	・財務の透明性、汚職・腐敗の撲滅
	・国際法に基づく海洋・空の安定
	・先端・根幹技術、インターネット、サイバー空間への共通アプローチ
②パートナー・同盟国との連携強化	・5カ国（オーストラリア、日本、韓国、フィリピン、タイ）との同盟深化
	・その他本地域をリードするパートナー（インド、インドネシア、マレーシア、モンゴル、ニュージーランド、シンガポール、台湾、ベトナム、太平洋島嶼国）との関係強化
	・ASEANへの貢献
	・Quad（クアッド）の強化
	・インドの継続的成長と地域リーダーシップ支援
	・欧州・大西洋とインド・パシフィック間の連携構築
	・米国のインド・パシフィック、特に東南アジアと太平洋島嶼国への外交的プレゼンス拡大
③地域の繁栄の促進	・インド太平洋地域における自由、公正、オープンな投資の促進
	・G7との協働によるBBBW（Build Back Better World）を通じたインフラ開発
④安全保障の強化	・台湾海峡の平和と安定の維持
	・宇宙、サイバー空間、先端・根幹技術が対象
	・日韓との同盟を強化し朝鮮半島の非核化
	・AUKUS（オーカス）の推進
⑤地域の強靭性向上	・気候変動、自然災害、パンデミック・医療、資源不足、紛争など不安定要因へ対処

出所：米ホワイトハウス、「米国のインド太平洋戦略（Indo-Pacific Strategy of the United States）」、2022年2月11日

こにある国々は、日本企業にとっても重要であり、積極的に連携強化をしていく必要がある。近年拡大を図る中国に対抗し、米国関与の強化を明確に示しており、共通の価値観や規範が中国の脅威によって変更されるかどうかを左右する大事な10年として本腰を入れる。

IPEFの課題は対中露リスク、加盟国のメリット、制度設計

米国は、IPEFでインド太平洋地域をまとめ上げることができるか。これには課題も多い。そのハードルの高さは、米国の「インド太平洋戦略」と「IPEF構想と目的」を比較するとよくわかる。

IPEFの主な課題は、①「加盟国側の対中国、対ロシアリスク」、②「加盟国へのメリット提供」、③「加盟国が参加しやすい制度設計」としてまとめられる。

①加盟国側の対中国、対ロシアリスクとは、まず、東南アジア諸国連合（ASEAN）諸国においては、IPEFに加盟し協力を進めることで、中国との関係悪化を非常に恐れる点にある。ASEANの一番の貿易相手国は、既に2010年から中国であり、米国主導のIPEFへの加盟は中国を逆なでするリスクが増す。特に中国との関係が緊密なカンボジア、ラオスはIPEFには加盟しない。ミャンマーは、2021年2月1日のクーデター以降の軍事政権を米国は

認めない。また、ミャンマーの実権を握るミン・アウン・フライン国軍総司令官は、中国との緊密化と経済協力の強化を進めている。

よって、ＡＳＥＡＮからのＩＰＥＦ設立時の加盟国は、フィリピン、タイ、インドネシア、マレーシア、シンガポール、ベトナム、ブルネイの7カ国となっている（図表3－2）。

台湾との関係については、「米国のインド太平洋戦略のパートナー・同盟国との連携強化（２０２２年2月のホワイトハウス声明）」に明示された。しかし、米国が強引に台湾をＩＰＥＦに加盟させることは、「一つの中国の原則」に反することになり、またＡＳＥＡＮ加盟国の賛成も得られにくい。台湾の加盟は、「ＩＰＥＦは中国封じ込めの枠組み」という意味合いが強まり、中国の激しい反発を招く恐れがあり、ＡＳＥＡＮが参加を見送る危険性があった。したがって、台湾は米国と別枠の準ＩＰＥＦメンバー的なパートナーになる方向で進めざるを得なかった。

台湾とは、別途、経済連携協議の枠組み「21世紀の貿易に関する米台イニシアチブ（U.S.-Taiwan Initiative on 21st-Century Trade）」を２０２２年6月1日に立ち上げている。中国外務省と中国国務院台湾事務弁公室は、この米台イニシアチブに対し、予想通り激しく非難した。

モンゴルも「米国のインド太平洋戦略のパートナー・同盟国との連携強化」に挙げられているが、ＩＰＥＦには参加できない。２０２２年2月24日のロシアのウクライナ侵攻により、モンゴ

図表3-2　インド太平洋地域のIPEFとCPTPP加盟国

国名 インド太平洋地域の加盟国	IPEF （14カ国）	CPTPP （7カ国）
米国	●	
日本	●	●
オーストラリア	●	●
ニュージーランド	●	●
シンガポール	●	●
タイ	●	
インドネシア	●	
フィリピン	●	
マレーシア	●	●
ベトナム	●	●
ブルネイ	●	●
インド	●	
韓国	●	
フィジー	●	

CPTPPには、＋カナダ、メキシコ、ペルー、チリ、英国

出所：各種の公開情報を基に筆者がまとめた

ルは中露に地理的に囲まれている、また、両国との経済関係を優先せざるを得ないためである。米国としてはモンゴルに対し、地理的にも中国へ北からの圧力を期待していた。

また、中国領内の内モンゴル自治区での同じ民族のモンゴル系住民への人権侵害や表現の自由への弾圧などの問題がある。モンゴルはこの問題を無視できないが、中国に対して強い抗議はできない。インド太平洋地域の大陸側では、ロシアのウクライナ侵攻による中

露の緊密化とともに共同軍事演習の頻度も増加し、両国の脅威が益々増大している。
米国にとって、ASEANと太平洋島嶼国は、「スイングカントリー(米中覇権争いの狭間で揺れ動く国)」である。米国がIPEF構想を実現させるためには、既存加盟国と新規加盟国のバランス・オブ・パワー(力の均衡)を正確に把握するとともに、中露のインド太平洋戦略の上手を行かなければならない。インド太平洋地域において、ASEANと太平洋島嶼国は、米中の覇権争いの草刈り場になっていると言える(巻末の図解編に詳細)。

②加盟国のメリットは、貿易推進と安全保障の両輪を備えられることである。
米国主導のIPEFは、CPTPPやRCEPのような自由貿易や市場アクセスを目指す関税同盟ではないため、加盟国のメリットが見えにくい状況にある。IPEFには、関税削減のような強制力とインセンティブが現在はない。

また、各加盟国は、米国が「第1回IPEF閣僚級会合」で示したように、「貿易(デジタル貿易、労働・環境)」、「サプライチェーンの強靭化(在庫・生産能力など情報共有、供給調達網の事前予測スキームの整備)」、「脱炭素、クリーンエネルギー、インフラ開発(クリーンエネルギー技術開発、持続可能なインフラ開発支援と技術協力)」、「税・腐敗防止(効率税制、マネーロンダリング防止、贈収賄防止制度など)」の4つの柱すべてに参加する必要はない。そのため、かなり緩やかな構想段階での加盟となっている。

全加盟国にとって共通のメリットは、米日豪韓を主体とする「デジタル貿易の発展」に加わることであり、「先端や根幹技術を活用」できるようにすることである。ASEAN、太平洋島嶼国にとっては、「国際法に基づく海洋の領土保全」、「気候変動・自然災害・パンデミック医療対策支援」、「安定的なサプライチェーンの確保」が重要である。クリーンエネルギー、インフラ開発への資金援助や技術協力への期待も大きい。

実質的にIPEFは米国主導のインド太平洋ブロック経済圏の構築を目的とし、今後の対中戦略の核になるパートナー関係を築く枠組みである。IPEFは貿易の自由化が主目的ではない。IPEFは米国のインド太平洋戦略のように、中国を明確に名指しして対抗することは避けてはいるが、実質的には対中経済ブロック構想である。

CPTPPやRCEPは、自由貿易や市場アクセス、関税の低減には有効である。IPEFは、加盟国にとって米国主導の経済的安全保障の枠組みに入ることであり、この3つに加わる加盟国の意義とメリットは大きい。米中覇権争いが激しくなるにつれ、「貿易促進と安全保障」の両輪を備えることの重要性が増す。

③加盟国が参加しやすい制度設計は、民主主義にこだわらない参加条件、新しいデジタル貿易規制、広範囲の開発支援などである。

ＩＰＥＦは、ＣＰＴＰＰやＲＣＥＰと異なり、インド太平洋地域の経済的安全保障という新たな枠組みである。そのため、加盟国側のリスク、メリットをよく考慮した「参加しやすい制度設計」が必要である。前述のＩＰＥＦの４つの柱のすべてに参加しなければならないとすれば、加盟できない国が増える。

ＩＰＥＦは、加盟国間で「自由と民主主義の価値観の共有」を唱えないことで、加盟国の幅と数を拡大しようとしている。ＩＰＥＦ設立当初の加盟国のタイ、ベトナム、シンガポール、ブルネイを、米国は民主主義国家と見なしていない。実際、米国主催の「第１回民主主義サミット（２０２１年12月９、10日）」では、ＡＳＥＡＮからの招待国はマレーシア、インドネシア、フィリピンの３カ国のみで、タイ、ベトナム、シンガポール、ブルネイ、カンボジア、ラオス、ミャンマーの７カ国は招待されていない。これでわかるように、米国としては、ＩＰＥＦの加盟に民主主義国家という政治体制の縛りをかけず、妥協しているのである。これも中国の急速なＡＳＥＡＮと太平洋島嶼国への軍事的・経済的浸透に対する切迫感を米国が痛切に感じている表れである。背に腹は代えられない状況から、ＩＰＥＦの立ち上げに至った背景がわかる。

ココム規制のような貿易管理体制へ

「民主主義」対「専制主義」との対立と二極化が進むにつれ、「中国が主導する専制主義陣営」に対し、「米国が主導する民主主義陣営」による「新しい貿易管理体制」が形成されつつある。

米ソ冷戦時代の米国の敵は「共産主義陣営」であったが、米中冷戦時代の敵は「専制主義陣営」となる。

同盟・パートナー国と枠組みづくりをするハード面の構築と並行して、ソフト面で対中国・ロシア包囲網を形成していく規制として、かつての「ココム規制」がその手本となり、酷似した例として挙げられる。

ココム規制とは、米ソ冷戦時代に西側諸国にかけられた「資本主義国間で設立した共産主義国への軍事技術・戦略物資の輸出規制」である。1950年から1994年の撤廃まで、冷戦時の資本主義国がワルシャワ条約機構の共産圏に対し、安全保障上の脅威としてハイテク物資等の輸出を規制した。加盟国は、当時のNATO加盟諸国（除く、アイスランド）、日本、オーストラリアである。

日本企業はかつて、このココム規制によって意図せず多大な違反金を支払わされたこともあるが、一方で日本のものづくりは世界的に高品質で共産主義国が喉から手が出るほど欲しがった証しでもある。今後、専制主義陣営に対抗してブロック化が進むにつれ、世界的に日本のものづくりへの期待と憧れは再度大きくなっていく。

現在の日本の製品の多くは、表には出ないが実際に製品のコア部品となっていることが多く、平和な時代では世界的に認知度も上がらなかった。しかし、規制やサプライチェーンの寸断の危機が起こるたびに、先端技術製品や軍事・宇宙開発などでは欠かせないコア製品であるとの認識が広がり、認知度も向上し、世界中の誰もが欲しがるようになる。

米ソ冷戦当時の状況と現在の米中対立に加え、ウクライナ侵攻後のロシアへの貿易規制はかなり近い状況にある。米ソ冷戦時代の遺物と思われたココム規制が、今後、専制主義国家といわれる中国やロシア、その同盟国などへの新型貿易規制へ発展し、名称が新たになって適用されていく方向に進んでいる。

米中の覇権争いは、先端技術分野の半導体・通信・次世代兵器・宇宙開発などでの熾烈な競争を繰り広げるとともに、人権侵害問題などを契機に、G7、EUは近年中国に対して貿易規制を強化する動きを急速に活発化させている。G7やEUなどの西側の米国の軍事・経済の同盟・パートナー国と企業は、この「確実に生まれてくる、より厳格化されていく」新たな専制主義国家に対する貿易管理規則を考慮に入れた貿易体制と、規制を十分に理解した戦略の見直しに迫られる。2023年以降は、十分な備えと事前準備が大切になる。

かつての対共産圏「ココム規制」の教訓

米ソ冷戦時代の教訓として、日本企業が火中の栗を拾うことになった。知らなかったでは済まされないが、実は強靭なサプライチェーン構築に役立つという側面もある。

今後の中国やロシア、及びその貿易関連国を想定したビジネスを推進する必要がある際は、さらに厳格になると予想される貿易管理規則がどのような形態になっていくのかをあらかじめ知っておくことは非常に役に立つ。参考のために、ココム規制下で実際に日本企業が火中の栗を拾った事例を下記に挙げる。

1987年に日本企業と共産主義国の企業との貿易に関し、ココム違反（外国為替及び外国貿易法違反）が発覚した事例である。当時、ある日本企業から輸出した精密工作機械製品そのものは、即座には軍事利用される重大なものとは考えにくかった。決してソ連の軍事利用を意図した輸出ではなかったが、悲惨な結果となってしまった。結果的に、この工作機械製品が共産圏へ輸出され、最終的にソ連の潜水艦技術が進歩し、西側の安全保障に大きな危険をもたらすことになる。そして日米間や西側諸国の政治問題に大きく発展し、日本とその企業は大きなダメージを受けてしまった。

より具体的には、1982年から1984年にかけて、ソ連のある企業団体へ工作機械と制御のNC装置・ソフトウエアを第三国経由で輸出した。最終ユーザーであったソ連の軍系企業に、複数の国を間接的に通過し、その製品本体とパーツ、システムが別々に納入されたことが発覚。当時の米ソ冷戦時代は、いつ核戦争が起こり、どこに核爆弾が落ちてくるかわからないという恐怖が人々の日常に蔓延していた時代である。

スクリューの高精度な加工ができ、潜水艦航行中のスクリュー表面から、ノイズの大幅な削減が可能となった。結果として西側諸国は、ソ連の潜水艦の探知や追尾が難しくなっていく。海中に長期間滞在することが可能で、所在地を特定しにくい原子力潜水艦からSLBM（潜水艦発射弾道ミサイル）が発射される恐怖により、世界中を震撼させた事件である。

輸出手続きにおいてのココム規制対応は、米ソ冷戦時代、共産圏とのビジネスに関わる可能性が少しでもある場合は、非常に慎重にかつ正確に対処しなければならなかった。筆者自身も若い頃に、ココム対応のために、最終目的地の事前確認や資料準備に膨大な時間を費やした記憶がよみがえる。

例えば、輸出製品の対象分類確認や事前登録申請等のための最終使用目的と用途、国際間での流通経路や末端ユーザーの特定などにはじまる。また、輸出製品の最終目的地を把握するため、現地外国人とのやりとりなど非常に煩雑な作業を伴う。

そして、追加される制裁や規制内容の確認からＳＷＩＦＴ（国際銀行間通信協会が提供する国際決済システム）等に至る一連の確認事項と書類証明など複雑極まりない。

ちなみにＳＷＩＦＴは世界の１万以上の金融機関によって使用されている標準通信フォーマットであり、大量の国際間決済業務を安全に日々行う、海外送金の国際標準である。米ドルで決済する以上、国際銀行間の送金や決済のために使用せざるを得ないのが現状であり、米国にカネの流れをほぼ掌握されている。

不正取引、マネーロンダリング、租税回避、個人資産の不正送金などは、世界規模で容易に把握できるため、輸出規制、取引停止、資産凍結などの制裁措置をとることにも活用される。ＳＷＩＦＴは１９７３年より運用されており、その正確性と信頼性が高く安全なことにより、事実上の海外送金の国際標準となっている。

しかし、一方でこのような手続きや規則を知ることによって、自社の製品が末端まで実際にどのように流れているのかが明確にわかるようになる。末端ユーザーをあらかじめ知ることは、今後の強靱な世界的サプライチェーンを再構築する上で大いに役立つのである。

専制主義陣営への新たな貿易管理体制

新型ココム規制の形成は「US－EU TTC」と「IPEF」から発展し、かつての対共産圏が対専制主義国家へ切り替わる。このようなココム規制的な新しい貿易管理の仕組みが形成され、中国やロシアなどの専制主義国家と貿易する場合、特にハイテク製品については厳しい規制の対象となることが予想される。

最近の米国が、中国やロシア向けに頻繁に科している制裁や規制は以下の3つが主なものである。

①米国財務省の「OFAC規制（外国資産管理室による規制）」による、「SDNリスト（特別指定国民および資格停止者リスト）」を使った対象企業・団体や個人の米国資産凍結、金融制裁、入国制限などである。外交政策・安全保障上の目的から、国・地域、特定個人・団体などを指定する。

②米国商務省産業安全保障局の米国輸出管理規則「EAR規制」による米国および米国企業

との取引停止である。安全保障上の脅威などを理由に特定の外国企業、研究機関、個人等の名称リストを公示し、対象先への米国製品（物品・ソフトウエア・技術）の輸出規制を行う。米国外の企業活動も対象となり、迂回輸出を不可能にさせる規則である。「禁輸措置対象リスト（エンティティーリスト：対象先に輸出した場合、取引禁止リストに掲載され米国での商取引禁止）」、「軍事エンドユーザー・リスト（軍産複合体企業が対象）」、「取引禁止リスト（EARの重大な違反を犯した事業体のリスト、輸出および再輸出の特権剥奪）」、「未検証リスト（輸出許可前の確認や出荷後検証を十分に実施できていない事業体のリスト）」などを使う。

③米国連邦通信委員会（FCC）による米国内取引制限・禁止。FCCは、米国内の放送・通信事業の規制監督を行う独立機関であり、国家安全保障の脅威となる「対象機器・サービス」のリストを公表し排除する役割を担う。

グローバルにビジネスを展開する際には、最低この3つは事前にチェックして、現地企業との折衝やパートナリングを進める必要があり、その重要性はさらに増す。例えば、筆者自身も、ミャンマー、イラン企業などの米国の制裁が厳しい国の企業との折衝においては、必ず事前にチェックしてきた。今後、さらに米国とEUは、日本よりも早く、制裁や規制を強化する方向に動く。

その母体となるのは、ＵＳ－ＥＵ ＴＴＣである。そして、アジア太平洋版のＩＰＥＦと合体され、欧州とインド太平洋地域の新たな経済連携が形成され、完成形に近づくものと考えられる。

新たな排他的経済圏への移行、増す日本の重要性

前述のように、ＲＣＥＰやＣＰＴＰＰのような「貿易の公平性の改善と関税率低減を主目的として、パートナーを増加させていく目的の協定」とはまったく異なり、新しい経済体制は「同じ価値観を共有し信頼できるパートナーの集まりを作るため、むしろ公平性を伴わない国を排除する目的の協定」である。

従来の加盟国を増やすことを目的とした貿易協定とは一線を画す枠組みと捉えることが重要である。米国は、中国をＷＴＯに組み入れ、中国が西側の価値観に変化していくことを期待したが、残念ながらその努力は徒労に終わったという認識になる。したがって、民主主義国家と専制主義国家を隔てる方向に進み、新しい排他的経済圏はグローバル規模で急速に変化していく。これらの枠組み形成は、実質的には「経済のブロック化、軍事・ハイテク技術ブロック化」の方向に至らしめる。

インド太平洋経済枠組み構想においては、TTCより現在は緩やかなパートナーシップであるが、TTCにその方向性は追随する。

「TTC、IPEF」と「RCEP、CPTPP」との決定的な違いは、関税同盟とはまったく異なることであり、米国主導の「軍事・ハイテク技術ブロック」と「経済ブロック」とも言い換えて捉える必要がある。中でも当面の米国の優先順位は、

①「軍事・宇宙開発技術」
②「先端半導体分野：AI、スーパーコンピューター、顔認証・生体情報」
③「次世代ネットワーク（6Gなど）・通信技術」
④「バイオ・医薬技術：抗生物質生産の過剰な中国依存や供給網問題、フェンタニル問題（強力な合成オピオイド鎮痛剤、薬物利用）を含む」
⑤「先端材料開発・レアメタル・レアアース資源と活用」
⑥「脱炭素・クリーンエネルギー・蓄電池技術開発」
⑦新領域「量子コンピューティング」と「核融合技術」

などであり、米国はこれらの次世代の高度先端技術において中国とのデカップリングは避けられない方向に進む。

日本では、2022年12月に政令により、特定重要物資として「抗菌性物質製剤、肥料、永久

磁石、工作機械・産業用ロボット、航空機の部品、半導体、蓄電池、クラウドプログラム、天然ガス、重要鉱物、船舶部品」の11物資を指定した。中国とロシアに関しては、前述のような対共産圏への貿易規制「ココム規制」同様な西側の規制が強化されていく。この潮流を決して見誤ってはならない。そして、この新たな規制の潮流を正確に捉えることは、実は日本・日本企業にとって大きなチャンスをもたらす。

インド太平洋地域における経済の覇者は、2010年以降は、実際に中国に代わった。2010年に日本のGDPを抜き、米国に次ぐ世界第2位の経済規模となり、ASEANとの貿易額でも日本を抜き、それ以来中国がアジア太平洋地域の経済の覇権を握ってきた。しかし、

①「米国主導のTTCとIPEFによる経済ブロック」

②「軍事的安全保障によるブロック」

③「ハイテク技術産業の根幹となる先端技術（先端半導体など）の輸出規制」

は、中国経済にとって強烈なボディーブローとなる。

G7とEUとの「共通の価値観とイデオロギー」として、「自由、民主主義、人権擁護、法の支配、ルールに基づく国際秩序の遵守」を重視する日本のアジア太平洋地域における立ち位置は、西側諸国にとってはかけがえのない期待と役割を担うことになる。日本に対するインド太平洋

地域での西側諸国からの信頼度は必然的に高くなる。かつての米ソ東西冷戦時代以上に、インド太平洋地域の対専制主義陣営へのコーナーストーン（不可欠な要の意味）としての日本の役割は重要性が増す。

EPIC：コアとなる日米間の経済的安保の必要性と背景

2022年1月に開催された日米首脳会談において、日本と米国の新たな2国間の経済的枠組みの創設について米国側から提案された。これは、2国間の単なる経済連携を目指したものではなく、日米間のみならず、「軍事的安全保障に加え、経済的安全保障が重要な時代」に移り変わった象徴的な出来事として捉えられる。

したがって、関税協定を主体とした、CPTPPやRCEPとは大きく異なる。

従来の考え方では、「日米安全保障条約があり、その上で経済的な安全も担保されている」という考え方で十分であった感はあるが、米中の経済覇権を睨んだ熾烈な争いは、「経済の新たな2国間協定をつくる必要性に迫られることになった証し」のようなものである。

米ソ冷戦時代の米国は、軍事的安全保障が後ろ盾にある国々との経済的連携を深めてきたが、冷戦終結後は社会主義国家や専制主義国家などでも、次から次へとWTOに加盟させ、世界貿易の枠組みの中に組み入れた。中国（WTO加盟2001年12月11日、143番目）やロシア（同2012年8月22日、156番目）に代表されるように、経済システムが大きく異なる国々をWTOに加盟させてきた。「世界貿易の枠組みに参加させれば、自ずとそれらの国々の経済システムも変わっていく」という、浅はかな思惑もあった。

しかし、中国をはじめとする専制主義国家の経済的台頭は、かつての「公正な自由貿易と競争を前提とする経済システム」とは、まったく相容れないことがクローズアップされ、「WTOの形骸化」と言われる状況に拍車がかかる。

中国はWTOの公約を、多くの分野で期間を先延ばしにしたり、反故にする事例が多くなったりし、USTRのキャサリン・タイ代表も痛烈に中国の国際ルールに則らない貿易システムや中央政府の統制などについて、詳細な指摘を議会で報告し、WTOの規則や機能が著しく損なわれていることを示す。[※3]

国有企業や国の統制を優先させる国家は、いずれ西側の公正な自由貿易と競争を前提とする経済システムとは相容れない状況に陥ることは自明であった。

このような背景と経緯のもと、2022年7月29日に日本と米国の新たな2国間の経済的枠組みである「日米経済政策協議委員会（ＥＰＩＣ、経済版２プラス２）」がスタートする。

「米ソ冷戦時代は世界的に軍事的安全保障の必要性」に迫られたが、「米中新冷戦時代は、軍事的安全保障に加え、経済的安全保障の必要性」に迫られることになる。日本にとってＧ７との経済的関係強化とともに、ＥＰＩＣのような日米２国間の経済的枠組みが今後の大きな礎《いしずえ》となることを期待される（巻末の**図解14**、「日本の安全保障戦略（軍事・経済）と優先度」を参照）。

目的は明確であり、Ｇ７をはじめとする自由で公正な競争を重んじる経済圏に対し、対中国・ロシアを念頭に専制主義国家（権威主義、全体主義、軍事政権国家）などに対し、米国と日本が主導でインド太平洋地域での経済秩序を構築していくことである。そして、米国主導の経済圏構想「ＩＰＥＦ」を共同で推進し、自由で公正な競争を求めた新たな経済圏をつくることである。

さらに、米主導のＰＢＰとの連携を見据える。中国の巨大経済圏構想「一帯一路構想」における新興国の多額の債務問題」を意識した、新たなインフラ協力体制の推進も含まれる。

ＥＰＩＣには、日本側から林芳正外相、萩生田光一経産相、米国側からアントニー・ブリンケン国務長官、ジーナ・レモンド商務長官が参加した。共同声明では、以下が示された。

「持続的・包摂的な経済成長とルールに基づく自由で開かれた国際経済秩序の維持・強化」を

目指す。
「自由で開かれたインド太平洋の実現に向けた羅針盤」となること。
①ルールに基づく経済秩序を通じた平和と繁栄の実現
②経済的威圧と不公正で不透明な貸付慣行への対抗
③重要・新興技術と重要インフラの促進と保護
④サプライチェーンの強靭性の強化
・米国によるインド太平洋経済枠組み(IPEF)
・デジタルや人権分野の連携強化
・エネルギー安全保障(シェールオイル・ガスの増産)と食料安全保障
・半導体を含む重要新興技術の共同研究開発
・半導体、蓄電池、重要鉱物、医薬品、高速通信規格「5G」、海底ケーブル等で日米協力

そして日本では、2022年8月1日に「経済安全保障推進法」の一部が施行され、以下の4つの基本方針に基づく制度を創設する。
①重要物資の安定的な供給の確保
②基幹インフラ役務の安定的な提供の確保
③先端的な重要技術の開発支援

④特許出願の非公開

安全保障の経済分野での拡大により、「国民の生存に必要不可欠、特定の国に供給偏向、輸出停止による供給遮断の可能性、供給遮断の過去実績」を踏まえた制度を策定していく。

第3章：参考文献と情報の出所

※1　ＵＳＴＲ、キャサリン・タイ代表の声明、２０２２年2月16日

※2　米ホワイトハウス、「米国のインド太平洋戦略（Indo-Pacific Strategy of the United States）」、２０２２年2月11日

※3　米国通商代表部、「2021 & 2022 Report to Congress on China's WTO Compliance」

第4章

冷戦時代の企業経営のあり方

米国の直轄部署と措置を押さえる

トランプ政権発足後の2017年から、貿易不均衡による米中貿易戦争がはじまり、米中の覇権争いは激化、米中ハイテク戦争（半導体、宇宙、医薬バイオ、軍事技術、AI（人工知能）など先端技術関連）へと拡大していく。

そして2019年頃には中国企業による次世代通信規格（5G）機器を切り札に、習近平主席が主導する広域経済圏構想「一帯一路」により、中国が世界の情報インフラを席巻する勢いとなる。米国がトランプ政権になり、「世界を巻き込む国家安全保障上の大きな問題として、はじめて中国を本格的な競争相手」として認識する。

中国への経済制裁・規制強化の背景と経緯を知る

大きな転換点となったのは、さかのぼる2017年6月28日に、習近平共産党政権による「中国国家情報法」が施行されたことである。それまでは、米国、欧州連合（EU）などの西側諸国は、中国との経済関係を優先させてきたため、この本質的な中国の安全保障上の問題は、領土問題同様に見過ごされてしまっていた。習近平主席が進めたこの法律の論点は、「中国系企業は中央政府の要請に応じて、中国国内と外国においても、当局にデータを提供することを義務付けられた」ことである。国家情報法により、「官民問わず収集した個人情報とデータを中国当局へ提出する義務」が生ずるものである。中国政府が世界の個人情報を抜き取るバックドア（裏口）になる脅威である。中国はしたたかに世界の情報インフラの覇権を握る国家的情報戦略を進めていた。

実質的に、この問題が「米国の覇権を大きく揺るがす強敵としての中国」を再認識させ、尻に火がつく。そして、米国を中心とするファイブ・アイズや主要7カ国（G7）各国では、中国企業に情報ネットワークの世界覇権を握られることは、国家安全保障上の脅威として、中国政府に対する認識の共有化が図られた。中国を脅威とするまでは、イラン、ロシア、北朝鮮、キューバ、シリア、リビア、ミャンマーなどの制裁対象国との取引が主な米国の制裁対象であった。

米国の中国への制裁の経緯を追っていくと、それまで問題として顕在化はしていたが、正面からの衝突を避けてきた「通信機器・監視システムへの懸念」、「人権侵害問題」、「先端技術の軍事利用問題」、「南シナ海の人工島の建設と軍事拠点化への懸念」が一気に課題として浮上する。そして、米国議会では堰《せき》を切ったように上院・下院で激論が交わされる。このような経緯と背景を見ると、米国が慌てて対抗するための制裁や規制を、多岐にわたり強化しはじめたことがよくわかる。

特にオバマ政権時代、南シナ海、尖閣諸島などの太平洋地域の領土問題には消極的で「曖昧戦略」を貫き、経済を優先し目をつぶってしまっていた。国際仲裁裁判所（2016年7月12日、本部オランダ・ハーグ）により、中国が南シナ海で主権を一方的に主張する境界線「九段線」について、「歴史的な権利を主張する法的な根拠は中国側にない」との裁定であったが、中国はそれを無視して、南シナ海の人工島の建設と軍事拠点化を進めていった。

フィリピンのドゥテルテ大統領もあえて中国と争わず、中国との経済的関係を優先した。フィリピンが国連安全保障理事会に訴えても、中国が常任理事国であり拒否権を行使できるため事実上措置はなされない。中国はその国連安保理の採決の仕組みを熟知している。この典型的な事例が許容されてしまった後は、中国は国際法などの枠組みを軽視して、領土問題や資源獲得など、経済を優先にさらに世界へ積極的に出るようになる。

米国は常に後手後手に回っていたが、もはや経済を最優先する考え方は通用しなくなっており、米国やEUは先手を打って巻き返しを急ぐ。現在の米国議会や現政権は率先して対抗策を打ち立て、対中経済制裁と規制強化を矢継ぎ早に進めている。

日本政府や日本企業は、常に米国・EUの後追いとなる。そして、後追いになるばかりか、前述のココム規制違反のケース事例のような罰則・罰金や、米国やEUから取引停止措置を受ける可能性が大きくなっている。米国・EUなど西側諸国の制裁や規制の方向性と実態を正確に捉

図表4-1　主な中国への制裁・規制の対象事項

制裁対象国との取引	華為技術（ファーウェイ）との取引、イランとの取引など
通信機器・ 監視システム	サイバー攻撃やスパイ行為、先端技術監視など安全保障上の懸念など
人権侵害問題	新疆ウイグル自治区での人権抑圧、強制労働、監視、ジェノサイド問題、香港民主派勢力・人権弾圧、一国二制度への抵触など
先端技術の 軍事利用問題	大量破壊兵器や軍事利用の恐れのある製品調達支援など
南シナ海の人工島の 建設と軍事拠点化	南シナ海の人工島の建設と軍事拠点化に関与など

出所：各種の公開情報を基に筆者がまとめた

えなければ、グローバルビジネスから退場させられる恐れが増す。さらにレピュテーションリスクも大きく、企業そのものの存続リスクにつながる。

制裁事例を押さえ対象企業と内容を精査

今後のビジネスに際しては下記のような、中国への主な制裁・規制対象事例をよく分析し、早期に自社・自分たちへの影響度を測ることが大切である。このような中国包囲網を形成していく過程と方向性を捉えることにより、将来に降りかかる大きなリスクを回避できる。

主な中国への制裁・規制の対象事項を**図表4－1**にまとめた。併せて、過去からのイラン、ロシア、北朝鮮などへの米国やEUからの制裁・規制のケース事例を捉えるとともに、中国への経済制裁・規制強化の背景と経緯を分析することは大いに役立つ。

図表4-2　米国の制裁・規制の主な直轄部署と制裁の発信場所

米国政府	大統領令と政府各省庁からの制裁・規則など
米国議会 上院・下院	各種委員会・公聴会、採決など
財務省	外国資産管理室（OFAC：Office of Foreign Assets Control）の特別指定国民および資格停止者リスト（SDNリスト：Specially Designated Nationals and Blocked Persons List）
商務省	産業安全保障局（BIS：Bureau of Industry and Security）の輸出管理規則（EAR：Export Administration Regulations）のエンティティーリスト（EL：Entity List）、未検証リスト（UVL：Unverified List）など
国土安全保障省	税関・国境取締局（CBP：Customs and Border Protection）の違反商品保留命令（WRO：Withhold Release Order）など
国防総省	国防権限法（NDAA：National Defense Authorization Act）。政府の国防総省への予算権限、年度ごとに行う
連邦通信委員会	FCC（Federal Communications Commission）、独立機関。取引制限・禁止規則など
証券取引委員会	SEC（Securities and Exchange Commission）、独立機関。上場制限・廃止・監査の規則とその厳格化など
対米外国投資委員会	米国政府省庁間委員会（CFIUS：Committee on Foreign Investment in the United States）、米国への外国投資の国家安全保障への影響の検討など
連邦捜査局	FBI（Federal Bureau of Investigation）、独立機関。捜査、拘束・逮捕など

出所：各種の公開情報を基に筆者がまとめた

全体として押さえておかなければならない米国の制裁・規制の主な直轄部署と制裁の発信場所は、次の10カ所である（図表4－2）。このような米国が規制や制裁を仕掛ける部署と仕組みを知ることは、社長など経営陣はもとより、戦略・企画担当者などグローバル戦略を考える部署の人たちだけに留まらず、グローバルに展開するすべての担当者にとって重要である。

新たな制裁や規制が打ち出される予兆を知るには、まずファイブ・アイズの諸国やG7などのインテリジェンス機関（図表4－3）の動きを捉えていると次の方向性が見える。

ＥＵから打ち出される制裁や規制は、「人権侵害や人道支援関係」などに関するものが多く、米国はそれに加えて「軍事・経済から全般的な安全保障」に関わるものの制裁や規制が多い。また、米国の制裁や規制は図表4－2に示した直轄部署から予告なしに、当日から効力があるものをいきなり発することも多々あり、即座の対応が必要になるケースに注意を要する。米国国内で適用となる制裁や規制においても、実質的に世界貿易に関わるケースが大部分であり、世界へのその波及効果を測ることも大切である。

さらに、世界貿易に関しては「第三国経由の抜け穴」となりやすい国々、例えば、自由貿易港の香港、ＵＡＥ、シンガポールなどや、ＥＵのキプロス、ギリシアなどを経由した横流し的な取引などに注意し、最終使用先であるエンドユーザーまで捉えることが必須になる。軍事と民生の双方に使える「デュアルユース製品」に対しても、中国やロシアなどの専制主義国家に輸出する場合は制裁を受ける可能性が高くなるため注意を要する。

こうした視点に立って、トランプ政権時代からバイデン政権時代について、２０２３年2月のロシアのウクライナ侵攻1年経過までに関する米国の主な中国への経済制裁・規制強化の経

図表4–3　ファイブ・アイズの諸国やG7などのインテリジェンス機関

ファイブ・アイズ諸国	英国	MI5（Military Intelligence Section5：情報局保安部、国内におけるスパイ活動やテロ活動の防止、摘発などが主任務）MI6（SIS、Secret Intelligence Service：情報局秘密情報部の通称、国外における情報収集や情報工作などが主任務）
	米国	CIA（Central Intelligence Agency：中央情報局、対外情報機関）FBI（Federal Bureau of Investigation：連邦捜査局、司法省に属する警察機関の一つ）
	カナダ	CSIS（Canadian Security Intelligence Service：カナダ安全保障情報局、安全保障に関する情報を国内外で収集・分析・評価）
	オーストラリア	ASIO（Australian Security Intelligence Organization：オーストラリア保安情報機構、テロリズム、スパイ対策が主任務）
	ニュージーランド	NZSIS（New Zealand Security Intelligence Service：ニュージーランド保安情報局、ニュージーランドの公安を担う情報機関）
G7ほか	フランス	DGSE（Direction générale de la Sécurité extérieure：対外治安総局、安全保障に関係する情報の収集・分析、国外でのフランスに対する破壊活動の摘発・予防、国家利益のための機密作戦の実施など）
	ドイツ	BND（Bundesnachrichtendienst：連邦情報局、政治情報と経済情報の収集、その分析と評価を行う）
	イタリア	AISE（Agenzia Informazioni E Sicurezza Esterna：対外情報・安全庁、海外の脅威から独立性・安全を守るための情報を調査・処理）AISI（Agenzia Informazioni E Sicurezza Interna：国内情報・保安庁、あらゆる形態の犯罪またはテロリストの攻撃から、安全を守るための情報を調査・処理）
	イスラエル	MOSSAD（英字表記はInstitute for Intelligence and Special Operations：イスラエル諜報特務庁、「モサド」と通称される。対外諜報・諜報活動と特務工作を担当）

出所：各種の公開情報を基に筆者がまとめた

図表4-4　中国への主な経済制裁・規制強化の経緯（ロシアのウクライナ侵攻から1年間）

トランプ政権時代	2019年	5月15日	「中国の華為技術（ファーウェイ）と関連企業114社への輸出管理を強化、米国政府・企業との取引禁止」 ・華為によるイラン（制裁対象）との違反取引により、エンティティーリスト（EL）に掲載	商務省
		8月13日	「安全保障上の懸念（華為、中興、海能達、海康威視、大華5社の通信・監視製品・サービスの政府調達禁止）」 ・サイバー攻撃やスパイ行為といった安全保障上の懸念	国防総省国防権限法、商務省
		10月9日	「新疆ウイグル少数民族の人権侵害関与（中国自治体公安部関連組織、監視カメラ大手、民間企業など28団体をELに追加）」	商務省
	2020年	5月22日	「大量破壊兵器や軍事利用の恐れのある製品調達支援の懸念（政府系団体や民間企業など24団体をELに追加）」	商務省
		5月26日	「新疆ウイグル少数民族の人権侵害関与（中国自治体公安部関連組織、法科学研究所、民間企業など9団体をELに追加）」	商務省
		7月22日	「新疆ウイグル少数民族の人権侵害関与（中国企業11社をELに追加）」	商務省
		8月7日	「香港国家安全維持法関係11人への制裁（林鄭月娥行政長官と現職と前任の警察官僚など）」 ・中国政府による香港国家安全維持法導入に加担、表現・結集の自由を抑制、人々の安全や自治を脅かし一国二制度抵触、香港民主派勢力弾圧	財務省
		8月10日	「米国上院議員・活動家11人への制裁（テッド・クルーズ、マルコ・ルビオ共和党上院議員、人権団体ヒューマン・ライツ・ウォッチのケネス・ロス代表など）」	中国政府（報復制裁）
		8月26日	「中国人民解放軍による南シナ海の人工島の建設と軍事拠点化関与に対する取引禁止・制裁（中国企業24社と個人）」 ・広州海格通信集団、中国交通建設、中国電子科技集団などの関連企業が対象 ・中国は2013年以降、中国企業による係争地域である南シナ海の領有化を加速	商務省

バイデン政権時代	2021年	3月17日	**「香港国家安全維持法関係の24人をSDNリスト（制裁対象リスト）に追加　（中国と香港の常務副委員等政府関係者）」** ・香港の民主派勢力の逮捕などに関与、香港の人々に約束された高度な自治を弱体化 ・中国の全国人民代表大会常務委員会の王晨副委員長、香港選出の譚耀宗常務委員など ・バイデン政権としてはじめての対中制裁措置	財務省
		（2021年3月18日 アンカレッジ会談決裂：米中新冷戦的状況へ突入）		
		3月22日	**「新疆ウイグル少数民族の人権侵害関与（中国政府の幹部2人をSDNリストに追加）」** ・中国共産党の新疆生産建設兵団の王君正共産党委員会書記、新疆公安局の陳明国局長 ・グローバル・マグニツキー人権問責法を根拠 ・英国、カナダ、EUも米国の制裁に追随	財務省
		3月22日	**「中国による報復措置として、EU側10人と4団体への制裁」**	中国政府（報復制裁）
		4月8日	**「スーパーコンピューター関連（主に半導体・通信・軍事）の7社制裁追加」** ・トランプ前政権時代の制裁のMEUリストへの58社の継続とバイデン政権による追加 ・軍事利用抑止目的：「核兵器爆発モデル、5倍速高速ミサイル用AI（人工知能）チップ」 ・天津飛騰信息技術、上海集成電路技術与産業促進中心、信維微電子、4つの国立スーパーコンピューターセンター（山東省済南市、広東省深圳市、江蘇省無錫市、河南省鄭州）	商務省
		6月3日	**「中国の軍事産業に関わる中国企業59社に対する米国人の証券投資禁止」** ・8月2日（2カ月猶予）より効力、財務省外国資産管理室（OFAC）のリストへ ・トランプ前政権時代の制裁見直しと拡大 ・防衛及び関連材料 48社、監視技術 2社、上記2セクターの直接・間接的所有または支配・所有 9社 ・中国の「軍産複合体連合」認定の59企業・団体対象	国防総省、国防権限法、大統領令、財務省
		6月10日	**「反外国制裁法（米国の制裁に協力した場合はすべて対象）」**	中国政府（報復）

トランプ政権時代	2020年		・南シナ海問題の米国による中国制裁ははじめて	
		11月12日	**「中国人民解放軍との関係を認定した中国企業31社に対する米国人の証券投資禁止」** ・2020年6月3日に国防総省による1999年国防権限法（第1237条）に基づいて「共産主義中国の軍事企業」と認定の31社が対象 ・中国人民解放軍と中国の諜報機関の能力向上に関わる資本提供を防止 ・中国の「軍民融合戦略（military-civil fusion strategy）」への対抗措置 ・既にEL掲載の華為、海康威視、中国交通建設、中国移動、中国電信や航空宇宙科学・原子力分野を含む	国防総省国防権限法、大統領令
		12月2日	**「新疆ウイグル自治区からの綿製品を違反商品として一部輸入保留措置」** ・新疆生産建設兵団の製品は、強制労働による違反製品とし、傘下の米国税関・国境取締局（CBP）より輸入保留措置	国土安全保障省
		12月18日	**「安全保障を脅かす中国軍産複合体（半導体大手の中芯国際集成電路製造（SMIC））との取引禁止」** ・安全保障や外交政策上の利益に反すると判断（SMICと中国の軍産複合体の関係を示す証拠）	商務省
		12月23日	**「商務省貿易管理の軍事利用規制（MEU）リストに中国58社、ロシア45社掲載」** ・米国製品（物品・ソフトウエア・技術）を軍事転用する恐れがある外国事業体 ・米国製品の輸出・再輸出・国内輸送をする場合は産業安全保障局（BIS）の許可が必要、原則不許可（presumption of denial） ・G7、EUなど西側諸国による対中国・ロシア禁輸措置の本格化へ	商務省
	2021年	1月13日	**「新疆ウイグル自治区からの綿製品、トマト派生製品を違反商品として全面的輸入保留措置」**	国土安全保障省
		1月19日	**「新疆ウイグル自治区におけるジェノサイド認定」（バイデン政権発足前日）**	トランプ政権
		（アンカレッジ米中外交交渉の3月18日直前）		

バイデン政権時代	2022年	2月7日	**「中国の軍事転用の可能性がある製品輸出の厳格化のため33社未検証リストに追加」** ・未検証リスト（UVL：Unverified List、輸出許可前確認や出荷後検証を十分に実施できない事業体のリスト） ・軍事用途への製品輸出、技術流出への制裁厳格化、タイムリーな最終用途確認、米国の輸出製品を受け取る外国事業体の正当性と信頼性検証 ・米国輸出業者がデューディリジェンス実施、取引リスク評価、中国政府に対し最終用途確認協力 ・軍やコア技術関連企業、大学、航空宇宙関連および電子製品のサプライヤー対象	商務省
		6月28日	**「ロシアとの軍事取引に関与した中国企業5社制裁追加」** ・2月24日のロシア侵攻前から商品供給、制裁対象のロシア企業へ供給契約を継続 ・電子部品などを扱うメーカーConnec Electronic、King-Pai Technology、Sinno Electronics、Winninc Electronics、World Jetta Logistics（香港）	商務省
		8月23日	**「中国の航空宇宙関連研究所など7団体に対する追加制裁」** ・航空宇宙科学、エレクトロニクスなどハイテク分野の研究所・企業が対象 ・中国航天科技集団第九研究院第七七一研究所など7事業体をELに追加	商務省
		9月12日	**「大統領令によるバイオ産業サプライチェーン強化（12月16日、商務省によるELに31社追加）」**	商務省
		10月7日	**「中国28企業への輸出管理強化（FDPルール：Foreign-Produced Direct Product Ruleに 追加）」**	商務省
		11月25日	**「中国の通信・監視製品・サービス5社（華為、中興、海能達、海康威視、大華）の米国販売禁止」**	連邦通信委員会
		12月6日	**「米国-EU貿易技術評議会（US-EU TTC）における対中輸出管理検討」** ・半導体は特に優先、早期警告メカニズムと強靭なサプライチェーンの構築、輸出管理について対策検討	米商務省、欧州委員会

バイデン政権時代	2021年	6月24日	**「新疆ウイグル少数民族の人権侵害関与（太陽光関連企業・団体5社をELに追加）」** ・合盛硅業（ホシャイン・シリコン・インダストリー）、新疆GCLニューエナジーマテリアルテクノロジー、新疆大全新能源、新疆東方希望有色金属、新疆生産建設兵団	商務省
		7月9日	**「新疆ウイグル少数民族の人権侵害関与、軍事関連14社と軍事関連5団体を含む計34団体の制裁厳格化」** ・ウイグル族、カザフ族他ムスリムに対する弾圧、大量抑留、ハイテク監視、軍事技術の現代化	商務省
		8月2日	**「6月3日からの猶予期間終了59社へ正式制裁発動」** ・財務省OFACリストに掲載 ・中国の「軍産複合体連合」認定の59企業・団体対象、実質的にさらに厳しくなる	財務省
		10月26日	**「中国電信の米国事業免許取消（60日以内）」** ・全会一致、スパイ活動など安全保障上の問題	連邦通信委員会
		12月10日、16日	**「新疆ウイグル人権侵害の商湯集団と中国軍産複合体企業8社に対し証券投資禁止」** ・世界人権デー12月10日 のAI開発企業の商湯集団（顔認識技術、 AI）に加え、 12月16日に8社制裁（2022年2月14日より適用） ・ドローン世界最大手DJI他、新疆ウイグル監視活動による人権侵害	財務省
		12月16日	**「バイオテクノロジー関連中国企業34社をELに追加」** ・バイオ技術等を用い、国民管理・少数民族抑圧（バイオテクノロジー、大脳抑制、DNA情報などによる抑圧行為）	商務省
		12月23日、27日	**「新疆ウイグル強制労働防止法と国防権限法の成立」** ・新疆ウイグル強制労働防止、人権侵害の適用範囲拡大（2022年6月より） ・強制労働生産ではないとCBPに証明する必要がある （主に綿花、太陽光パネル原材料ポリシリコン、トマトが対象）	大統領府、米国議会、国防総省、国土安全保障省
		1月27日	**「中国聯通の米国事業免許取消（60日以内）」** ・全会一致、スパイ活動など安全保障上の問題	連邦通信委員会

バイデン政権時代		12月9日、12日	「米国の鉄鋼・アルミ関税（2018）、米国半導体製品輸出規制に対し中国WTO提訴」 ・輸出管理措置の乱用、サプライチェーンの安定阻害、国際経済貿易の秩序破壊、貿易保護主義非難	中国政府（報復）
		12月16日	「中国半導体製造企業36社へ規制強化」 ・UVLからELへ変更し規制強化 ・長江メモリー（YMTC）ほか、16ナノメートル未満対象、米国技術・ソフト制限 ・米国人、グリーンカード保有者の中国半導体企業からの離職勧告	商務省
	2023年	1月27日	「米日蘭による対中半導体装置輸出規制」	米政府ほか
		1月30日	「華為への米国からの輸出禁止」 ・華為に製品輸出する米企業へのライセンス供与停止	商務省
			（2月4日、中国の気球を撃墜）	
		2月10日	「中国偵察気球関連企業6社制裁」 ・中国電子科技集団の研究所など中国の航空・宇宙関連事業が対象 ・中国人民解放軍は高高度気球を情報収集や偵察活動に利用していると指摘 ・2月9日、米上院外交委員会公聴会にて中国気球偵察行為と断定、下院全会一致（中国偵察気球非難決議、賛成419/反対0） ・中国人民解放軍が運用する気球や飛行船に部材を供給し、米国の国家安全保障や外交政策の利益に反する	大統領、商務省、米国議会
		2月16日	「米国防衛大手2社を制裁」 ・ロッキード・マーチン、レイセオン・テクノロジーズの関連会社レイセオン・ミサイルズ・アンド・ディフェンス、禁輸措置リスト ・台湾への防衛装備の売却に関与	中国政府（報復制裁）
		2月24日	「中国を含む外国の企業約90社に対し、米国製品の禁輸措置」 ・武器生産阻止、制裁逃れ防止、米国特許技術・製品、デュアルユース製品含む、ロシアの79社、中国5社、カナダ拠点関連企業など	商務省

出所：ホワイトハウス、米国上院・下院議会、商務省、財務省、国土安全保障省、国防総省、米国国防権限法の情報を基に筆者がまとめた

緯を図表4－4にまとめた。

ロシアのウクライナ侵攻からの教訓

米中が軍事的衝突に至る直前か直後に想定される制裁は、中国に対する大規模な金融制裁である。大規模な金融制裁は、グローバルビジネスにとって大打撃となる。

過去、太平洋戦争に進んだ米国の日本への金融制裁は典型的な事例である。1941年7月25日より、在米日本資産の凍結、その後、石油や鉄くずなどの対日輸出の全面禁止に踏み切った。

直近では、ロシアのクリミア半島併合後に続き、ウクライナ侵攻後のロシアへの金融制裁を、米国、G7やEU主導で発動する。2022年2月26日、ロシアの主要7銀行に対する国際銀行間通信協会（SWIFT）からの排除を発表、その後、外貨準備を凍結、特定ロシア人の個人資産凍結などの一連の金融制裁である。

ロシアのウクライナ侵攻以降の経済制裁・規制強化の動きは、今後の中国と本格的にデカップリングが行われる場合の先例となる。以降で、ビジネス上の注意点とその対策・ポイントを解説する。こうしたチェック・ポイントは、必ず対策を講ずる必要が発生するものである。将来的には、ロシア、中国だけではなくその緊密国へ制裁が波及していくことも考慮に入れる必要がある。

①貿易・金融関連

短期の影響として懸念されるのは、ロシアのSWIFTからの除外は中国事業にも特定の影響がある。例えば、送金・入金の制限や停止である。また、2015年から始まった、中国人民銀行による人民元（RMB）の国際銀行間の決済システムで、中継銀行を介さず人民元建ての投資や貿易決済ができる仕組みであるCIPSの利用が制限される可能性がある。

米国商務省のEAR（規制強化・貿易制限）に中国の制裁企業（兵器開発、宇宙開発、通信・監視・認証技術などを持つ末端ユーザー企業）が、追加されている。

米国財務省の外国資産管理室（OFAC）規制のSDNリスト（特別指定国民及び資格停止者リスト）による特定の企業・個人制裁には、ウクライナ侵攻時より400以上の企業が追加されている。

また、米国連邦通信委員会（FCC）の規制では、国家安全保障上の脅威となる中露企業の対象機器・サービスの排除が追加されている。

一方で、ロシアからの非友好国指定（2022年3月7日時点でロシアの制裁に加わった48カ国、E

U27＋21カ国）を受けた日本企業や個人への制裁も要注意である。貿易や指定通貨による制限、雇用制限、ロシアに批判的な政治家・学者などが考えられる。米国・EUの軍事関連企業との取引関係も事前の精査と把握が必須になる。

長期の影響として懸念されるのは、将来的なココム的規制である。第3章で説明したように、米国―EU貿易技術評議会（US―EU TTC）の活動から、対専制主義国家への輸出規制へ発展する可能性がある、例えば、半導体チップなどが対象になる。

このほかにも、仮想通貨・暗号資産の制限、デジタル人民元の扱いや除外、「WeChat Pay（ウィーチャットペイ）」や「Alipay（アリペイ）」などの中国の決済システムが制限される可能性がある。また、中国・ロシアが開発した特定のアプリ・システムの利用制限、特定の決済手段の使用制限、人民元決済の特定制限、中国・香港等を通じたマネーロンダリング規制、世界貿易機関（WTO）の機能不全化に対する新たな国際貿易機関の検討と設立などが考えられる。

②製品・サービス関係

調達原料・輸送費・保険など、コスト増の長期化への対応が必要なもの。石油、天然ガス、素材・希少金属関連、化学品・肥料関連など。輸入制限や、上限価格の設定などが想定される。

ロシアからの日本の輸入は約1・5兆円であり、内訳は天然ガスが24％、石炭が18％、原油が

17%、レアメタルが19%（アルミニウム、パラジウム、ニッケル、プラチナ）、カリウム肥料関連が5%などである。

ロシアへの日本からの輸出は約8600億円であり、自動車が41%、自動車部品関連が12%などである。[※1]

中国の場合は、まず軍事・ハイテク関連企業（特に安全保障関連）との取引有無と詳細内容の把握が重要で、必要時には停止措置となる。例えば、半導体などの戦略物資の輸出停止、生産設備、電気通信機器、医療機器、輸送機器（含む、完成車）、農業機械、電気機器など200以上の品目が対象になる。

③人の移動

ロシア上空・近海の飛行・航行は人・物品の安全確保、保険上昇の回避を目的で制限されており、これが中国周辺の空域へ拡大される可能性がある。実際、1983年9月1日に大韓航空機の撃墜事件が起きている。大韓航空のボーイング747が、ソビエト連邦の領空を侵犯したために、ソ連の戦闘機により撃墜された。乗員・乗客合わせて269人の全員が死亡した。このほかにも、出入国やビザの制限、不当拘束、監視などの可能性がある。社員・家族の生命の安全、精神的負担などの問題も生じる。

④情報管理

情報・技術・知財などに関するセキュリティー強化、データ管理の強化が必要になる。例えば、サイバーセキュリティー、ハッキング、ランサムウェア、データセンター、顧客情報、個人情報、特定顔認証、ゲノムなどが対象になる。

ロシアのウクライナ侵攻直後の西側諸国の対応

G7をはじめとする西側諸国のロシアに対する制裁や貿易制限は、今後の米中対立の想定事例として参考になる。**図表4-5**に、ロシアのウクライナ侵攻後の、G7など西側諸国のロシアに対する制裁や貿易制限の経緯とポイントについて抽出し整理した。もしも中国が台湾へ侵攻した場合、ロシアの事例と同様の対応が想定される。台湾有事ともなれば、日本の貿易の根幹であるシーレーンが封鎖される可能性も高く、日本・日本企業ともにさらなる急速な対応を迫られる。

第4章：参考文献と情報の出所

※1　ロシア連邦国家統計局・税務局、財務省貿易統計、2021年時点

図表4-5　ロシアのウクライナ侵攻後の西側の主な対ロシア制裁・規制強化の実例（2022年2月24日後の約2カ月間）

2022年 2月24日	「米国によるロシアへのハイテク製品輸出規制」バイデン大統領、商務省
2月25日	「国連安全保障理事会の緊急会合によるロシアのウクライナ侵攻に対する非難決議：否決（ロシアは拒否権行使、賛成11/棄権3: 中国・インド・UAE）」
2月25日	「米軍の欧州派兵約7000人」
2月27日	「ロシアの7銀行に対し、 SWIFT制裁」米英日EU合意 （3月12日に実行： VTB、 VEB、バンクロシア、オトクリティ、ノビコム、プロムスビャジ、ソブコム、米国はズベル、ガスプロムにも制裁）
2月28日	「サハリン1よりエクソンモービル撤退表明」
3月1日	「G7首脳電話会議（ロシア制裁、中国企業が軍事・技術面でロシアに協力した時は制裁）」
3月1日	「バイデン大統領一般教書演説（ウクライナ支援、民主主義対専制主義）」
3月1日	「国連人権理事会にて米国国務長官によるロシアの常任理事国のステータス非難」
3月2日	「国連緊急特別総会によるロシアのウクライナ侵攻に対する非難決議：可決（賛成141/反対5/棄権35/無投票12）」拘束力はなし
3月2日	「世界銀行ロシア、ベラルーシ事業停止」
2月27日～ 3月1日	「G7協調によるロシア中央銀行の保有外貨準備と金の凍結による制裁（約半分の3,000億ドル）」
3月3日	「米国財務省（OFAC）によるオリガルヒ制裁検討約680人」
3月3日	「Quad首脳会議（ウクライナ問題、インド太平洋安保関連）」
3月5日	「米中外相電話会談（ウクライナ、台湾、北朝鮮問題）」
3月6日	「米国、ポーランドへ戦闘機供与を検討（F-16、ポーランドはMiG-29をウクライナへ20機供給予定）」
2月末～ 3月上旬	「ロシア内の外資事業停止（McDonald's/Coca-cola/スターバックス/ペプシコ/Disney/Netflix/VISA/Master/Boeing/Airbus/エスティローダ/CK/ZARA/IKEA/VW/トヨタ/世界4大会計事務所/オイルメジャーなど 外資企業約300）」
3月7日	「米英仏独首脳会議（ロシア対策）」

3月8日	「ロシアの石油・天然ガス輸入禁止」主にG7
3月8日	「米国とベネズエラの石油供給協議（米国人2人解放）、イラン石油供給協議（制裁緩和協議）」
3月8日	「米国商務長官声明（中国企業がロシアを支援した場合は供給遮断などの措置をとる）」
3月11日	「米国議会によるロシアへの最恵国待遇停止提議、関税の引き上げへ」4月8日成立
3月11日	「米国議会によるロシアへの恒久的正常貿易関係（PNTR：Permanent Normal Trade Relations）の停止、関税の引き上げへ」4月8日成立
3月15日	「国際司法裁判所によるロシアのウクライナ侵攻戦争犯罪認定（賛成13：含むインド判事/反対2：露中）」拘束力なし
3月16日	「ウクライナ大統領米国議会演説」
3月18日	「米中首脳会談（対ロシア支援牽制、台湾問題）」
3月23日	「米国国務省によるロシアのウクライナ侵攻の戦争犯罪認定」
3月24日	「G7会議、NATO会議による西側の結束強化」
3月24日	「国連総会によるウクライナ人道決議：可決（賛成140/反対5/棄権38）」拘束力なし
3月25日	「米国財務省（OFAC）によるロシアへの制裁追加約400の個人・企業」
3月26日	「米軍NATO派遣10万人へ」
4月7日	「国連人権理事会（UNHRC）によるロシアの資格停止決議：可決（賛成93/反対24/棄権58）」
4月8日	「バイデン大統領声明、ウクライナへ対空防衛システム供与」
4月8日	「米国商務省によるロシアへの輸出品追加制裁（EL：半導体、毒物関連）」
4月12日	「米国国務省による人権レポート（露中北朝鮮香港ミャンマー含む約10カ国非難）」
4月12日	「バイデン大統領のロシアによるジェノサイド声明」

出所：ホワイトハウス、米国政府各省庁・独立機関、NATO、G7、国連、世界銀行による声明・プレスリリースを基に筆者がまとめた

第5章

技術デカップリングで日本の半導体再興へ

「CHIPS法」成立と命運分ける最前線

米中冷戦がもたらす
経営の新常識15選

2022年8月9日に成立した米国の「CHIPS・科学法（半導体法）」は、中国への経済面の宣戦布告を意味する。グローバル経済化の終わりを告げる宣言であり、世界の生産工場としての中国の終焉を意味し、日本が先端産業の生産ハブとして機能する道が開かれる。先端技術の開発分野において、「米中のデカップリング」の象徴的な法案と言える。

CHIPS・科学法の目的は、米国の先端半導体の製造業や、台湾積体電路製造（TSMC）、韓国サムスン電子に対して補助金や優遇政策により、米国回帰を促進させることである。また日韓台などの先端半導体製造装置の中国輸出や技術供与の抑制を狙う。

ホワイトハウスの声明タイトルは、「米国CHIPS・科学法は、コスト低減・仕事の創出・サプライチェーンの強化・中国への対抗」として、直接、中国を名指ししている。[※1] 中国政府が目論んできた「中国製造2025（10の重点分野）」、「中国標準2035」、「千人計画」（章末の別掲記事を参照）による世界製造強国戦略を正面から潰しにかかる。

これからデジタル社会が進展する中で、半導体がすべての心臓部となり、半導体自体の性能と応用がビジネスの勝敗を左右する。近代の産業の根幹、「産業の米」と言われる半導体分野において、米国大統領が率先して、中国に対して正面から「経済での宣戦布告」を行った形となり、世界にあらたな衝撃が走っている。米ソ冷戦の終結後に東西の軍事的緊張が薄れ、経済合理性を追求してきたグローバル経済化の時代に終わりを告げる宣言となる。

産業の根幹の半導体分野が最前戦での戦いとなり、世界経済はブロック経済化に進みはじめる。もはや後戻りはできないまでに、制裁や規制は拡大し、新しい亀裂も日々拡大し続けている。

半導体分野の戦闘状況を分析すると、今後の日本の技術開発や製造の方向性が明瞭に見えてくる。中国の先端技術開発と製造が足踏みをする一方で、アジアにおいては日本が先端産業の生産拠点化する条件が整いはじめる。

外資にとって中国で先端技術開発と製品の生産を行うことは、中国国内の労働賃金の上昇はもとより、以下のように急速にリスクが増加している。

①中国で販売する場合、先端技術製造の知的資産・ノウハウの開示義務の強制化。「国家標準」による外資中核技術の移転強化を進めている。(章末の別掲記事を参照)
②3期目の習近平政権による権力集中化による外資への締め付けや制限強化。
③中央政府の一方的指示による生産工場の稼働停止指導の危険性。例えば、新型コロナウイルスへの対策として、一方的に工場閉鎖されたことなど。
④中国のカントリーリスクの増加。レジリエント(強じん)なサプライチェーン構築のため東南アジア諸国連合(ASEAN)、インド、メキシコなど他国生産や日本国内回帰の優位性が拡大している。

このような中国国内生産に対する不確実な要素の増加、日本の生産拠点としての信頼性と技術開発力、円安傾向の長期化により、日本が先端産業の生産ハブ化する条件が整いはじめている。

半導体分野の制裁への背景と経緯

ここに至る大きな流れとして米国は、まず皮切りに軍事的色彩の強い「新大西洋憲章」を英国と2021年6月10日に締結。以降は「軍事的安全保障の新たな同盟・パートナー形成」と「経済的安全保障の連携・パートナリング」を着々と進め、中国との経済面の対決に備えた（図表5－1）。

そして、2022年2月24日のロシアのウクライナ侵攻は、この流れを加速させることになる。ロシアと中国に、高性能ミサイル・砲弾・ドローン、戦車、航空機、宇宙兵器、AI（人工知能）などの軍事用に使用される可能性が大きい先端の半導体チップが流れる懸念に対して、主要7カ国（G7）をはじめとする西側諸国は制裁と規制を短期間に多発し、ロシアと中国に対して軍事的・経済的に押さえ込みにかかっている。ロシアのウクライナ侵攻後は加速度的な制裁を中国にも科しはじめている（図表5－2）。

図表5-1　米国の軍事・経済同盟・パートナー

主な新しい同盟・パートナー	締結日	主な事由	締結国
新大西洋憲章	2021年6月10日	軍事	米、英
AUKUS（オーカス） Australia、United Kingdom、United Statesの頭文字	2021年9月15日	軍事	米、英、豪
Quad（クアッド） 日本、アメリカ、オーストラリア、インドの4カ国の枠組み	2021年9月24日	軍事・経済	米、日、豪、印
US-EU TTC 米国-EU貿易技術評議会	2021年9月29日	経済	米、EU
IPEF（アイペフ） Indo-Pacific Economic Framework	2022年5月23日	経済	インド太平洋地域14カ国：米日韓豪印、ニュージーランド、シンガポール、マレーシア、タイ、フィリピン、インドネシア、ブルネイ、ベトナム、フィジー
PBP Partners in the Blue Pacific	2022年6月23日	経済	太平洋島嶼国14カ国2地域＋米、日（豪、ニュージーランド、フィジー、キリバス、マーシャル諸島、ミクロネシア連邦、ナウル、パラオ、パプアニューギニア、サモア、ソロモン諸島、トンガ、ツバル、バヌアツ、クック諸島、ニウエ）
NATOのインド太平洋地域への積極的関与声明	2022年6月29日	軍事	NATO加盟31カ国、日韓豪・ニュージーランドとのパートナー強化
日・NATO国別パートナーシップ協力プログラム	新規改定予定	軍事	日、NATO
PGII Partnership for Global Infrastructure and Investment	2022年6月26日	経済	主に新興国向け、中国の一帯一路に対抗
EPIC Japan-U.S. Economic Policy Consultative Committee	2022年7月29日	経済	米、日

出所：各種情報を基に筆者がまとめた

	10月27日	国防総省による国家防衛戦略（National Defense Strategy 2022）発表。中国対策が最優先
	11月25日	連邦通信委員会（FCC）による中国の通信・監視製品・サービス5社（華為、中興、海能達、海康威視、大華）の米国販売禁止
	12月6日	米国-EU貿易技術評議会（US-EU TTC）における対中輸出管理検討。半導体は特に優先
	12月6日	TSMCの米国投資400億ドルへ ・5ナノメートルから2ナノへ。半導体の米国内における自給自足へ向けて
	12月10日	インド太平洋経済枠組み（IPEF）の実務交渉開始（豪、ブリスベンにて）
	12月16日	**商務省による中国半導体メーカー36社（未検証リストからELへ）追加** ・中国半導体への管理・制裁強化、中国半導体産業へ産業安全保障局（BIS）の規制強化 ・対象は16ナノメートル未満などの企業、米国人・グリーンカード保持者への離職勧告、米国技術・ソフトの制限
2023年	1月27日	米日蘭による対中半導体装置輸出規制：先端半導体製造装置の3カ国の世界シェア約7～8割に対する中国への輸出抑制 ・先端半導体露光装置メーカーのASML、AMAT、東京エレクトロン（TEL）などが対象
	1月30日	華為への米国からの輸出禁止、華為に製品輸出する米企業へのライセンス供与停止、商務省
	2月24日	商務省による中国を含む外国の企業約90社に対し、米国製品の禁輸措置 ・武器生産阻止、制裁逃れ防止、米国特許技術・製品、デュアルユース製品含む、ロシアの79社、中国5社、カナダ拠点関連企業など

出所：ホワイトハウス、米国上院・下院議会、商務省、財務省、国土安全保障省、国防総省、国防権限法の情報を基に筆者がまとめた

図表5-2　半導体分野への制裁・規制強化の主な出来事と経緯（ロシアのウクライナ侵攻後の約1年間）

2022年	2月24日	ロシアによるウクライナ侵攻
	2月24日	商務省によるロシアへの輸出品制裁、外国直接製品ルール（FDPR）をハイテク製品に適用
	2月28日	Advanced Micro Devices（AMD）、Intelによる中国への半導体チップの出荷停止
	4月8日	商務省によるロシアへの輸出品追加制裁（半導体、毒物関連）
	6月28日	商務省によるロシアとの軍事取引に関与した電子部品などを扱う中国メーカー5社の制裁追加
	7月26日、27日	インド太平洋経済枠組み（IPEF）閣僚会合（バーチャルにて） ・貿易/サプライチェーンの強じん化/脱炭素・クリーンエネルギー/税・腐敗防止の4分野
	8月9日	**米国半導体法成立（Chips and Science Act）。先端半導体分野の安全保障と対中国戦略** ・2800億ドル（うち、補助金527億ドル）。研究開発費110億ドルを使った国家半導体技術センター（NSTC）創設など
	8月23日	商務省による中国の航空宇宙関連の研究所など6つの研究機関と企業1社をエンティティーリスト（EL）への追加
	8月25日	半導体産業へ補助金527億ドル支援開始
	9月1日	NVIDIAの2チップ輸出禁止（機械学習を高速化する半導体「A100」と「H100」が対象）
	9月8日、9日	IPEF閣僚会合（米、ロサンゼルスにて） ・重要物質である半導体、医療などの供給体制。インドは貿易分野の参加を見送り
	9月13日	商務省による半導体関連5社への輸出規制強化通知 ・対象は、NVIDIA、AMD、KLA、Lam Research、Applied Materials（AMAT）
	9月27日	半導体同盟「CHIP4」開催に向けた議論（米日韓台）
	10月7日	**商務省による先端半導体関連の輸出管理強化** ・中国28企業をFDP（Foreign-Produced Direct Product）ルールに追加 ・先端ロジック半導体（AI、スーパーコンピュータ-、高性能画像処理、軍用・宇宙開発用など）のほとんどが対象
	10月12日	米国政府による国家安全保障戦略（National Security Strategy 2022）発表。中国とロシアへ対抗

とどめを刺す米国「CHIPS・科学法」

図表5－2にまとめたように、半導体製造に関する重要技術を持つオランダと日本をはじめ、欧州連合（EU）（米国－EU貿易技術評議会により）、インド太平洋地域（インド太平洋経済枠組みにより）との経済的連携をベースに世界を巻き込み、中国包囲網を形成していく。

また、前章の「図表4－4　中国への主な経済制裁・規制強化の経緯」、「図表4－5　ロシアのウクライナ侵攻後の西側の主な対ロシア制裁・規制強化の実例」を照らしあわせてみると、米国の対中国戦略に対する「本気度とその戦略性」と「制裁の実行力」の凄まじさがわかる。中国企業や団体への制裁は、バイデン政権発足後の2年ほどで既に100を優に超える数になる。

かつて日米が1985～97年に「日米半導体戦争」と言われ、半導体分野で争った過去の戦いと同様に、米国は中国に対して直球勝負に出た。

1986年7月の「日米半導体協定（日本製半導体の自主的な輸出規制と米国製半導体の活用を奨励するなど）」の合意以降、協定が満期となる1996年には日本の大敗が明らかになり、日本の半導体産業が壊滅的ダメージを負い、その後の先端技術開発でも日本の衰退が著しくなっていった姿に重なる。日本の半導体産業の凋落は今後の中国の姿を予見させるようであり、米国は短期にとどめを刺しにかかっている感が否めない。

商務省がより実際的な輸出管理規制を発動

ＣＨＩＰＳ・科学法の成立に続き、２０２２年10月7日には商務省産業安全保障局（ＢＩＳ）によって実際の輸出管理強化についての内容が示された。16ナノメートル未満の高性能半導体を製造する工場への製造装置の実質的な輸出禁止は中国にとっての致命傷になりかねない。人的な技術支援も遮断する強力な規制である。

タイトルは、「米国商務省による中国に対する先端コンピューティング・半導体製造品に対する新輸出規制」である。その鍵となるポイントは、下記の6項目にまとめられる。※1※2

①16ナノメートル未満の高性能半導体チップ輸出規制（許可制だが実質的禁止）

具体的には、16／14ナノメートル以下の非平面トランジスタ構造を使ったロジックチップであり、ＡＩ、スーパーコンピューター、高性能画像処理、軍用・宇宙開発用などハイテク分野の先端ロジック半導体はほとんどが対象になる。加えて、18ナノメートルハーフピッチ以下のＤＲＡＭメモリーチップ、１２８層以上のＮＡＮＤ型フラッシュメモリーチップが輸出規制の対象になる（巻末の**図解11**「次世代半導体の高性能化（16ナノメートル未満の攻防へ）」を参照）。

②半導体製造装置・部品・ソフトウエアの輸出規制

③ＡＩ、スーパーコンピューター関連技術・製品の輸出規制（16ナノメートル未満）

④米国企業以外でも米国製品を使う製品の中国への輸出品も対象

⑤米国人・グリーンカード保持者の中国半導体企業での職務中止、審査対象

⑥中国国内で10年間、最先端半導体の増産、生産能力増強を行わない条件で、予算２８００億ドル

このうち、５２７億ドルを米国内で先端半導体を生産する企業へ財政支援を行うので、ＴＳＭＣの４ナノメートル品生産やサムスン電子などは米国内生産へ向かうことになる。

ところで非平面トランジスタ構造には、ＦｉｎＦＥＴとＧＡＡＦＥＴがある。

ＦｉｎＦＥＴは、半導体集積回路の基本トランジスタであるＭＯＳＦＥＴ（Metal-Oxide-Semiconductor）の改良型で、高速・低消費電力の性能に優れたトランジスタで、高集積化に向く。トランジスタの形状が魚のヒレ（ｆｉｎ）のような形態をしていることから、FinFET（Fin Field-Effect Transistor）と言われる。

ＧＡＡＦＥＴは、ＦｉｎＦＥＴの後継となるトランジスタの構造で、ＦｉｎＦＥＴのように

チャネルを3方向から囲むのではなく、4面すべてをゲートで囲むことで、リーク電流を抑える方法である。チャネルをすべて包み込む形から、GAA（Gate All Around：全周ゲート）FETと呼ばれている。

半導体産業のビジネスユニットと日本の強み

半導体産業の「国や地域による強み」について以下のような分析を試みる。地政学的に、「国・地域の強みと集中度を基に半導体のビジネスユニットを分解」することはさらに重要になるとともに、わかりやすい。

半導体産業のバリューチェーンは、多くの業種が関わり複雑に絡み合っていることにより、一般にはわかりにくい。さらに、バリューチェーンを細かく分解してしまうと世界のどの国が強いのかが、さらにわかりにくくなってしまう。製造工程一つを例に取っても、「ウエハー製造、前工程と後工程、モジュール化、実装」までを多くの企業が、複数の個々のバリューチェーンに重複して存在する。製造以外の個々のバリューチェーンを見ても、一つの企業が複数に関わっているのが普通であり難解である。半導体技術者や業界関係者でも、全体像を1枚で示すとなると、いく通りものバリューチェーン分解の模式図となってしまう。

そのため、ここでは主要な国・地域の強みによって分解した①設計・開発、②検証、③素材・材料開発、④製造装置、⑤製造、⑥マーケティングという6つのビジネスユニットにまとめてシンプルに模式化した（巻末の図解12「半導体産業の主なビジネスユニットと日本の強み」を参照）。これによって、主に「米国が強いユニット」、「日本が強いユニット」、「台湾・韓国・中国が強いユニット」、「欧米が強いユニット」に分けて理解することができる。

日本は「素材・材料開発」では先行し、「高性能半導体製造装置」ではまだ優位性を保つ。しかし、「設計・開発」、「検証」、「製造」、「マーケティング」では完全に後塵を拝している。

ここでは国・地域の強みによって分類したユニットの分析を行った。台湾有事などによる台湾海域封鎖や南沙・西沙諸島、尖閣諸島などの第一列島線での紛争など、地政学的リスクを考慮することが大切である。

米国が強いユニットは、①設計・開発と、ＥＤＡ（回路自動設計）ツールを使う②検証である。米国で半導体産業が芽生えた１９４７年のトランジスタの発明（米国ＡＴ＆Ｔベル研究所のバーデンとブラッデンが点接触型トランジスタで音声信号を増幅する実験に成功）以来、75年以上も経っているが、今でも米国がほぼ独占的なポジションにいる。

ＥＤＡは、集積回路や電子機器など電気系の設計作業の自動化を支援するためのソフトウエアやハードウエアであり、米国が70％以上のシェアで実質的に独占的な状況である。検証作業は機器設計の構想から実装の全工程で実施され、多大な時間を要する重要なプロセスである。

他のビジネスユニットが他国に移ろうとも、この2つのビジネスユニットは、今も米国が圧倒的な覇権を握っている。この2つのユニットは、今後も米国の最も信頼できる同盟国以外には譲らない戦略であり、コア中のコアのユニットであり、半導体産業の中枢であるとともに米国のレッドラインとして捉えられる。半導体のビジネスユニットの中の根幹であり、将来にわたり簡単に手放すことはない。

しかし近年、同盟国の「日本の米国からの信頼」が増すにつれ、この2つのユニットにおける日本企業との協業や参入が可能となってきており、扉が開きはじめている。かつて日本の半導体産業は、日米半導体戦争後に壊滅的な打撃を受けたが、直近では再起のタイミングが到来している。この開かれた扉は、日本の半導体産業にとって最後のチャンスになるかもしれない。それゆえに、日本のプリファードネットワークスなどのベンチャー企業の新しい発想（命令・コントロール機能の外出しアプリ化など）による、半導体の設計・開発ユニットへの挑戦は賞賛に値する。

日本が強いユニットである③素材・材料開発では、「ウエハー、レジスト、スラリー（研磨剤）、高純度薬液」などでは、世界的なシェアで3割から9割近くまでを占める日本メーカーが増加している。このユニットの業種は多岐にわたるとともに、コスト競争が熾烈となるが、日本固有の「きめ細かい技術開発力を深化させること」と、「コストダウンとともにそのサービス体制を強化すること」は、今後も競争力の源泉となる。引き続き、このユニットでの日本の立ち位置を確固とする戦略が、官民の連携を含め重要となる。

欧米日の限られた技術力のあるメーカーが強いユニットが④製造装置である。中でも、先端半導体製造装置、すなわち露光装置、コータ・デベロッパ（塗布現像装置）、ドライエッチング、スパッタ、熱処理装置、CMP装置、洗浄装置、検査装置、測長SEM（走査型電子顕微鏡）などでは、米蘭日の企業が7~8割以上の世界シェアを占有している。このユニットの強化は、「米国の①設計・開発のユニットの企業」と「⑤製造のユニットの台湾企業」と協働して技術開発を進めることが重要である。そして将来的に、「2ナノメートル以下の技術への対応力」と「新たな成長分野の半導体開発力」が鍵を握ることになる。

台湾・韓国・中国が強いユニットである⑤製造では、高性能半導体の分野で圧倒的なシェアを誇る台湾企業TSMCとの連携は欠かせない。そのTSMCとソニー、デンソーが共同出資したJASM熊本は、28／22ナノメートルの通常型とともに、16／12ナノメートルのFinFET技術による製造能力を深めるとともに、将来的には前述のように「2ナノメートル以下への技術対応力」と「新たな成長分野の半導体開発力」を持ち合わせるように、官民の連携と戦略的サポートが必須となる。

欧米が強いユニットの⑥マーケティングでは、一番の成長分野であるロジック系半導体の「①設計・開発力」と「⑤製造力」を有していない日本企業にとっては、顧客への訴求力と新しい提案力がまったくないため、早急には力をつけることはできない。一足飛びにマーケティング力は向上しないため、「①設計・開発力」と「⑤製造力」を獲得できたニッチな高機能半導体分野を手始めに参入することになる。

米国規制は日本の先端半導体製造のキックオフに

半導体の世界市場は、2030年には約100兆円で、2020年の約2倍になると予想されている。※3

中でも、先端ロジック半導体（画像処理半導体GPU、プロセッサー、システム・オン・チップSoC）の市場は一番大きくなり、AIのほかでは、車載用では自動運転や先進運転支援システム、ロボティクスと、産業用機器ではAIチップ組み込み用などで、約30兆円規模へ市場が急拡大すると見込まれている。

米国は日本、オランダに対しても、製造装置の対中輸出管理で、共同歩調を取るように要求している。先端半導体製造に不可欠な露光装置の米日蘭のシェアは約7割以上であり、中国は実質的に10ナノメートル未満の高性能半導体製造が不可能となる。このように、ハイテク分野における経済封鎖的な「新しい鉄のカーテン（米ソ冷戦時代の壁的な表現）」が形成されつつある。

10ナノメートル未満の先端ロジック半導体などは、台湾ＴＳＭＣのシェアが約9割近くとなっており、米国は安全保障上、ＴＳＭＣなどの「先端工場を米国国内生産」させるか、「ＩＢＭの設計開発したものを日本のラピダスへライセンス生産（2ナノメートル以下の次世代半導体）」させるなど、２０２２年から急速に世界規模でサプライチェーンが変化しはじめる。

先端半導体戦略は日本の命運をかけたプロジェクトへ

筆者の知人の米国人半導体技術者の話では、「日本が2ナノメートル以下の先端ロジック半導体の製造を成功させること」は、“That's one tiny tech for Japan, one giant leap for the world.”と言い放つ。この意味は、日本の挑戦を激励して後押ししてくれてはいるものの、「実現には相当の困難と苦労がある」ということであり、「これから新たに日本がゼロから月面着陸を成功させ、人を送り込むような壮大なスケールと困難に見舞われる」という皮肉的な側面を含んでいる。

2ナノメートルはＩＢＭの設計・開発といえども、その製造は米国企業やＴＳＭＣでも高難度な世界に日本は挑戦することになる。アポロ11号のニール・アームストロング船長が月面に第一歩を踏み出した時の第一声は、"That's one small step for a man, one giant leap for mankind."（これは一人の人間にとっては小さな一歩だが、人類にとっては大きな飛躍だ）である。是非、日本にはこの偉業を成し遂げてほしい。

日本政府としては、ラピダスへの官民一体となった支援とともに、ＴＳＭＣと日本企業の合弁ＪＡＳＭ熊本によって、まず20ナノメートルでの製造能力を備え、将来の高性能半導体の研究開発につなげるように後押しする。

2ナノメートルの製造は、そう簡単ではない。ＴＳＭＣなど先端を走る製造企業に追いつき、追い越すことは難度が高い。日本の素材・材料開発、製造装置産業のフルサポートが必須であり、今まで以上に米国や台湾など同じ価値観を持つ国々との協働と、信頼を醸成することが大事なプロジェクトである。

巻末の**図解11**では、16／14ナノメートルから2ナノメートル以下の高性能半導体開発の方向性を模式化している。最先端半導体の開発は、量産に向けてさらに高度な製造技術であるＳＡＤＰ（自己整合型ダブルパターニング）技術を要する転換期となっており、トランジスタ構造もＦ ｉｎＦＥＴ型からＧＡＡＦＥＴ型に進化していく。現在の最先端であるＦｉｎＦＥＴ型はＴＳＭＣ、インテル、サムスン電子の3社のみが製造可能なトランジスタである。このＦｉｎＦＥＴ型を開発したのは、日本の日立製作所の久本大氏であった。同氏はこうした功績によって、２０１９年にインテルのＣＥＯだったアンドリュー・グローブ氏を称えて作られたＩＥＥＥ Andrew S. Grove賞を受賞している。

次世代の先端半導体分野において成長が期待される新分野は、ロジック系、パワー半導体（ＳｉＣ、ＧａＮ系）、3次元パッケージング、光半導体などが挙げられる。今後の日本は、技術開発の一つのブレークスルーが生じた場合、各産業との協働体制をいち早くつくり、実用化に向け各産業と官も一体となって推し進める体制をあらかじめ作ることが大切である。また日本では従来、半導体産業に限らず、日本の復活や再生をかけて行われた官民連携のプロジェクトの失敗例をよく分析し教訓とし、実用まで完遂することを諦めないことが重要である。

こうした戦略は、道のりは長いが日本が将来的に先端技術立国として世界をリードする国家になっていけるかどうかの試金石となる。半導体産業のみならず日本の全産業の命運をかけた「プロジェクトX（NHKのドキュメンタリー番組）」のような結末となることを期待する。日本が世界の先端産業の生産ハブ国になる可能性が一気に広がる。

第5章：参考文献と情報の出所

※１　米国ホワイトハウス、「FACT SHEET: CHIPS and Science Act Will Lower Costs, Create Jobs, Strengthen Supply Chains, and Counter China」、２０２２年８月９日

※２　米国商務省産業安全保障局（BIS）、「Commerce Implements New Export Controls on Advanced Computing and Semiconductor Manufacturing Items to the People's Republic of China（PRC）」、２０２２年10月７日

※３　経済産業省、「次世代半導体の設計・製造基盤確立に向けて」、２０２２年11月

中国の「千人計画」と「中国製造2025」

胡錦濤政権時代から唱えられた「科学的発展観」は、現在の中国共産党規約に明示され、2012年11月の第18回中国共産党大会で共産党の行動指針となった。中国の科学技術の発展に関する基本的な考え方であり、中国の科学技術を世界の一等国に押し上げるというものである。

習近平政権は科学技術分野で一層熾烈な覇権争いを繰り広げている。科学的発展観を堅持し、軍事技術、宇宙開発技術、産業技術を発展させ、着々と世界の檜舞台に立ちはじめている。米中の先端技術開発競争は、科学的発展観に基づく中国の国家戦略として、「千人計画」と「中国製造2025」に端を発している。

米国内の大学や研究機関への巧みな浸透工作

「千人計画（海外高層次人才引進計画）」とは、中国政府が進める科学研究分野のハイレベルの人材招致計画であり、国務院が科学研究、技術革新、起業家精神における国際的な専門家を認定し、採用するために２００８年に策定した人材獲得のための計画であり、「第13次５カ年計画」の科学技術のイノベーションを具現化する手段の一つである。

中国共産党中央委員会と国務院により、技術革新と国際競争力を強化するため、２０１０年に中国国家人材育成計画として位置付けられ、外国の研究者らを引き寄せることを狙うものである。

米国は、中国との貿易摩擦がはじまった２０１８年以降、「千人計画」への警戒を強めるとともに監視を強化する。２０１９年11月19日に、上院の国土安全保障政府問題委員会により、報告書が公表され議論されることになる。

この報告書は、米連邦捜査局（ＦＢＩ）、国立科学財団（ＮＳＦ）、国立衛生研究所（ＮＩＨ）、エネルギー省、国務省、商務省、大統領府科学技術政策局（ＯＳＴＰ）の７つの組織により約８カ月間かけて大々的に作成された。報告書の内容は、中国政府は１９９０年代後半から、海外の研究者を募集して国内の研究を促進してきているとし、その目的は中国が２０５０年までに科学技術における世界のリーダーになることであり、中国政府の「千人計画」などの人材招致計画が作られたとしている。米国内の大学や研究機関への巧みな浸透工作を調査結果として公表することになる。

その後、2021年7月21日から8月4日の米国上院情報委員会の公聴会により、中国共産党の諜報活動の全貌が全米に公開されることになった（従来の公聴会の多くは非公開であった）。中国共産党が主導する「統一戦線工作」、「中国独自の軍産複合体型システム」、「千人計画」などの生々しい証言となり一般の米国民を震撼させる。

世界技術覇権を目指す「中国製造2025」

「中国製造2025」は、習近平政権が2015年5月に発表した産業政策であり、第13次5カ年計画（2016～20年）の産業政策の中核をなす。そして、この政策を早期に実現させるべく、外国の先端技術を早期に取り込むための戦術の一つとして「千人計画」が重要な役割を果たす。

まず、「中国製造2025」の要旨部分についてまとめる。

中国が世界に伍し、凌駕する「製造強国」になるための戦略であり、発展段階を3段階のステップに分けて下記のように目標設定している。

【発展段階】

第1段階：2025年までに「製造強国の仲間入り」

第２段階：２０３５年までに「製造強国の中位置に到達」
第３段階：２０４９年までに「製造強国のトップクラスに立つ」（中華人民共和国建国１００周年を見据えた目標）

【５つの基本方針】
①イノベーション駆動、②品質優先、③グリーン発展、④構造最適化、⑤人材本位

【４つの基本原則】
①市場主導・政府誘導、②現実立脚・長期視野、③全体推進・重点突破、④自主発展・協力開放

【９つの重点戦略】
①製造業のイノベーション力の向上、②情報化と産業化の高度融合、③産業基盤の強化、④品質・ブランド力強化、⑤グリーン製造の推進、⑥重点分野における飛躍的進歩、⑦製造業の構造統制推進、⑧サービス型製造と生産者型サービス業の発展、⑨製造業の国際化レベル向上

【5大重点プロジェクト】
①国家製造業イノベーションセンター設立、②スマート製造、③工業基礎力強化、④グリーン製造、⑤ハイエンド設備イノベーション

「中国製造2025」の中で着目する点は、「10の重点領域」であり、具体的な先端技術の獲得を目的とした難度の高い数値目標である。10の重点領域は、さらに「23分野」に細分化し、「市場予測、戦略目標、育成重点、重点モデル事業、政策措置」の5つの視点で、具体的な技術開発内容を掲げている。

中国国務院「中国製造2025」、「重点領域技術創新路線図」、各種国務院発表内容よりポイントと思われる部分を抜粋し要約した（図表5－3）。

図表5－3中の太字で示した数値は非常に高い目標であり、中国の技術が一足飛びにこれらの23分野の数値目標を達成させるのは困難を極める。したがって、中国独自では不可能な分野が多く、外国の技術、知的財産、製造ノウハウを短期間で習得する以外は不可能となっている。

このような高難度の目標値である「中国製造2025」を実現するためには、前述の「千人計画」などが重要な戦術となっていることがよくわかる。

図表5-3　「中国製造2025」の10の重点領域と高難度の目標値

①次世代情報通信技術	・半導体・専用設備：2025年「**14ナノメートルまで**の製造技術獲得」、2030年「**14ナノメートル以下**が製造可能」、「自給率70%以上」 ・情報通信設備：2025年「**中国製5Gを国際標準**（中国シェア80%、世界シェア40%）」、2030年「**中国製通信設備の世界シェア60%、ルーター・交換機25%**」 ・OS・産業用ソフト：2030年「中国製ソフトウェア50%」 ・スマート製造コア設備：2025年「技術を世界先進レベル」、2030年「コア技術・製造設備の国産化」
②先端デジタル制御工作機械・ロボット	・CNC*・基盤製造設備：2025年「**国内シェア80%**」 ・CNC（MTBF**）：2025年「自動車用2000時間」 ・ロボット（国産コア部品）：2025年「国内シェア80%」 ・ロボット（MTBF）：2020年「8万時間以上」 ・ロボット（次世代）：2025年「ロボット試作の開発成功・実証実験」、2030年「小規模生産・実用化」
③航空・宇宙設備	・2022年「中国独自の宇宙ステーション」 ・2030年「独自の宇宙技術開発指標60%以上」 ・2045年「米国と肩を並べるレベルの宇宙強国へ」
④海洋設備・ハイテク船舶	・領海における国益の確保 ・シーレーンの安定利用の確保 ・航行の自由の確保と国際的海洋秩序の形成（2021年2月1日「海警法」施行）など
⑤先進軌道交通設備	・2025年「**コア部品と材料70%自給**、80種の特定先進工程」 ・2030年「すべての省政府都市を高速鉄道連結」
⑥省エネ・新エネ自動車	・新エネ車（国産インテリジェント車）：2025年「**世界生産500万台/年、国内シェア9割**」、2030年「国内シェア絶対的地位、**輸出台数30%**」 ・新エネ車（販売目標）：2025年までに「**国産メーカー2社世界トップ10入り、海外10%**」、2030年「**技術力、世界先進レベル**」 ・燃料電池車（普及）：2025年「5万台」、2030年「100万台」 ・コネクテッドカー（情報化製品）：2025年「**国産シェア80%、レベル1、2、3の新車搭載率80%**」、2030年「**レベル1、2、3で100%、レベル4,5で10%**」 ・コネクテッドカー：2025年「国産スマートトラック輸出」
⑦電力・インフラ設備	・発電設備：2030年「**知財権を有する新エネ・再エネ設備の市場シェア80%**」 ・送変電設備：2025年「**コア部品国産化率95%**」 ・超高圧直流送電システム：2025年「中国が主導する標準確立」

⑧農業設備	・重要食糧や戦略的作物（穀物、綿、食用オイル、砂糖など）育種 ・先進的農業用機械設備 ・情報化による生産の全面的ソリューションなど
⑨新素材	・先進製造基礎部品用鋼：2025年「**高速鉄道、CNC、高級車コア部品自給率80%**」、2030年「**完全自給**、寿命倍増」 ・ハイエンド設備用特殊合金：2030年「**耐熱合金の欧米レベル・自給率70%**」 ・高性能炭素繊維・複合素材：2030年「次世代宇宙設備に国産品を一定規模導入」 ・次世代ディスプレイ素材：2030年「フレキシブル表示素材産業規模500億元/年」 ・3Dプリント用金属粉末：2030年「金属粉末原料年600トン/年、国内シェア80%、輸出200トン/年」 ・生体用新素材：2030年「100億元産業」
⑩バイオ医薬・高性能医療機器	・重要医薬開発（バイオ、漢方、抗体、タンパク質、ポリペプチド、新ワクチンなど） ・高性能医療機器（画像設備機器、医療用ロボットなど高性能診断・診療設備、ステントなど消耗材、ウェアラブル機器、モバイル医療機器、バイオ3Dプリントなど） ・iPS 細胞などの新技術

* CNC：コンピューター数値制御
**MTBF：平均故障間隔、システム・機器の信頼性指標
出所：中国国務院「中国製造2025」工業情報化部、「重点領域技術創新路線図（ロードマップ）」、「第20回共産党大会習総書記報告」、各種国務院発表内容よりポイントを抜粋要約

この「中国製造２０２５」により、中国共産党が世界の最先端産業分野（半導体、デジタル、AI、ロボット、航空宇宙、バイオテクノロジーなど）の70～90％以上を支配することを数値目標として掲げ、米国に挑戦していることが明確になる。習近平政権では最先端産業分野でも、鄧小平の「韜光養晦」戦略を改め、米国と正面から対決する政策をとることになる。「中国製造２０２５」の高い目標は、まさしく「米国に追いつき追い越し、中国が世界覇権を握るための計画そのもの」と捉えられる。

２０１７年１月20日にトラン

プ政権が誕生、米国として、もはや黙って見過ごすわけにはいかなくなった。

「中国標準2035」は「国家標準化発展綱要」へ

中国習近平政権としても、「中国製造2025」の公表が米国に植え付けてしまった脅威をできる限り和らげるために、2019年はじめ頃からは、この表現を共産党や国家としての計画や声明に出すことを避けるようになる。

「中国標準2035」は「中国製造2025」に続く計画であり、2018年3月頃から研究プロジェクトが始まり、2020年3月に国家標準化管理委員会から「中国が科学技術で世界標準となる戦略」として公表された。

2021年10月10日、「中国製造2025」に代わる新戦略として「国家標準化発展綱要」として中国共産党中央委員会、国務院より発表される。ここでは「中国標準2035」のような、「中国が世界標準を握るような先端技術覇権を目指す表現」は控えられ、中国国家としての戦略に名称は変えられている。ただその要旨は、2035年に総合的な国力を先進国に劣後しない水準に達し、世界的な技術大国になることである。

2021年3月の全国人民代表大会の第14次5カ年計画の2035年までの長期目標

要綱では、「科学技術の自立自強を国の発展の戦略的支柱」とし、「科学技術強国の建設」を目標としている。

3期目を迎える習近平政権の第20回共産党大会（2022年10月16〜22日）でも、「中国製造2025」、「中国標準2035」という言葉は避け、「製造強国」、「デジタル強国」、「宇宙強国」と言葉を換えて表現している。

しかし、3期目をスタートさせた習近平政権の中国は、宇宙開発、軍事技術開発では着実に目覚ましい発展を遂げている。進化が著しい宇宙開発を例にしても、中国の先端技術開発のスピード感とそのポテンシャルの高さに驚かされる。米国が覇権を握っていた宇宙開発分野でも中国の追い上げは驚異的なものがある。米国の知的財産や先端技術の流用として語られることが多いが、実質的に中国政府が一丸となって月面や火星へ宇宙ロケットをこのような短期間で到達させている事実は侮ってはならない。

中国の宇宙開発は、「軍民融合」の施策であり宇宙開発には軍用と民用の境がなく、中国共産党の独自の意向により多額の国家予算を充てることが可能である。米国、EU、日本などの宇宙開発予算のつけ方とはまったく異なる。軍事衛星開発では、「軍事用通信衛星」から「偵察画像収集衛星」、「ミサイル誘導・迎撃システムの精度向上用測位・発射感知警戒衛星」など、先端分野に及んでいる。

実質的に中国が、日本やEUを凌駕している面が多くなったことは否めない。また日本は、固有技術はあったとしても莫大な予算をかけて国として推進する能力がないのが現実である。宇宙技術開発は、軍事技術に即転用・活用できるとともに安全保障上の優位性を築いていく上で今後益々重要になる。

進化する中国の宇宙開発は今後の技術開発の発展指標としてベンチマークしていくことが大切である。

「国家標準」の名の下の外資中核技術の移転強化

中国では、外資企業へ新しい締め付けがはじまろうとしている。

国家標準化管理委員会と国家市場監督管理総局は2022年4月、業界ごとの製品技術に関する「国家標準」を強化する検討を開始する。

2022年7月5日の中国国務院による発表では、中国でビジネスを行う外資企業に対し、業界と製品・サービスごとに中核技術の移転を求め、2023年以降の実施を見込むとしている。

中国政府としては、業界ごとに製品・サービスの技術標準となる新しい「国家標準」を策定し、ハイテク製品の中国への技術移転、または、外資排除を目的とする。

そして、中国国内で完結するサプライチェーンの構築を求めている。

この新しい「国家標準」適用の意味は、「外資企業が中国国内でビジネスを行う場合、その製品やサービスは中国国内で設計、開発、生産が要求され、中核技術を供与すること」である。

製品・サービスが「国家標準」に適合しない場合、製造の生産・販売・輸入、サービスの提供ができなくなる。そのため、２０２３年以降、「外資企業は中核技術を供与するか、中国市場から撤退するかの選択」を迫られる。「国家標準」の名称の下、中国でビジネスを継続するか、諦めるかの「踏み絵」のようなものとなる。

中国政府が今後策定していく「国家標準」は、不透明であり、その時の国際関係次第でいきなり締め付けが強化される可能性もあり、中央の裁量が大きくなる。

前回２０１８年1月1日に改定された国家標準法では、「強制国家標準」として、政府機関調達リスト（中央・地方政府など）によって、外資ハイテク製品を排除することは可能であったが、今回は、「国家標準に国産要求を含める」方向で進んでおり、政府調達に限らず、民間調達分野まで拡大される方向である。製品・サービスでは、まずは複合機やプリンター、ＰＣ（パソコン）、サーバー、半導体、レーザーなど外資ハイテク製品が直接の対象となる。

中国では、このような外資に対する規制や締め付けは、過去より頻繁に起こっており、「またか」という感が否めない。

過去の同様な技術移転の中国の戦略の典型例では、日本や欧米の「自動車関連メーカー」、「鉄道関連メーカー」などに対する「技術開示の見返りに参入を認めるもの」などがあった。

中国市場の規模の大きさを盾に、「外資自動車メーカーとの折半出資（50%対50%）と相手の国有企業への技術供与による中国進出認可」、「新幹線技術など鉄道車両や部品メーカーへの技術開示の見返りによる市場参入認可」など、中国へ技術・ノウハウを開示しない限り中国市場への参入を認めない条件である。

中国の急速な技術・サービスの向上に貢献してきた一方で、中国企業にキャッチアップされた時点で外資は即用済みとなっていく方向である。

今や中国の製造業が力をつけ、ハイテク製品についても同様な外資戦略を実行し、技術移転を求め、将来的に外資を排除する方向に進む。２０１５年「中国製造２０２５による製造強国化」、２０１７〜21年「国家情報法の整備」、２０２１年「国防動員法による国家動員の改正」、２０１８〜22年「中国標準２０３５、国家標準化発展綱要、国家標準の改正」のように、中国は外資戦略を着実に前進させる。

一連の取り組みは外資に対する締め付けの強化となっており、中国共産党への権力集中化と国内の循環経済への回帰を加速させている。

第6章

米国の対中ゴールを見据えた対応がカギ

中国の「日本化」を狙っている

米国と中国の覇権争いにおいて、米国の最終ゴールとなるものは、「中国の日本化」にある。日本は、1945年に第2次世界大戦で敗戦、その後に目覚ましい経済成長はあるものの1990年代前半にバブル経済が崩壊、それ以降は経済貿易戦争で完膚なきまでに打ちのめされた。バブル経済崩壊後の約30年あまり、世界経済の主要プレーヤーの座から凋落し続けている。

一方の中国は2001年12月11日の世界貿易機関（WTO）加盟後に高度成長を遂げ、2010年以降は世界第2位の経済規模の座を占め、まさしく昇竜のごとく経済覇権を握る国家に成長した。

そして、2013年より習近平政権になり、中国共産党の非常に巧妙な世界戦略により、長期戦を踏まえて西側の民主主義国家に戦いを挑んでいる（第7章に詳細）。

少子高齢化による経済衰退を狙っている

米国もトランプ政権以来、中国に対しては議会も超党派で対中戦略を立案し、バイデン政権においてもその対抗施策を矢継ぎ早に実行に移している。

これからの米中新冷戦時代において、米国の中国に対する経済覇権争いの勝利の姿は、「中国の日本化」、すなわち「Japanification（ジャパニフィケーション：かつての経済覇権国が衰退していく姿）」が狙いである。ジャパニフィケーションという言葉は、筆者の知人の米国のエコノミストや学者などがよく使う言葉になってきたが、その意味と使い方は、「1990年代のバブル経済崩壊以降の日本経済を特徴付ける一連の経済状況を表す言葉であり、不動産市場の崩壊と低迷・低成長・低金利・高齢化・出生率低下といった人口動態の変化の特徴を持ち、経済的な停滞が長く続き、その状態から抜け出すことが難しいことを示唆すること」である。

具体例としては、超円高誘導、自動車産業をはじめとする製造業の海外移転、日米貿易摩擦・日米半導体戦争における敗北、日本からの資本移転、弱体化日本企業に対するM&A（合併・買収）、人材の引き抜き・流出などの一連の負のサイクルが回ることである。

米国はかつて日本との経済貿易戦争で勝利した時と同様に、現在の中国の経済状況を鑑み、ジャパニフィケーション的に中国の力を削る「Chinaification（チャイナイフィケーション／造語）」を図っている感がある。

日米貿易摩擦、日米半導体戦争と比較すると、米国はかなりの短期間で中国との経済貿易戦争の決着を付けようとしている。日本とは1985年のプラザ合意あたりから1997年頃の日米半導体戦争終結までに対して、中国とは2017年のトランプ政権時代の米中貿易戦争あたりから始まっている。中国に対する脅威は、かつて日本に脅威を感じた時よりも何倍も大きく捉えられている。日本のバブル経済崩壊と同様なことが起きる戦略を米国が中国に対して展開しはじめると想定すると、今後の米中リスクを予見しやすくなる。

台湾と日本は「生かさず殺さずの曖昧戦略」の渦中

米国の台湾問題に関する主張は、米台関係の「台湾関係法」と「6つの保証」が拠り所となっている。

まず、台湾関係法のポイントを振り返る。

1979年1月1日の米中国交正常化に際し、米国は中国側の要求通り、中国が唯一の合法政府であることを正式に認めた。そして、年内に台湾に駐留する米軍を撤退させ、台湾との正式な外交関係を断つ方向に進む。

これによって、米国と台湾の安全保障条約であった「米華相互防衛条約」が1979年には破棄されることになり、失効前の1979年4月にカーター政権は台湾との関係を維持する目的で、駆け込み的に台湾関係法が制定された。台湾と国交断絶をしたとしても、米国と台湾は経済や文化的関係を維持し続けることを示したものである。また、台湾を防衛するための軍事行動の選択肢を大統領に認める米国の法律であり、「有事の際に米軍が軍事介入するか否かは、実質的に米国大統領が判断する」内容となっている。

この台湾関係法は、米国による台湾有事の際の防衛を確約するものでも、保障するものでもない。米軍の介入は義務ではなくオプションである。そのため「米国の戦略的曖昧さ」と表現され、米国の台湾政策に対する玉虫色の政策と言われている。1972年2月のニクソン大統領の訪中以来、米中交渉はフォード、カーター政権へ交渉が引き継がれ右往左往する中で台湾関係法が制定された。これは、日本の尖閣諸島に対する「米国の戦略的曖昧さ」の政策と同様に、係争する当事国の間に立ち、キャスティングボートを米国が握り、どちらにもいい顔ができるしたたかな戦略である。

つぎに6つの保証について、そのポイントを振り返る。

6つの保証は、米中間の「8・17コミュニケ（3つ目の共同コミュニケ）」の発表の約1カ月前（1982年7月14日）に、レーガン大統領から蔣経国総統へ通知された米国の外交政策である。1982年に米国と中華人民共和国との間で交わされた「8・17コミュニケに関する米国の一方的な補完的説明」として米国側から台湾側へ伝えられた。中国が台湾への威嚇や軍事行動など平和維持に反した場合は、台湾が防衛力を維持できるように米国が支援することを表明している。その意図は、「米国と台湾が正式に国交を断絶しても、米国は台湾の支持を継続することを再確認するもの」である。

以下にその内容を抜粋し要約する。これは米台関係に関する「米国側の6つの重要な台湾政策の原則を示した台湾側への通知」である。

①「台湾への武器販売の終了日を設定することに、米国は合意をしていない」
②「台湾と中国の間で、米国は仲介する役割はない」
③「台湾へ中国との交渉を促すために、台湾に圧力をかけることはしない」
④「台湾の主権問題に関するわれわれの長年の立場に変わりはない」
⑤「台湾関係法の改正を求める予定はない」
⑥「8・17コミュニケは、われわれが台湾への武器販売について北京と事前協議を行うことに合意したと意味するように読まれるべきではない」

実際このように、米国の政策はかなり曖昧で、ある意味、どちらにも解釈できるまさに玉虫色の戦略にしているのである。

これに対して、米中間には「3つの共同コミュニケ」が存在する。1972年2月のニクソン大統領の訪中時（1つ目）から、1979年1月1日の国交正常化時（2つ目）を経て、1982年8月17日の両政府発表（3つ目）までにわたり米中で交わされた。3つの共同コミュニケに関しては、台湾問題に対する米中の解釈と認識の違いが顕著である。双方とも恣意的な解釈を根拠として主張しているため、最近では解釈が紛らわしい場面が多くなっている。ここでは時系列的に整理し、以下に背景とともに振り返る。

米国にとって「中国（中華人民共和国）の主権を認め、国交を正常化すること」は、中国にとって「中華人民共和国を正式な政府として認めさせるとともに、台湾（中華民国）と米国の国交を消失させること」が前提であった。「中国（中華人民共和国）を中国の唯一の正統な政府」として承認することである。中国側はその「一つの中国」の根拠により、台湾問題に関しては一切その主張を曲げることはない。面白いことに、「一つの中国の文言」に関してはお互いの共通認識となったが、解釈は異なることになる。

1つ目の共同コミュニケは、ニクソン大統領の訪中時に交わされた「米中共同コミュニケ（上海コミュニケ、1972年2月）」であり、「ニクソン大統領と周恩来首相の対話の要約」のことである。米国と中国は、この時点のコミュニケでは、お互いの国家主権と領土保全を尊重することで合意したが、正式に国交を正常化したわけではなかった。そのため、さらに両国の協議が継続する。

2つ目の共同コミュニケは、「中華人民共和国と米国の外交関係樹立に関する共同コミュニケ（1979年1月）」であり、鄧小平最高指導者が初めて訪米しカーター大統領との間で合意した。米国は中華人民共和国政府が中国の唯一の合法政府であることを正式に認める。また、米国政府は、「中華民国との正式な外交関係を断つものの、経済や文化的関係は維持する」ことを宣言している。また、台湾駐留米軍を撤退させる方向に進み、「米華相互防衛条約」は1979年に破棄されることになる。この米中国交正常化に際し使われた「一つの中国政策」に対する双方の認識に相違が起きた。

3つ目の共同コミュニケは、「第2次上海コミュニケ（8・17コミュニケ、1982年8月17日）」と言われ、前回のコミュニケでの台湾問題の再確認と、米中の経済、文化、教育、科学、技術面での協力関係の強化を進める内容である。特に、「台湾への武器売却問題」が焦点となり、結論は曖昧のままお互い平行線となる。中国側の主張は「米国の台湾に対する武器売却を次第に減らし、一定期間のうちに停止すること」、米国側の主張は「中国の台湾海峡の安全が確保されるならば、武器売却を段階的に減少させること」である。この時の相違が、現在に至る対立の根深い認識のずれとなっている。

バイデン大統領は就任以来、報道陣との会見やインタビューでは、複数回にわたり「米国は台湾を防衛する。中国が前例のない攻撃を台湾に加えた場合は介入する」と口頭では述べている。しかしその後すぐに、ホワイトハウスの安全保障担当官や報道官などの政権関係者により、「米国の対中政策は変化していない。一つの中国の原則を守る」との弁明に都度追われている。米国の台湾を防衛するか否かの実質的スタンスは、常に曖昧のままである。

これに対して中国外務省は「台湾関係法と6つの保証は不法かつ無効である」（中国外務省趙立堅報道官、2021年11月17日）との見解を一貫して主張している。

中国側が、「3つの米中共同コミュニケ」と「1992年台湾コンセンサス（一つの中国の原則を中台の双方で堅持しつつ、その解釈は中台双方によるという口頭での合意）」を根拠に主張するのに対して、米国側は「台湾関係法」と「6つの保証」を根拠に主張する。米中ともに、台湾問題に関しては相容れることがない見解の論戦が続く。

日本も、台湾も、米国のこのような曖昧な戦略に翻弄されていることが、この台湾と中国との関係でもよく理解できる。そして、中国に対する外交カードとして「生かさず、殺さず」的な戦略になっていることがわかる。中国は、それに上手に付け入ることになる。

現実味帯びる香港ドルの米ドル切り離しリスク

米国による高性能半導体の中国制裁にはじまり、米中経済戦争が熾烈になる中、近い将来に想定される「香港ドルと米国USドルの切り離し」が起こるリスクを想定しておくことも重要になってきている。

２０２０年6月30日に「香港国家安全維持法（香港国安法）」が成立し、これで香港で逮捕し、大陸に連行して裁判にかけることもできるようになる。２０２１年12月19日の立法会議員選挙の結果、香港に高度な自治を認めていた一国二制度は、親中派が定数90のうち89議席を獲得、圧勝したことで骨抜きになった。

習近平指導部が主導して、同年5月に「愛国者かどうかの審査通過後の立候補」というルールに改変された選挙制度の下での初の立法会選挙であった。ほとんどの民主派は立候補もできず、習近平主席の目指す「愛国者による香港統治（愛国者治港）」が完成した。

多くの市民が投票を棄権する結果になり、１９９７年の香港返還以降7回の選挙での投票率は過去最低の約30％程度[※1]で、選挙の正当性が揺らぐ。

２０２２年1月3日、立法会議員選挙で当選した新たな議員の就任宣誓式が行われる。香港議会の議長席の後方の壁には中国の五星紅旗のプレートが張られ、香港特別行政区の区章のバウヒニアの花は散った。香港立法会の「中国本土化（中国共産党指導の政治体制）」が完成し、香港に認められていた高度な自治は姿を消し、実質上、一国二制度は終焉する。象徴的な出来事である。

一国二制度の終焉による香港の本土化の方向が示すものは、香港の主権が将来的に完全に剥奪されていくことを意味しており、香港ドルに影がさす。

現在の香港ドルは「ドルペック制（基軸通貨の米ドルと連動）」となっており、香港ドルと中国人民元（RMB）の為替レートは、中国中央政府がコントロールする「管理フロート制」である。中国中央政府の意向により人民元の為替レートを一定の範囲内で変動させることができ、人民銀行により前日市場レートを基準に、人民元の対米ドルの基準レートを設定できる仕組みであり、人民元為替レートはその日の取引に応じて現在は上下に2％まで変動可としている。

香港ドルは基軸通貨の米ドルに裏打ちされた比較的に安定的な通貨となっている。

そして中国の人民元は、実質的に中国人民政府のコントロール下にあり、香港ドルに対して中国中央政府が意図的に為替レートを動かすことができる仕組みである。

すなわち人民元は、主要7カ国（G7）や西側の変動相場制とまったく異なり、「香港ドルが米ドルの信頼度を持ち合わせる」とともに、「中国中央政府自らが為替を変動できるシステム」なのである。

この仕組み上、トランプ前政権時代から「中国は為替操作国である」と、指摘されているとおりであり、G7や西側と同じ経済の枠組みで動いていないばかりか、中国に有利なように改定していくことができる仕組みである。

世界で2番目の経済規模となった中国自身が、自国通貨の為替レートを動かすことができる仕組みになっていることは、いずれ調整が入ることになり、長続きはしないと見ておいた方が賢明である。

中国の一方的な黒字を吐き出させる切り札に

かつての日本では、1971年のニクソン・ショックまで1ドル＝360円の固定相場制であったが、1ドル＝308円（スミソニアン・レート）を経て、1973年2月14日に完全な変動相場制に移行した。

米ドルに対し割安であった日本円により、輸出によって多大な利益を得て高度経済成長を果たした日本経済に影が差す。日本経済が世界貿易の枠組みに入り国際化が進むとともに、円安に支えられて世界の工場となり、輸出を拡大していった日本は産業構造の転換を余儀なくされる。

さらに1985年のプラザ合意（先進5カ国財務相・中央銀行総裁会議）で協調することになり、一気に240円台から200円台に移行し、1988年には円高が進み1ドル＝120円台となっていく。

その後の急激な円高とともに、バブル経済が崩壊し失われた20年や30年と言われる道のりをたどることになる。

歴史が繰り返す可能性も否定できない。

米国は、かつて日本円を変動相場制へ移行させ、日本に溜まる利益を調整できるようにした。このような「米国主導の先進国経済を調整弁とする変動相場制」の導入により、円高時代の到来とともにメーカーは安価な賃金を求め生産を海外に移転し、当時の日本の世界の工場としての地位を失うことになる。

中国経済に今後も大きな貿易黒字が溜まり外貨準備も膨らむとなると、米国は中国人民元についてもかつての日本同様な対抗手段である「米国主導の先進国経済を調整弁とする変動相場制」をいきなり中国へも導入し、黒字を吐き出させ、製造業を衰退させる方策に出る可能性がある。

世界の経済規模第2位の中国を完全に世界の貿易体制の枠組みに押し込み、中国の一方的な黒字を抑え込む「切り札の実行」である。日本経済に変動相場制を導入させ、世界貿易の枠組みの中に押し込み、日米貿易戦争で日本に勝利した再現となる可能性を秘める。

これが現実になれば、中国経済のみならず、特に中国に進出している外資、日系メーカーをはじめとした関連企業は甚大なダメージを受けることになる。

第6章：参考文献と情報の出所

※1　香港特別行政区、「林鄭月娥行政長官の記者会見」、2021年12月20日

第7章

米国の宣戦布告に したたかに備える中国

既に国防動員法を改正、総力戦も視野に

米中冷戦がもたらす
経営の新常識15選

バイデン政権の実質上の中国に対する宣戦布告として、下記の2つが象徴的な出来事として将来の歴史に刻まれる。

1つ目は、政治的宣言である。2022年3月1日、バイデン大統領は一般教書演説の中で「民主主義対専制主義の戦い」に関して、中国を名指しする声明を出している。具体的には、基本的価値観・イデオロギーの戦いとして中国に対抗すると宣言した。

2つ目は、経済的宣言である。2022年8月9日、バイデン政権は「CHIPS・科学法（半導体法）」を成立させた。これは経済的な安全保障を優先させ、産業の米である半導体の中国とのデカップリングを意図した、中国経済の抑制のための法的宣言である。

対中・対米戦略のぶつかり合いと総力戦への進行

米中の経済の戦いは、日本の経済の戦略的失敗による衰退が「中国の鏡」となってくる。先端半導体分野のデカップリングにはじまり、先端技術開発のデカップリングに進む。中国はデジタル化社会の根幹となっている先端半導体の生産がしにくくなること、調達できなくなってくることにより、かつての日本以上に急速に産業の力が衰退していくことになる。中国の独自技術で先端半導体を開発するためには、多大な時間が必要である。

世界の生産工場としての中国の衰退は、世界的な経済合理性を終焉させるとともに、経済のブロック化は進む。米国としては、中国の経済規模は無視できないほど大きいため、中国の経済に対しては「ステイルメイト戦略」に追い込む。ステイルメイトとはチェスの用語で、他に動かす駒がなく行き詰まり、キングがチェック（王手）されていないのに、次の手を打てずにこう着状態となることを言い、これを使った比喩表現である。言い換えれば、米国としてかつての日本に対する「戦略的曖昧さ」と「生かさず殺さず的戦略」を用いてくるであろう（第6章に詳細）。

このままでは、中国は２０２３年から長期的な経済減速の負のスパイラルに入りかねない。経済の悪化に伴い、中国人民の不満が爆発し、共産党の権力支配構造が危ぶまれる事態も想定される。まさに共産党支配の中国がソビエト連邦崩壊と類似の道をたどるか否かの岐路にあり、中国にとって失われた10年、20年となり、さらに長引く可能性もある。

中国としても、このような米国の対中戦略に対して、「戦狼外交」とともに、「三戦（世論戦・心理戦・法律戦）」をはじめとする中国共産党「統一戦線工作」を駆使して対抗する。

習近平《シー・ジンピン》総書記自らの「大国外交」も交え、中国人民向けの「国防動員法（２０２１年改正）」を改正し、あらゆる手段を講じた熾烈な総力戦が繰り広げられることが予想される。改正国防法は、中国の国益が脅かされたと判断した場合などに軍・民を総動員して対抗できる態勢をとる狙いがある。人民解放軍が守る対象として国家主権や領土などと並び「発展利益」を明記した。経済制裁も発展利益の侵害ととられかねないとの懸念が出ている。国防法は中国の安全保障の基本法で、共産党が軍を指導すると明記する。

軍事的衝突に至らないまでも、米中のぶつかり合いは総力戦の方向に進展しはじめている。

共産党の闘争戦略「統一戦線工作」と「三戦」

ここでは、中国国家を指導する中国共産党の根底にある考え方と世界戦略について分析を加える。

中華人民共和国憲法の前文に明記されている通り、「中国国家は中国共産党の指導に従う」統治制度となっている。実質的に共産党が国家の上に位置付けられている。そのため「共産党体制を維持し、国家を指導していくこと」が国家の安全と安定をもたらすという前提である。以下の4つの基本原則（中華人民共和国憲法1982年制定より抜粋要約）は、中華人民共和国の根底にある政治路線であり、堅持しなければならないものである。

①「社会主義の道」
②「人民民主主義独裁」

③「中国共産党の指導」
④「マルクス・レーニン主義、毛沢東思想」

中国共産党の目的は、「中国国家の絶対的権威の掌握と永続統治」であり、「共産党による専制体制の継続」である。たとえ習近平氏が国家主席から外れ、「習近平思想」として表面的には語られなくなったとしても、中国共産党が統治している限り、源流にある戦略の大きな変更はあり得ない。そして、民主主義国の米国と実質的に一党独裁の中国共産党は、根本的な考え方ではお互いに相容れることはない。そのため米中は、最大の競争相手と敵国としての覇権争いを続け、さらに様々な摩擦や軋轢が起こることが予想される。

3期目の習近平政権の目標は、習近平主席の絶対的権威の確立と共産党による中国統治の安定化である。2022年10月16～22日に開かれた第20回共産党大会の習近平主席の約1時間50分にわたる冒頭声明では、「共産党体制の維持による中国の安全（安全という言葉を70回以上使用）」に関する内容が色濃く表現され、「国家の安全体系と能力の現代化を推進し、国家安全の確保と社会安定の維持」を新たに追加している。

世界戦略として、中国共産党の敵に対する戦略には、2つの概念がある。「統一戦線工作」と

「三戦（世論戦・心理戦・法律戦）」である。この2つは、中国共産党の敵との闘争のための戦略概念として世界戦略の礎になっている。これは共産党の一党独裁を維持するための戦略であり、西側の民主主義国の概念とは自ずと異なるため理解し難いものとなっているため、順を追ってそのポイントを解説する。

まずは1つ目の戦略概念である「統一戦線工作」について触れる。

統一戦線工作とは、共産党が「国家の絶対的権威の掌握と永続統治」を実現するための根本的戦略であり、「共産党による専制政治の継続」のための工作活動の基幹をなす。実行部隊は、「中国共産党中央統一戦線工作部」であり、「中国共産党中央委員会」の直下に位置する。「中国人民政治協商会議」は、中国人民の愛国統一戦線の組織の位置付けであり、中国共産党が指導する多くの組織と連携し政治的協議、監督を行う機構である。

そして中国共産党中央統一戦線工作部は、図表7－1の右列のような「主な各活動組織・機関・対象者」と連携し、敵との闘争のための戦略策定と工作活動を担う。習近平総書記（注）に権力が集中する中、「統一戦線工作」のさらなる強化と連携を進めている。

（注）「習近平総書記」と記す場合は、主に「共産党の指導者」としての習近平氏の役割を述べる時に使用しています。「習近平国家主席」と記す場合は、「中国国家の指導者」としての習近平氏

図表7-1　中国の統一戦線工作の概要

<table>
<tr><th>三戦の戦術</th><th>国内向け
15の主な事例</th><th>外国向け
15の主な事例</th><th>主な活動組織・
機関・対象者</th></tr>
<tr><td>①輿論戦
（世論戦）
世論に訴求する活動</td><td>・**習近平声明「米中で世界を分かち合う」**
・**愛国精神教育「愛国者による香港統治」**
・全過程人民民主主義の優位性アピール
・共産党による歴史改定3回目と貢献
・**ゼロ・コロナ政策の正当性アピール**</td><td>・国連の最大拠出金国
・一帯一路によるウィン・ウィン関係のアピール
・**戦狼外交による共産党の正当性をアピール**
・党の宣伝・価値観普及（国有媒体、孔子学院など）
・**新型コロナの米国フォート・デトリック起源説**</td><td rowspan="3">・中国共産党中央委員会
・**中国共産党中央統一戦線工作部**
・中国人民政治協商会議
・人民解放軍
・中央宣伝部
・公安部
・国家安全部
・中央対外連絡部
・外交部
・国有メディア
・外国メディア
・孔子学院
・五毛党、小粉紅
・大使館、領事館
・各工作員
・国内中国人
・外国在住中国人
など</td></tr>
<tr><td>②心理戦
相手の心を揺さぶる活動</td><td>・中華民族の復興と夢
・習近平思想の教育と優位性アピール
・西欧帝国主義に対決する姿勢のアピール
・**中国の特色ある大国外交の実践**
・貧困撲滅実現のアピール</td><td>・**ワクチン外交**
・台湾海峡での軍事演習の頻度・規模拡大
・魚釣島の名称・領有のプロパガンダ
・中国地図への九段線の明示と記載
・**外国政治家・国会議員への浸透工作**</td></tr>
<tr><td>③法律戦
正当性を法律で示す活動</td><td>・逃亡犯条例改正（香港・マカオ・台湾適用）
・**香港国家安全維持法**
・**国防動員法により国内外全中国人対象**
・独占禁止法改正（特にIT企業締め付け）
・密告法</td><td>・海警法による外国船への海洋威嚇
・中国の情報管理3法による外国企業統制
・**反外国制裁法**
・スパイ防止法の国内外資企業、国外適用の厳格化
・**外資企業への「国家標準」強化**</td></tr>
</table>

出所：各種の公開情報を基に筆者がまとめた

の役割を述べる時に使用しています。

習近平共産党総書記は、2020年12月21日に「中国共産党統一戦線活動条例」を改訂し以下のような通達を行った。「統一戦線工作とは中国共産党が領導する、プロレタリア同盟を基盤とし、すべての社会主義労働者・建設者、社会主義を擁護する愛国者、祖国統一を擁護し、中華民族の偉大な復興に努力する愛国者を含む連盟であり、革命、建設、改革事業の勝利に向けた重要なツール」(中国共産党統一戦線活動条例第2条1項と2項の抜粋要訳)である。改訂された条例には、「新時代(習近平氏の指導者の時代)の習近平思想」が追加された。「統一戦線工作」自体の本質的な変更はないが、その重要性を習近平共産党総書記は強調しその重要性を述べている。

中国共産党統一戦線活動条例のポイントと習近平総書記の声明を下記の4つに要訳する。統一戦線工作は、共産党が敵を倒すための戦略そのものであり、毛沢東率いる共産党の戦略概念のレガシーであり、脈々と現在まで受け継がれている。

①習近平共産党総書記による新時代の中国の特色ある社会主義思想を指導とし、統一戦線活動の強化と改善に関する習総書記の重要思想を貫徹すること

②統一戦線活動に対する中国共産党の集中的で統一的な指導を堅持・強化、中国共産党・国家機関改革の精神を強化、科学化・規範化・制度化水準を向上させること

③条例の改訂と実施は、最も広範な愛国統一戦線を強化し発展させ、社会主義現代化国家の全面的建設と中華民族の偉大な復興という中国の夢の実現のために広範な力による支持を与える上で重要

④統一戦線工作、武装闘争、共産党建設の3つの宝によって、中国共産党は中国革命で敵に打ち勝つことができたのである。政治とは我々の味方を増加させることと、敵を減少させることである。統一戦線は最大の工作である

統一戦線の戦術「三戦（世論戦・心理戦・法律戦）」

2つ目の戦略概念である「三戦」は、「輿論戦（世論戦）・心理戦・法律戦」に分けられており、前述の統一戦線工作を行う上での戦術と捉えると理解が進む。

三戦とは、国内外の「味方を増やし、敵を減らす戦術」である。簡潔に表現すると、世論戦は「国内外の世論に訴求する活動」、心理戦は「国内外の相手の心を揺さぶる活動」、法律戦は「国内外に正当性を法律で示す活動」のことである。**図表7－1**では、「三戦（世論戦・心理戦・法律戦）の戦術」と「実際に表面に現れた国内外の事例（国内15、外国15の例示）」を紐《ひも》付けている。また、その「活動組織・機関・対象者」は多岐にわたり、国内外の中国人すべてが含まれるのである。それぞれの組織や個人は複雑に機能し連携を深めているため、米国をはじめとする西側諸国やその

諜報機関にとってはわかりにくい。当然、敵にわからない工作を行うための戦術である。

三戦の理解を深めるために、その経緯とレガシーについて少し述べる。三戦は2003年、中国共産党中央委員会と中央軍事委員会において採用された。中国人民解放軍の政治工作条例に「世論戦、心理戦、法律戦」を明記し、「敵の瓦解工作、反心理・反策反工作、軍事・司法・法律工作を展開するもの」としている。人民解放軍とともに、中国の政治や外交などのあらゆる人員を動員する活動である。

三戦の考え方は、「中国に有利な環境や条件を作り出すことを目的として行われる武力を用いない非対称戦」である。これは「孫子兵法」の不戦屈敵（戦わずして敵に勝つ戦略）に通じる。特に「世界や国内の注目を問題からそらすこと、戦闘能力が実際の実力以上であることを敵に認識させ抑止すること」については、効果的な戦術である。このように中国の古くからの戦略概念のレガシーであり、中国共産党の戦略に採り入れられている。また、軍事や外交的活動のみならず、日頃の対中ビジネスにおいても中国側の戦略と戦術に深く採り入れられているので注意が必要である。

その中国共産党の国内外での工作活動と事例の幾つかを解説する。

「広大な太平洋は米中が分け合うのに十分な広さがある」

習近平総書記（兼国家主席）自ら、国内外に三戦を使って率先して仕掛けている。まずはそのうちの一つの事例を挙げる。

習近平総書記は、政権誕生後の初の米中首脳会談（２０１３年６月７日訪米時のオバマ大統領との会談）の冒頭声明で、「中国の新しい指導者として強烈な印象を与える戦略」として、「世論戦」、「心理戦」を活用した。この時の習近平総書記の声明は、主に国内の中国国民向けであり、「習近平が国家主席に就任し、米国と対等に渡り合えるようになった」というメッセージによる偉大さをアピールするものであった。世界を米中で分け合う時代、中国の大国としての外交が習近平総書記からはじまったということを示し、国内の支持を得るためのプロパガンダである。

この時の状況を少し振り返る。この声明を筆者が聞いた時は、「とうとう中国の本音があからさまに出てしまった」と即座に感じたものである。習近平政権は、鄧小平からはじまり江沢民、胡錦濤政権時まで踏襲してきた「韜光養晦《とうこうようかい》」路線を完全に捨て去り、「中国は爪を隠さずむき出した」印象となった。この会談以降、中国はもはや従来の中国ではなく、米国と互角に渡り合う対等な立場と野望をあからさまに示すスタイルに変容したと言える。

また、もはや日本を競争相手としてまったく考えていない中国の姿とともに、日本に代わるアジア太平洋地域のリーダーとしての威信を示していた。中国は、日本のGDP規模を2010年に超えて世界2位の経済大国となり、「尖閣諸島中国漁船衝突事件（2010年9月7日）」、「尖閣諸島国有化（2012年9月11日）」によ る日中間のヒートアップ、「東日本大震災（2011年3月11日）」後の損失拡大や当時の日本政府の失策による国際的信頼やレピュテーションの低下などを尻目に、大国としての地位を着実なものとしはじめていた。既に日本を凌駕しアジアのリーダー的存在になっただけでなく、もはや米国に伍する実力を備えた世界の新興覇権国としてのスタンスで臨む米中首脳会談となった。

米国側は、この中国の指導者が初めて見せた大国としてのスタンスに対し驚きを隠せなかった。習近平主席のこの発言以降は、米国側の和やかな雰囲気が一変、オバマ大統領と米国代表団は身構えて習近平主席の話を聞くようになる。今までの中国の指導者と異なり、この時の「米中でアジア太平洋地域を分け合う」という意思、「米中2カ国による世界の安全保障体制を担う」という意思、「中国は米国に伍する国」としてのアピールは、現在の米中覇権争いの起点となった。習近平主席の唱える大国間関係とは、アジア太平洋地域における米国の影響力の極小化と、さらには排除する意味も含む。古い中国の終わりとともに、新しい「大国としての中国」の誕生となった。

筆者の中国北京の友人の話では、「中国国民にとっては、非常に頼もしい指導者が現れたことの喜びと、米国と対等に話せる国になったという誇りと愛国心が湧いた」と話していた。習近平主席の唱える「中国の特色ある大国外交の実践」を中国国民に自ら示した。多くの中国人にとって習近平主席のこの声明は、「米国と肩を並べるまでに発展し、力をつけた自国に対する誇り」を感じさせるには十分なものであった。

「香港国家安全維持法（法律戦）」と「愛国者による香港統治」

「法律戦」は、中国共産党の考え方や制度と相容れない「国内民間企業、香港、外国や外国企業などの敵」に対して巧妙に使われ、「世論戦」、「心理戦」と併用される事例が多い。

中国共産党が香港への支配を強化していく過程では、香港の民主派のデモなどの弾圧に対し「香港国家安全維持法」（２０２０年6月30日施行）を制定し施行、その後「愛国者による香港統治（世論戦・心理戦）」を掲げ、香港議員選挙の候補者は「中国共産党を支持するものを愛国者」として選挙制度を変更した。「法律戦」と「世論戦」、「心理戦」を組み合わせた巧みな戦術である。

その後、「香港の選挙制度改正条例」（2021年5月27日に可決）により、中央政府が愛国者として認定した候補者に実質上の出馬の権利を与えた。特に香港への中央からの統治を強化するため、民主派勢力を除外していった事例などである。

江沢民政権時代に「愛国主義教育実施綱要（1994年）」により、中国本土で愛国精神教育が義務化された。「党中央の思想に反する人や物は愛国主義に反するもの」と考えられ、バッシングを受けるか、再教育されるか、排除される、などの厳しい処分がなされる。愛国精神教育は、外国製品への締め付けや政治的バッシングに利用されるなど、国民の団結力を高めるために頻繁に使われる手段（日本製品のボイコットや歴史問題、西欧帝国主義への対抗、国民の不満を外国の問題に逸らす時など）となり、中国共産党の強力な政策的プロパガンダとなる。

中国国民は義務教育での履修とともに、歴史的記念日の催事や施設展示、国有メディア、TV番組、映画など、多くの場面で愛国精神の教育を受けている。とりわけ45歳以下については、1994年頃よりスタートした小学校の義務教育で愛国精神教育が必修科目となった影響がある。対日感情についても、この年代を境に若い年代層の方が比較的悪い傾向となることがあり、一般的には対日感情が好転する見込みは薄い。香港も中国本土同様に、愛国精神教育が2012年から小中学校に導入され、2020年の香港国家安全維持法の施行後はさらに強化されている。

ここで法の支配に関する考え方の違いについて少し触れる。

「共産党が掲げる法の支配」と「西側民主主義諸国が掲げる法の支配」の意味合いは大きく異なる。この相違は、「法律を支配者が活用するのか」と「法律を被支配層が活用するのか」の解釈の差異が主である。

習近平政権が掲げる法の支配の意味合いは、前者の支配者側の立場に立った法の支配を重視しているため、支配者が民衆など非支配層を取り締まるという意味合いが強い。特に人権問題などでは、中国と西側の「法の支配」に対する捉え方は真逆の意味合いになる。

西側民主主義諸国が掲げる法の支配の意味合いは、「民衆など非支配層が法律により支配者から擁護されること」を重視している。このように、中国共産党の「法律戦」は支配者側の視点であり、正当性を法律で示す活動である。

ゼロ・コロナ政策の正当性をアピール

新型コロナウイルスに対する工作活動では、国内外向けに三戦をフルに展開し、中国の新型コロナ政策が世界で一番成功していることを強調した。

全体の統括は中国共産党中央統一戦線工作部が担い、三戦を実行する関連組織を総動員している。世論戦・心理戦の工作活動は世界的に組織化された統一戦線に関わるあらゆる共産党組織と党員、外交官、国有メディアをはじめ、「五毛党（中国共産党配下のインターネット世論誘導集団を意味するネットスラング。網絡評論員または網軍と言われ当初は書き込み1件当たり5毛が支払われていたことに由来する）」、「小粉紅（若い世代の未熟な共産主義信奉者を指し共産党のプロパガンダの民衆運動を行う、文化大革命時期に毛沢東によって動員された学生やプロレタリアートの過激な大衆運動を行った紅衛兵とは異なる）」などまで投入した。

特に国内では、外国の失敗例を頻繁に引用し、厳格なロックダウン、ＰＣＲ検査、健康バーコード管理による「ゼロ・コロナ政策」の正当性をアピールする。中央政府からの新型コロナ対策指導として、法律戦による周知徹底を行なっている。

国外向けでは、中国武漢起源説を否定するために「新型コロナの米国フォート・デトリック起源説（フォート・デトリック研究施設はメリーランド州フレデリックにある米陸軍感染症医学研究所で、主に病原菌・ウィルス研究・生物兵器の使用や防護に関する研究を行う。米国フォート・デトリック基地起源説と２０１９年10月の中国武漢での世界軍人オリンピック時の米軍による新型コロナ拡散説）」を唱え、国有メディアや記事により頻繁にその英語解説を世界に発信した。

主に国内向けの典型的な事例は、「ゼロ・コロナ政策による武漢の勝利宣言」、「欧米や日本などの対コロナ政策失敗事例の中国国有メディアによる批判や中傷」、「北京での新規感染拡大時のカナダからの小包原因説」などである。

また、情報統制の徹底管理を行うとともに中国の感染者・死亡者数の少なさを誇示し、習近平総書記の厳しい新型コロナ政策の成功と外国の失敗を対比する。中国共産党として、中国国民の健康を第一に考えている偉大なリーダー像を示すプロパガンダの展開に余念がない。

国外向けでは、前述の「新型コロナの米国フォート・デトリック起源説」に加え、「中国製マスク外交」、「中国製コロナワクチン供給による他国への貢献アピール（新型コロナウイルスワクチンを10億回分提供）」などである。中国外務省では、米国フォート・デトリックと世界２００カ所の米国研究施設の調査要求声明（２０２１年6月23日）を出し、欧州連合（ＥＵ）と主要7カ国（Ｇ７）による新型コロナ起源の武漢再調査・透明性要求声明（２０２１年6月10日「ＥＵ大統領・ＥＵ委員長声明」、13日「Ｇ7共同声明」）を打ち消すための対抗策を講じた。

結果的に「世界保健機関（ＷＨＯ）による新型コロナ起源再調査要求を拒否（２０２１年7月22日、中国国務院として再調査拒否声明）」し、受け入れない方向に進めることに成功し、引き続き米国研究所起源説を新華社通信、環球時報、チャイナ・デーリーなどの国有メディアを中心に入念に英語配信した。続いて、8月24日には中国政府よりWHOへ「コロナ米起源説調査提言」により、米国フォート・デトリック起源調査要求を行う。そして、台湾のWHO総会へのオブザーバー参加支持（G7支持）も拒否した。

2021年8月以降は、中国は外務省・国連中国大使・国有メディア・ネット民（五毛党、小粉紅）などをさらに総動員し、一斉反論を世界へ向けて発信する。このような三戦による総力戦の展開は世界を圧倒し、広域経済圏構想（一帯一路）の参加国、アフリカ・アジア・中南米・太平洋島嶼国などの新興国では、中国へ賛同する国を増加させることに成功している。欧米や日本などの西側諸国にとっては、中国共産党の強力なプロパガンダの威力をまざまざと見せつけられる事例となった。

中国共産党の諜報活動と総力戦

米ソ冷戦終結後、西側諸国はグローバル化による経済優先の時代が続き、ロシアや中国共産党の諜報活動に対する警戒が疎かになった。クリントン政権時代の初期は、北大西洋条約機構（NATO）などの安全保障同盟も形骸化し、大統領と米中央情報局（CIA）との距離をおく場面も多く見られた。
しかし、2010年以降の中国の台頭で米中覇権争いによる軍備拡張や経済摩擦の激化、中露の国際秩序や国際法を蔑ろにした行動、専制主義に傾倒する国家の増加につれ、改めて諜報活動の重要性とその質が問われる時代となった。米国では2014年以降、軍事的・経済的安全保障を脅かす中国の諜報活動の実態が明らかにされることが多くなった。

中国では、人民解放軍による「超限戦」と言われる総力戦の工作活動が行われる。これは軍民融合により、平時も有事も区別しない、軍事も民事も区別しない、軍人も民間人も戦闘要員であり、陸、海、空、宇宙、サイバーのすべての領域を戦闘領域の対象とし、あらゆる手段を用い制約なく戦う戦闘方法である。

『超限戦』とは、1999年に、米国の湾岸戦争時からの新しい戦い方などを分析し、今後の戦争形態や戦争行為を予見した中国の軍事戦略書物である。超大国の米国に勝つには、通常の戦い方では歯がたたないとし、新しい対テロ戦争、生物化学兵器、サイバー・ハッキング攻撃などを含む、あらゆる分野、手段、工作活動、戦闘行為を駆使することであると説いている。25種類の戦闘方法を列挙しており、「通常戦、外交戦、テロ戦、諜報戦、金融戦、ネットワーク戦、法律戦、心理戦、メディア戦など」から構成されている。2人の中国人民解放軍の将校（喬良、王湘穂の共著）が著したこの書物は、現代戦を勝つためには必須の考え方であると言われる。

現代戦では、政府機関・インフラ設備・企業・研究機関など特定の組織や人材を狙った妨害やハッキング工作、技術ノウハウ獲得や、ロビー活動、マネートラップやハニートラップなどを交えた政治工作などその手法は多岐にわたる。そして、メディア、政治家、外交官、人民解放軍、インフルエンサー、ネット市民（小粉紅、五毛党）、ビジネスマン、旅行者などによる「プロパガンダを活用した政治・経済攻撃、選挙への関与、領土問題、人権問題、債務問題、株価・為替操作、歴史認識、西欧や日本の文化攻撃」などに至るまで巧妙な手段が使われる。

民主主義国家の脆弱性を突く巧みな覇権拡大戦略

中国共産党は民主主義国家の脆弱性を熟知しており、結党以来、常に鋭意研究し戦略・戦術に活かしている。

ソ連は崩壊したが、マルクス・レーニン主義は中国共産主義の党規約と中国国家憲法に今も踏襲され実践されている。中国共産党は、ソ連の共産党組織（国際的な共産主義運動を指導する第3インターナショナル）の支援を受けて、１９２１年の設立以来、１９４９年に蒋介石率いる国民党を台湾へ退出させ、中国全土の統治を70年以上にわたり揺るぎないものとし、絶大な権力を握っているのが現状である。

そして今日、西側民主主義国家の行き詰まった脆弱性を見抜き、専制主義による政策意思決定や実行の速さを武器に新興国や先進国へ進撃を開始している。以下に中国共産党による15の覇権拡大戦略のポイントをまとめ、特徴的な戦術面を解説する。

①統一戦線工作による民主主義国家への浸透：統一戦線諜報活動、三戦（世論戦・心理戦・法律戦）、超限戦、国家情報法、西側メディア浸透など。

②外国企業の技術獲得戦略：千人計画による専門家への資金提供、中国国有企業との共同事業体（JV）方式による製造技術獲得、ハッキング工作、研究機関への人材の送り込み工作など。

③プロパガンダによる国民の民意醸成と対外工作：米英などへの議会工作、西側メディア・ホワイトハウス報道プレス浸透、戦狼外交、新型コロナ米国起源説、孔子学院、小粉紅、五毛党など。

④合従連衡による効果的アライアンスと親中国家の拡大：地域拡大（アフリカ、太平洋島嶼国、中南米、中央アジア、中東、東南アジア諸国連合（ASEAN）など）、第3極連携（イラン、パキスタン、アフガニスタン、キューバ、ブラジル、アルゼンチン、チリなど）、西側諸国の隙間戦略（EU・欧州などの切り崩し。ハンガリー、ギリシア、キプロス、マルタ、トルコ、ウクライナ、ワクチン外交など）。

⑤軍事的安全保障戦略：中露善隣友好協力条約、上海協力機構、中朝友好協力相互援助条約

（中朝条約）、中国ソロモン安全保障協定など。

⑥経済的安全保障戦略・連携：東アジアの地域的な包括的経済連携（RCEP）、中国－ASEAN自由貿易協定、新興5カ国（BRICS）、包括的・先進的環太平洋経済連携協定（CPTPP）加盟申請など。

⑦積極的外国資本誘致：市場開放との引き換え、世界の工場化、サプライチェーンの世界的占有、先端技術提供で外資強要、外資資産の人質戦略・凍結など。

⑧一帯一路構想による関係構築：インフラ開発による相手国政府との緊密な関係構築、資金供与と貸付債務、債務の罠、港湾の租借、軍港化など。

⑨鄧小平の韜光養晦戦略、孫子兵法の詭道：途上国としての中国への資金や技術獲得、西側諸国の心理的油断誘発、好機を待ち積極策、詭道、総力戦など。

⑩共産党の人民解放軍強化と軍民融合：海洋や周辺国への領土拡張や軍事基地化、台湾の統一、軍事技術・核兵器開発、宇宙開発、世界の先端技術の軍事転用など。

⑪権力の奪取と共産党の一党専制の国家統治体制：実質的一党独裁体制、監視体制、国進民退、外国メディアの引き締めや締め出し、中国人民・華僑の共産党協力の法制度、国防法、国安法など。

⑫国際機関への影響力拡大と利益誘導：米国に次ぐ2番目の国連分担金拠出による影響力拡大。WHO、世界貿易機関（WTO）、国連人権理事会（UNHRC）、国際司法裁判所、食糧農

業機関、工業開発機関、国際電気通信連合、国際民間航空機関など。

⑬通貨・為替戦略：中国人民元RMBの管理フロート制、香港ドルのドルペック制、中国版国際銀行間決済システム、中国版デジタルマネー、暗号資産など。

⑭長期戦を見据えた西側民主主義諸国との戦い：中国製造2025、中国標準2035、双循環経済、自力更生、統一戦線の世界戦略と組織化、あらゆる分野で世界の一流国2049など。

⑮中国国内向け強国戦略：科学技術強国、製造強国、デジタル強国、軍事強国、宇宙強国、海洋強国、社会主義現代化強国2035、世界強国2049、自動車強国、スマートカー強国、交通強国、知財強国、人材強国など。

このように非常に巧みな国内外戦略を心得ており、長期戦で西側民主主義諸国に戦いを挑んでいるのである。習近平総書記になって、「互角、または、勝ちそうな分野」や「追いつける相手が明確になった場合」は、積極的に世界の覇権を狙いに打って出る。それ以外の「追いつくには時間がかかる分野」などでは、いまでも「韜光養晦」戦略をうまく使いこなす。

こうした、非常に巧みな戦略と戦術を駆使して世界と戦う中国の本質的な考え方を万事心得ると、中国への理解が深まるとともに、政治交渉やビジネス交渉の場面においても大いに役立つものとなる。

第8章

冷戦によって影響を被る業界

領土・人権・貿易問題がビジネス全域に広がる

米国による対中国制裁は、「領土、人権、貿易から先端半導体、医薬バイオ、軍事を含む先端技術関連分野」など、中国国内外の多くの領域に及ぶ。米中の軍事的衝突に至るまでの緊張が増していく状況を想定すると、すべての業界や分野において、あらかじめリスク検討を十分に行っておくことが必要になる。

米国が制裁・規制対象とする10の業界分野

直接的に大きな影響を被る業界は、既に以下の10分野にわたる。これは２０１７年のトランプ政権時代から、米国大統領令や商務省、財務省、国土安全保障省、連邦通信委員会（ＦＣＣ）、税関国境保護局（ＣＢＰ）によって制裁・規制の対象となった業界、上院・下院で議論になっている業界を抽出したものである。

①半導体、および新疆ウイグル自治区関連の人権問題関連産業のすべて（先端領域技術一式から調達、生産、世界的サプライチェーン、アパレル、綿花など）

②先端ＡＩ（人工知能）・通信・コンピューター（スーパーコンピューター、量子コンピューター、暗号化技術から通信機器、各種電子機器、インフラ、先端センサー、監視技術・機器やすべてのシステムなど）

③先端素材・材料開発（新疆ウイグル関連の太陽光・ポリシリコン、レアメタル、レアアース、自動車部

品、電気製品、研究開発など）
④高度医療・ヘルスケア・バイオ（原薬生産、新薬開発、先端医療機器、認証技術、システムなど）
⑤高度環境エネルギー技術（将来的な核融合技術など）
⑥自動車・精密部品（先端電気自動車（EV）技術・電装品、高度自動運転技術・システム、車載カメラ・センサー、蓄電池技術など）
⑦先端金融技術（暗号資産、中国版国際銀行間決済システムCIPS、デジタル人民元（中国式中央銀行デジタル通貨CBDC）など）
⑧先端研究開発分野・研究施設（トランスフォーメーションや移転へ。主要7カ国（G7）、Quad（クアッド：日米豪印戦略対話）の豪・印、東南アジア諸国連合（ASEAN）、英国、欧州連合（EU）、メキシコなどへ軍事的・安全保障的な観点から移設）
⑨先端研究開発人財の採用やリテンション（人財リスクの回避と最適化。採用・配置の適正化、米国・EUなどの主要研究機関との連携、中国共産党員・人民解放軍関係者のバックグラウンド調査など）
⑩軍事・宇宙開発関連（兵器・ロケット・衛星・宇宙ステーション、月面インフラ開発、通信インフラシステムなど）

中国の引き締め政策で影響を受ける4つの業界

また今後、習近平《シー・ジンピン》政権が、かつての文化大革命的な政策を使って国内の引き締めに進めば、さらなる規制強化の対象は、メディア業界はもとより、以下の4分野にわたる。これは米国の対中制裁ではなく、中国側の引き締めから影響が生まれる業界である。

①教育業界（中国国内の塾のみならず、国外の中国語教育・文化までの統制強化）

2021年7月24日付で中央政府により、幼稚園と公立小学校の「教育コア科目（国語、算数、外国語など）」を塾で教えることを禁止した。科学、芸術、スポーツは影響なし。主目的は、生徒の負担低減と、家庭の教育費の支出削減を図ること。英語などを勉強し、幼少の頃から外国の影響を受けることを懸念する。北京など大都市の小中学校から、外国教材の使用を禁止し始める。

そして2021年新学期から全教育機関に、習近平新時代の中国の特色ある社会主義思想である「習近平思想」の授業を義務化した。米国上場企業である新東方教育科技集団、好未来教育集団等は株価暴落と事業中止へと追い込まれる。日本の教育関連企業も、中国での教育事業は中止を余儀なくされる。

②オンラインゲーム業界（ゲーム機器・ソフトウエア・システムや開発・コンテンツ制作、人財への統制強化）

中国当局により、オンラインゲームは長時間使用によって青少年の健全な生活を侵すということで、中毒防止の規制がはじまる。時間制限や特定アプリの使用禁止措置が実施される。2022年の中国のゲーム市場の売上高は一気に約10パーセント低下し、その状況は続く。※1

③カジノ・映画や娯楽産業全体（香港、マカオへの統制強化、国内外の表現や思想の検閲強化）

マカオ政府は2021年9月14日に「賭博新法」を作ることを発表する。中央政府の方針として、「新規の許可は無し」、「既存事業者の整理」、「株主改革（マカオ住民と中国本土企業も株主に）」、「VIP顧客管理」を打ち出す。そして、「ライセンス期間20年以内」、「政府がカジノ運営に関与（党支部をカジノ企業内に設立）」、「刑事責任・罰金制度新設」を打ち出す。対象は6社で、MGM中国、銀河娯楽集団（ギャラクシー・エンターテインメント）、金沙中国（サンズ・チャイナ）、メルコリゾーツ、永利澳門（ウィン・マカオ）、澳門博彩控股（SJMホールディングス）。これによって共産党内部の香港・上海派閥（江沢民、曽慶紅など）との軋轢が増す。

④国外メディア業界（外国メディアへのさらなる締め付けや抑制・制裁。駐在員の追放、取材登録停止など）

２０２１年2月11日に、英ＢＢＣの国際ニュース放送の中国国内での放送禁止を通達。新疆ウイグル自治区などに関する中国政府の考えに沿わない報道に対する報復措置など、外国メディアへの締め付けが強化される。２０２１年10月10日には、中国政府は民間企業が報道事業に参入することを禁止する。さらに２０２２年11月27日に、上海で新型コロナウイルス対策への抗議デモを取材中の記者が拘束されるなど、外国人記者への統制強化が進む。

3期目の習近平政権と米国との対立は益々激しくなることが予想されることから、日本は官民ともに早め早めに先手を打つことが急務になっている。

第8章：参考文献と情報の出所

※1　中国音像与数字出版協会、２０２３年2月14日

第9章

中国による個人情報収集の実態

ティックトック放置は国家安全保障上の脅威に

米ソ冷戦時代は、軍事・先端技術分野における開発競争は熾烈を極めた。現在の米中新冷戦構造下において、その開発競争は国家安全保障上の表舞台であり、戦術核・高性能ミサイル・宇宙技術開発・無人攻撃用兵器など、今も激しく競い合う。しかし、米ソ冷戦時代と違い、その表舞台に比べて見えにくく、認知しにくい水面下の攻防戦が毎日のように繰り広げられている。

水面下で繰り広げられる「個人情報収集」の攻防戦

その最前戦の攻防は、「個人情報収集戦」であり、できる限り多くの敵国の個人情報を収集するための熾烈な戦いである。中国製アプリによる文化的なソフトな面を通じた米国や世界への浸透である。その個人情報の使い方次第では大きな危険性と脅威を孕んでいる。この収集活動は日々進められているものであり、国民の日常生活では認知されにくい。

代表的な例は、近年世界で大人気の動画共有アプリ「ＴｉｋＴｏｋ（ティックトック）」、メッセンジャーアプリ「ＷｅＣｈａｔ（ウィーチャット）」などが挙げられる。米国での利用者も急増し、若年層には不可欠のアプリになってきている。

特に、米国のティックトックユーザーは、２０２２年には1億人以上にのぼり、18～29歳の若年層では26％が使用しており、日々急速にユーザー数を増やしている。[※1]

中国製アプリは、米国では国家安全保障上の大きな障害であるとの指摘とともに大論争となり、一進一退の攻防が繰り広げられている。膨大な米国民の個人情報がデジタル化され、蓄積・解析されているという懸念により、米国議会（上院・下院）、米国連邦通信委員会（FCC）では、ティックトックのアプリが大論争を生む。しかもその収集方法が、民営企業が日々行っているビジネス活動やマーケティング活動そのものであるため、国家としての制限や抑止が効きにくい。

FCC、中国製アプリが国家安全保障上の脅威と証言

ブレンダン・カーFCCコミッショナーによる、ティックトックに関する「グーグルとアップルのCEO向け書簡[※2]」と「米国下院監視改革委員会国家安全保障小委員会での証言[※3]」は、ティックトックアプリの危険性について下記のように明確に述べている。

まず、グーグルとアップルのCEO向け書簡から、以下に抜粋要約した。

「多くのアメリカ人（米軍兵士を含む）は、ティックトックを国家安全保障上の脅威とはみなしていない。」

「単に面白い動画やミーム（はやり）を共有するためのアプリに過ぎないと思い込んでいる。」

「しかし、ティックトックはただの動画アプリではない、羊の皮をかぶったオオカミ（親切を装った危険人物や偽善者などの表現）である。」

「ティックトックは中国にて機密データを大量に収集している。」

「ティックトックがアップルのApp StoreおよびGoogle Playストアのポリシーに規定されたデータセキュリティー要件とその他条件を遵守していない。」

「私はアップルとグーグルのアプリストアからティックトックを削除するよう要請した。」


次に、米国下院監視改革委員会国家安全保障小委員会での証言から、以下に抜粋要約した。

「ティックトックのもう一つの顔は、大量の個人情報や機密情報を収集する高度な監視ツールとしての機能である。」

「実際、ティックトックは、検索や閲覧の履歴から、キーストロークダイナミクス（打鍵認証：個人ごとに異なるキー入力の特性）のパターンや無関係の顔認識技術に使われる顔写真や声紋などの生体認証まで、あらゆるデータを収集できるようになっている。」

「位置情報だけでなく、メッセージの下書きやメタデータ、さらには端末のクリップボードに保存されているテキスト、画像、動画も収集している。」

「中国政府は、権威主義的統制を維持するために、自国内においても世界で最も侵略的で遍在的な監視能力を開発してきている。」

「中国では2017年に制定された国家情報法の遵守が義務付けられているため、中国共産党が米国ユーザーに関する広範で個人の機密データを諜報活動に利用できる。」

「機密情報にアクセス可能な米国政府職員の個人情報を収集することで、①米国の機密情報の入手、②中国共産党は彼らを脅迫、③特定のターゲットに絞り勧誘活動、④米国の政策決定に外国の不当な影響力、を行使できる。」

「世界中の米軍兵士が、自分の兵舎のビデオや音声をアップロードすることによって、ティックトックの罠に嵌《は》まっていく。」

「米国内の複数の施設だけでなく、英国、韓国、日本、イタリア、ドイツ、アフガニスタンなど、遠隔地域からも何百本ものビデオが投稿されている。」

「ティックトックでは、軍の装備や軍事作戦のビデオも簡単に見つけることができる。」

「ティックトックと字節跳動（バイトダンス）の北京事務所だけで100人以上の中国共産党員が諜報活動を行っている。」

中国国家情報法によるデータ提出義務

中国製アプリに対する本質的な論点は、ティックトックを運営するバイトダンスの親会社が中国企業であり、中国の法律では、外国においても「中国国家情報法（2017年6月28日施行）」

に基づいて、「中国系企業は中央政府の要請に応じて当局にデータを提供することを義務付けられている」ことにある（章末の別掲記事を参照）。

そのため、以下の3点が、ティックトックアプリの懸念であり論点となり、米国の安全保障上の脅威として認識される。

①国家安全保障上の懸念。米国個人情報の中国当局への漏洩（中国当局へのデータ提出義務より）

②若年層ユーザーへの偽情報の拡散と洗脳

③米国における選挙活動への影響や国の分断化のプロパガンダへの使用

米国側の論点は、ティックトックとその中国の親会社を通じて、中国当局に米国ユーザーの個人情報が流出しているとの懸念であり、中国では国家情報法、サイバーセキュリティー法により、官民問わず収集した個人情報とデータを中国当局へ提出する義務がある。

したがって、

①ティックトックアプリの仕様によれば、顔認証を含む様々な個人情報、位置情報、携帯電話のやりとりなどの機密情報を吸い上げることができるとともに、AI（人工知能）を使った分析によって特定された個人を監視したり、行動予測を行ったりすることができる。

②将来的にAIにより、個人のDNA情報や決済情報を掛け合わせれば、高度なレベルで個

人を監視・管理することも可能となる。

③中国製のアプリによって、中国当局は中国人民以外の米国民などを監視することができるようになる。

④ティックトックのアプリが、中国政府が個人情報を抜き取るバックドア、すなわち裏口になっているとの脅威がある。

⑤大量の個人情報や機密情報を収集する高度な監視ツールとして機能する可能性がある。

というものである。

このままでは米国の若年層のデータが年々吸い上げられ、将来はほとんどの米国人の個人情報が中国当局の手中に収まる危険性がある。さらに若年層に対して中国共産党の意向に沿う政策や思想のプロパガンダ、偽情報の流布、選挙活動への影響や国の分断化を図るための情報拡散、若年層の洗脳化などにも悪用されるツールになる恐れがあるとの警告である。

インドは世界で一番早く、ティックトックのアプリの国内における全面使用禁止法を成立させている。ティックトックをめぐる論争は米中のみならず、世界を巻き込む国家安全保障上の大きな問題へと発展する。

米国内の政治的戦いが加わり複雑化する

米国として対中戦略を実施するにあたり、一筋縄ではいかない米国の国内問題の根深さと問題点を、この攻防戦は如実に表している。

米国国内の混乱と分断化は、対外戦略を常に後手に回らせ、問題をこじれさせることになる。米国内では対中国との戦いだけでなく、米国内の共和党と民主党の政治的争いも加わり複雑化する。

米国は中国製アプリの全面的な禁止措置になかなか踏み切れない。トランプ政権時代からまる4年間にわたる国内のゴタゴタを尻目に、ティックトックの米国ユーザー数は前述のように一気に増加する。

米中情報収集の攻防戦を下記のように5段階のフェーズに分けて示した。米国内の共和党と民主党による政治的戦いにより、本質的対策が棚上げされ頓挫し、限定的な対応に留まってきた背景と経緯を整理している。米国の政治論争のケーススタディーとしても役に立つ。

フェーズ1:「米国の児童オンラインプライバシー保護法への抵触」(～2019年12月)

ティックトックをめぐる懸念と論争は、トランプ政権時代の2019年頃に遡り、「米国の児童オンラインプライバシー保護法への抵触(保護者の同意なく13歳未満の子供の個人情報の違法収集)」を境に、ティックトック問題は全米から注目されはじめる。そして、2019年末には国家安全保障上のリスクにより、米国陸海空軍、海兵隊、沿岸警備隊の政府端末でティックトックは限定的に使用禁止となる。

フェーズ2:「トランプ政権による国家安全保障上の問題への格上げ」(2020年1月～9月26日)

トランプ政権時代の米中貿易摩擦により交渉が暗礁に乗り上げる中で、ティックトック問題は米中の国家安全保障上の問題に格上げされた。大統領令の「米国のティックトック事業の米国企業への売却要請」では、マイクロソフト、ウォルマート、オラクルなどが名乗りをあげる。また商務省によって「米国のティックトック事業との取引禁止規則施行」が打ち出される。そして、共和党ジョシュ・ホーリー上院議員がスポンサーとなった「ティックトック使用禁止法案」は上院では可決され、ティックトック問題は全米で大きな論争となる。

しかし、下院は民主党が多数を占めるため、法案はそれ以上進まない。

米国以外では、インドは世界で一番早く、ティックトックのアプリの国内における全面使用禁止法を成立させている。

インド政府は、2020年6月29日に国家安全保障上の問題を理由に59本の中国製アプリの使用を禁止する措置を発表。対象は、ティックトック、ウィーチャットなどと、アップルとグーグルのインド向けアプリストアからの削除も含まれる。前述の米国ブレンダン・カーFCCコミッショナーの書簡と議会証言の警告をインド政府が初めて取り入れ、全面的に禁止する。

フェーズ3：「大統領選挙前の共和党と民主党の駆け引き材料（米国内分裂）」（2020年9月27日～2021年1月19日）

米国大統領選挙を約1カ月半後に控える米国では、ティックトック問題は共和党と民主党の政策論争の駆け引きの一つに置き換わる。前述のように米国若年層がティックトックユーザーであり、民主党にとってトランプ大統領の再選を阻止するには、この年代は大きな票田であり、実質的に命運（キャスティングボート）を左右すると理解された。

大統領選は、両党の支持率が僅差であることが予想されることになり、民主党側はティックトック問題について、「トランプ大統領のティックトック使用禁止の大統領令」を受け、一時的に先延ばしの戦略をとる。この結果、下院での採択は延期となり、ワシントンDC連邦地裁は、ティックトックの配信を禁止する商務省規則は法的根拠が弱いとして一時差し止めを命じる。

これに対して、トランプ政権側の司法省は控訴する。

バイトダンス側も米国事業の売却を命じる大統領令に対して提訴するなど、安全保障上の問題と選挙戦の政策問題が絡み合い、泥沼的な状況に陥り、ティックトックの米国事業の売却問題も膠着化してしまうことになる。

フェーズ4:「中間選挙前の共和党と民主党の駆け引き材料（米国内分裂）」（2021年1月20日〜2022年11月8日）

バイデン米大統領は2021年1月20日に就任、その後の約半年ほどはティックトック問題に対して曖昧な態度であったが、6月に前トランプ大統領政権の末期から宙に浮いていたティックトックに対する大統領令を撤回する。同時に商務省に対して、ティックトックアプリの国家安全保障上のリスクを精査するよう指示を出す。

FCCコミッショナーのブレンダン・カーは、「ティックトックはただの動画アプリではない、羊の皮をかぶったオオカミである。私はアップルとグーグルのアプリストアから削除するよう要請した」（前述）。

英国議会は「中国本土のバイトダンス従業員が英国や欧州連合（EU）のユーザーデータを取得する権利をもつと指摘」し、ティックトックの議会公式アカウントを閉鎖し、英国民に危険性をアピール。

バイデン大統領は、大統領就任から2022年11月の中間選挙まで、共和党議員からは弱腰と言われながらも支持率の低下を防ぐために、ティックトックを使用禁止するような施策は打たなかった。この間は実質的にティックトック問題に関しては静かな状態であった。

フェーズ5:「米国一丸となる超党派による法案成立と全面使用禁止に向けた攻防」（2022年11月9日〜）

中間選挙の結果、バイデン民主党の劣勢の予想に反し、民主党が善戦、上院では民主党が多数を占める結果となる。選挙戦が終了したことにより、2022年の年末からは、再びティックトック問題に火がつくことになった。

次の大統領選まで猶予があり、この間に国家安全保障上の問題であるティックトックなどの中国製アプリや通信機器メーカーに対し、超党派（民主党と共和党が共同で政策事案を進める形）で、規制する法案の成立へ一丸となる動きが再燃している。そして、マルコ・ルビオ共和党上院議員らの超党派議員グループが、2022年12月13日に「ティックトックアプリを政府所有端末のすべてで使用を禁止する法案」を議会に提出。上院で12月14日、下院で27日の可決を経て、29日のバイデン大統領の署名によって4年越しで政府所有端末のみで禁止することになった。

2023年2月時点では半数以上の州で、州政府の端末でティックトックの利用は禁止となっており、この動きは自治体や大学にも拡大。ただし、本質的な問題であるティックトックを利用する若年層に対する禁止には至っておらず、２０２３年1月24日に再度、共和党ジョシュ・ホーリー上院議員によって「ティックトックの米国内アプリの米国内全面使用禁止法案」が提出され、3月末にティックトックの米国ＣＥＯの議会公聴会に進む。

このように米国大統領選と中間選挙において、僅差の結果を争う共和党と民主党の攻防戦の背景が読み取れる。内輪揉めしている間に、米国の個人情報の収集を拡大するチャンスが広がることになる。前述のようにティックトックの米国ユーザー数が若年層を中心に1億人以上となり、「若年層からの支持を失いたくない民主党」と「ティックトックのアプリ使用禁止を唱える共和党」の国内選挙戦に大きな影響を与えてきたことを如実に表している。

ティックトックに対し一貫して強硬な姿勢をとってきた共和党は、米国における全面使用禁止法案を早期に成立させたい意向で動いていた。民主党は、「ティックトックの国家安全保障上の脅威」の認識は共和党と同じであるが、大統領選と中間選挙前にその法案の採決を2度先延ばしにしてきた経緯がある。

米国での論戦と同様な現象は世界に広がり、世界的な安全保障問題へと拡大していく。

世界的な流れとしては、①政府端末での利用禁止、②端末使用における個人情報取り扱いの法制度強化、③個人情報を取り扱う企業の厳格審査（信頼できる同盟国のアプリのみ）、④「同様なアプリ使用の13歳以下の親の同意など」の法案化、⑤国民のデータの自国内のサーバー、データセンター保管、転送禁止、中国資本の自国資本への売却勧告、などの方向に進む。

インドでは即座にアプリの使用を禁止したが、このようなアプリのユーザー数が増加するにつれ規制をかけるのは世界的には難しさを増す。

第9章：参考文献と情報の出所

※1　Pew Research Center、「More Americans are getting news on TikTok, bucking the trend on other social media sites」、2022年10月21日

※2　ブレンダン・カー米国連邦通信委員会コミッショナー、「アップルとグーグルのCEO向け書簡」、2022年6月24日から抜粋要訳

※3　ブレンダン・カー米国連邦通信委員会コミッショナー、「米国下院監視改革委員会国家安全保障小委員会での証言」、2022年7月13日から抜粋要訳

国内法でも外資が対象となる「国家情報法」の脅威

有事に限らず、平時においても中国政府の情報工作活動への協力を義務づける「国家情報法」が2017年6月28日に習近平政権で施行された。

国家情報法では、国の情報活動に関する基本方針と実施体制、情報機関と要員の職権等について規定しており、組織・市民による工作活動への協力（第7条、第14条）も規定している。

国家情報法についての注意点は、「国家の情報工作活動に対しては、必要に応じてすべての組織や中国人に、協力支援を求めることができること」である。

中国人は有事や平時を問わず、いかなる場合においても、国家の国防に関する求めに対して協力しなければならないのである。中国国内の外資企業にも適用されることより、知的資産や技術をはじめ情報漏洩リスクが大きな障害となってしまった。

中国では、国家安全法（2015年7月1日施行）のもと、サイバーセキュリティー法（2017年6月1日施行）、データ安全法（2021年9月1日施行）、個人情報保護法

（２０２１年11月１日施行）という根幹となる法律が習近平政権のもと施行された。国家情報法により、当局への外国人の個人情報の提出、一方的な拘束や逮捕、一方的な強制立ち退き、一方的な資産没収なども想定されることになり、習近平政権の中央統制が厳しくなる中、外資企業にもその脅威は日に日に増している。

このように外資企業も対象となることにより、また、中国当局の判断が不透明となるため、２０２１年末までにビジネスＳＮＳ（交流サイト）「LinkedIn（リンクトイン）」やヤフーなどは中国市場からいち早く撤退している。

第10章

中国が目指す監視社会

国民の管理と心理操作に個人情報を活用

現在の中国のような専制国家が「監視統制社会へ向かう政策」を頻繁に打ち出していることは、非常に危険な兆候である。中国へ進出している外資企業のみならず、中国の国外でも、その動向を注視し、リスクとして捉え、早めの対応が必要になっている。

一党独裁の中国共産党政権は、世界で最も厳しい人民監視や統制を行う国家の一つになる。

習近平《シー・ジンピン》政権では、

①厳格なゼロ・コロナ政策や感染探知のためのバーコードによる人民の個人行動データの掌握

②新疆ウイグル自治区をはじめとする全国に張り巡らされた監視機器とシステムによる顔認証による個人行動データの掌握

③新型コロナウイルス検査やインフルエンザ診断キットなどによる生体認証・ＤＮＡ認証技術による個人生体データの掌握

④Alipay（アリペイ）やWeChat Pay（ウィーチャットペイ）などの決済代行会社に対する国有資本注入による個人決済データの掌握

などによる個人情報の収集とともに、先端ＡＩ（人工知能）技術による個人情報解析により、中央当局の管理・統制強化が進んでいる。

現実味を帯びる監視社会

すべての個人情報を中央政府が掌握し、管理する時代が訪れている。しかも、個人情報が消えることがないデジタルデータとして長期的に記録され蓄積・保存される。

前章で述べたように、中国製アプリ運営会社（ティックトックなどの事例）は、中国国内のみならず外国においても中国国家情報法に基づいて、中国系企業は中央政府の要請に応じて当局にデータを提供する義務があるため、国内外の個人データを中国中央当局が収集することが可能になる。膨大な中国人民や外国の個人情報がデジタル化され蓄積され、ＡＩなどにより解析されているという懸念が益々大きくなる。

このような中国当局による個人監視・管理の強化は、かつてのジョージ・オーウェル（英国人作家）著の『１９８４』（1949年発刊）に描かれた「高度な監視社会」が現実化する脅威が差し迫っていると言える。

ジョージ・オーウェルの『１９８４』はまさしく、このような国家により監視・管理された社会について述べたものであり、その後の米ソ冷戦時代の「旧ソ連のＫＧＢ（ソ連の秘密警察・諜報機関を統括する国家保安委員会)、旧東ドイツのシュタージ(東ドイツの秘密警察・諜報機関を統括する国家保安省)による監視社会」を予言していた。米ソ冷戦終結後、KGB、シュタージや東欧の旧共産圏諸国の同様な機関のほとんどは解体されたが、現在において再度その個人監視機能がデジタル技術とAIにより強化される方向に動いている。

ハーバード大学のショシャナ・ズボフ名誉教授の著書である『監視資本主義』が2019年1月15日に米国で出版された。そして2019年10月24日に、マイケル・サンデル教授の「Tech Ethics(技術倫理)」の授業の1コマとして、ショシャナ・ズボフ教授を招いた共同授業が行われた。『監視資本主義』の内容について、サンデル教授とズボフ教授と学生や聴講者との白熱した議論が展開された。

当日、筆者はこの授業を聴講した。サンデル教授の質問は明快であり、ズボフ教授の唱える回答は、

「膨大な個人情報を収益化するITのビッグ・テック企業などは、民主主義にとって壊滅的な影響を与える力を得られることになる。」

「一日も早く、法律によるルール作りが不可欠だ。」

「監視資本主義は、全体主義的秩序を発展の目標とすることで人間の本性を搾取し、制御しは

じめる。」

「将来的に国家が国民管理と統制に活用するだろう。」

との熱弁は、まさしく的を射る。

２０２０年2月から米国大統領予備選がはじまる。

再選を目指す当時の現職のトランプ大統領と民主党候補との大統領選挙戦は、インターネット空間、ＳＮＳを活用し、「ＡＩによるデータ解析により特定の個人に向けたプロパガンダ」と思われる宣伝や内容、偽情報（フェイク・ニュース）が流され、実際に筆者の検索画面・ＳＮＳ・メールなどにも多量に送られてきた。

マイノリティー・一般労働者層・低所得者層などに対し、巧妙に支持を訴える内容や誹謗中傷などを交え、マインドコントロールするような宣伝・メールが、その特定された個人に効果的に配信される。

その後の米国大統領選での米国国内の分裂と混乱や過激なデモ・抗議活動などは、まさしく民主主義が終焉したかのようで、ズボフ教授の話が現実になったという恐怖を実感するものとなる。２０２０年の大統領選による米国内の混乱は一層激しくなり、荒れに荒れた原因の大きな一つでもあった。監視社会到来の恐怖とマインドコントロールのすさまじさを実感するものとなる。

言論の自由を掲げる民主主義国家では、いまだにこのようなＩＴ企業に対する規制や、監視管理社会へ動き出している専制国家に対する規制などは、なかなか進みにくい状況であり、民主主義の弱点を熟知した企業や国家はその間隙を縫って規模や権威を拡大させている。日本はこのリスクにおいては、現実感が湧きづらく、比較的にまだ緩い受け止め方であるが、このような恐怖は徐々に現実化している。

専制国家の「ダブル・スピーク」と「ニュー・スピーク」の危険性

現在の中国は、監視管理社会に大きく移行しているという状況を、中国共産党が掲げる政策やスローガン、プロパガンダからも読み取ることができる。日本や日本企業・外資企業としても、この流れを熟知して行動することが大切である。

ジョージ・オーウェルの『１９８４』で唱えられた「ダブル・スピーク」と「ニュー・スピーク」という言葉が現実味を帯びてきていることがわかる。小説では、「ビッグ・ブラザー」と言われる唯一の全体主義政党当局による「市民生活の統制とほぼすべての行動を監視された社会において、当局が国民を支配するために作り出した言葉」として、「ダブル・スピーク」という言葉を定義し使用している。

中国共産党が掲げる政策やスローガン、プロパガンダに使われる言葉の意味は、矛盾しているような真逆の意味を含むものがあり、外国人にはわかりにくいものが多くある。特に西側民主主義国家にとっては、言葉の定義がまったく異なることもあり理解に苦しむ時がある。また、中国人民にとっても、言葉とは正反対の政策や意味を含んでいることもあり、中国共産党が使う言葉をよく吟味する必要がある。

ここでダブル・スピークとは、二重語法とも言われ、受け手の捉え方を逆にするために言葉を言い換える修辞技法のことで、矛盾した2つのことを同時に言い表す表現である。

一方のニュー・スピークとは、新語法とも言われ、思考の単純化と思想犯罪の予防を目的として簡素化して作られた新語のことである。

この2つの手法の目的は、事実と反対の言葉を使うことや、遠回しで曖昧な表現や言葉などをつくり、事実とは反対の認識を受け手に与えることである。

ジョージ・オーウェルの小説の例を挙げると、ダブル・スピークは、「戦争は平和である」、「自由は従属である」、「無知は強みである」などである。ニュー・スピークは、政府の省庁の例で「平和省を、実際は平和のために軍隊を統括する省庁」、「真理省を、実際は党の政策と意向に忠実に従い党員や国民の思想や行動を管理、プロパガンダや宣伝を行う省庁」、「愛情省を、実際は国民の監視・逮捕や党への愛情がない反体制分子を取り締まる警察権を持つ省庁」などである。

中国共産党が作り出した特徴的な造語の例

中国共産党が用いてきた言葉や作り出したその特徴的な造語の例を紹介する。

①「**社会主義市場経済**」とは、西側の「資本主義市場経済」に対して、中国共産党による社会主義支配の中で、矛盾する市場経済を部分的に導入する新しい手法のことである。

②「**全過程人民民主主義**」とは、西側の「民主主義」に対して、習近平政権による中国特有の民主主義のことを示した新語で、共産党の指導の下の民主主義の統率のことであり、西側民主主義国家で言われる共産党一党のコントロール下の民主主義とはまったく異なる概念である。中国が独自に作り出した民主主義の優れた体制ということである。

③「**愛国者による香港統治**」とは、実質上は「共産党による香港支配」を香港特別行政区に適用することであり、香港の議会選挙において共産党の意向に沿わない候補者の立候補を妨

げるものである。

④「**新時代の中国の特色ある社会主義思想**」の「新時代」とは「習近平時代」のことを意味し、習近平総書記の提唱する社会主義思想のことであり、毛沢東以来の共産党の新しい指導者の時代を示している。

⑤「**人民解放軍**」とは、実質的に「共産党の軍隊（紅軍）」であり、もともと中国共産党を守ることが第一義であり、共産党が支配する国家を守る軍隊である。

⑥「**人民民主主義独裁**」とは、中国共産党規約の総則と中国国家憲法の序文に示されているが、共産党一党の指導の下の民主主義としており、西側民主主義の民主主義の概念とは異なる。

⑦「**新疆ウイグル職業技能訓練センター**」とは、２０１４年のウルムチ駅爆発事件後に対テロ戦争を掲げた習近平総書記の指導により、ウイグル族への大規模再教育施設を指している。

⑧「**香港は植民地になったことはない**」とは、中国の２０２２年からの新しい中高教科書の香港の歴史的位置付けを中国共産党が変更したものである。「香港は植民地になったことはなく英国は占領地として勝手に香港を支配した」とのことであり、「香港は従前より中国の領土で、香港が植民地となったことはない」という中国共産党の見解に置き換えている。ここには西欧帝国主義に植民地化された支配に対する屈辱の念と面子としても受け入れ難い面がみてとれる。中国では植民地となったという表現は使わず、租界や租借地（一定期間、他

国に貸し与えた土地）という表現を使う。

⑨「**共同富裕**」とは、毛沢東により使われ、現在は習近平政権の政策とスローガンとなっている。「皆が裕福になるという意味での共同富裕」であるが、私有財産を禁じられていく資本家層や有産階級層に対しては「共産主義に向かって皆が共同で裕福になるという理想を掲げる」ことで納得性を高めるとともに、一般庶民や無産階級層を団結させるスローガンとして大きな効果を発揮する。新たな富の分配方法として、資産家からの寄付の正当化や罰金に使われる。

⑩「**共産党の歴史総括**」とは、1945年の毛沢東時代、1981年の鄧小平時代、2021年の習近平時代の3回にわたり、共産党と国の歴史を改定したものである。3回目は習近平氏の功績を共産党の歴史に刻み毛沢東、鄧小平と同格としている。歴史の解釈を改定または追加し、共産党規約や国家憲法へ示していくものである。

⑪「**中国と米国による2カ国の大国外交**」とは、習近平総書記が頻繁に使用する言葉で、「中国と米国の2カ国で世界を二分する」意味が込められており、米国と対等に渡り合う中国の指導者としての習近平氏の位置付けと、世界の覇権を2カ国で分かち合う意図を含んだ発言の時に使われている。

⑫「**中国の夢**」とは、「中国の国家全体としての夢を実現させること」であり、米国の「アメリカンドリーム」とは違い、まさしく全体主義に立った考え方と個人に立った考え方の違い

である。習近平総書記は国民に対して、この言葉を都度発信し人民を鼓舞している。しかし、米国人は奇異な念を抱く人も多い。「個人の幸せに根ざした夢」と「国全体への共産党の目的に根ざした夢」の違いで、米国での定義の個人の夢の実現（アメリカンドリーム）と大きく異なるため違和感を覚える米国人も多い。米国人には、「国家の夢を実現させるために、国民全員で頑張ってください」と投げかけているように聞こえる。

このような一見納得感はあるが、矛盾するような言葉は、特に西欧民主主義国家の人たちには受け入れがたいものとなる。したがって、根本的には双方はなかなか相容れない。しかし、中国共産党の政策やスローガン、プロパガンダを中国共産党側に立って考えると、交渉などにおけるお互いの齟齬が明確になり、このような正反対の言葉の意味や隠れた意図の深い理解に役立ち、今の中国を客観的に捉えることができるようになる。

ダブル・スピークとニュー・スピークが後戻りできない統制管理へ

その他の専制国家では、ロシアがダブル・スピークとニュー・スピークの罠に陥りはじめ、さらなる監視統制を強化してきたと言える。

ウクライナ侵攻後のウクライナとロシアの実際の戦争である。イギリス国防省発表では侵攻開始からの1年間でロシア側死傷者17万5000人から20万人、ウクライナ防衛省発表では2023年3月末ではロシア側死傷者16万人以上に対して、ロシアは「戦争」とはあくまで言及せず、「特殊軍事作戦」であると言い張る。特殊軍事作戦はダブル・スピークそのものである。また、プーチン大統領の唱える「ネオ・ナチとの戦い」、「ロシア人とウクライナ人の歴史的一体性論」も、この特殊軍事作戦の大義名分として、ニュー・スピークそのものである。

専制主義国家では、上記のようなダブル・スピークとニュー・スピークが頻繁に出されはじめるようになると、このような後戻りできない統制管理に進む可能性が高くなる。そのため、その政策やスローガンの真意を正確に掴み、早期にその国のカントリーリスクを把握し対処することが大切である。

第11章

根本的に相容れない価値観とイデオロギー

米中対立は不可避であり、不可逆的に進む

米中の亀裂は今後益々大きくなり、複雑になるとともに多くの場面で衝突を繰り返すこととなる。

現在の米中の衝突の構造を、以下の4つの階層に分類して捉えると理解が進む（巻末の図解3「米中4つの衝突階層と争点」を参照）。

Ⅰ．「価値観とイデオロギー」の衝突：相容れない不可侵の価値観を守る
Ⅱ．「軍事的安全保障」の衝突：国と国民の生命・財産を守る
Ⅲ．「経済的安全保障」の衝突：生活に不可欠な経済活動を守る
Ⅳ．「世界的社会課題」の衝突：国を超えた社会的課題、地球環境を守る

「価値観とイデオロギー」の衝突

価値観とイデオロギーについては、中国の専制主義国家体制が続く限り、または、米国建国以来の政治体制が崩壊しない限り、将来にわたり米中に妥協の余地はほぼない。したがって、この米中の衝突は果てしなく続くものとなる。

米国が掲げる価値観とイデオロギーの根幹は、

①自由（Freedom、Liberty）
②民主主義（Democracy）
③人権擁護（Human Rights Protection）
④法の支配（Rule of Law）
⑤ルールに基づく国際秩序（Rule-based International Order）

の5つであり、前述のような中国共産党の価値観とイデオロギーの概念とはまったく異なる。

この5つは、米国の建国以来の譲れない民主主義と価値観であり、米国の大統領や政権が代わろうとも政策は変わらない。「米国国民から奪うことのできない不可侵の価値観を守る」ために戦うことになる。バイデン大統領の一般教書演説のように、中国は米国に挑戦する敵として、価値観とイデオロギーの戦いを明確に表明している。

この価値観とイデオロギーは、米国にとっては根幹であり、特に下記の争点は中国との交渉による合意形成は難航を極める。

米中の争いの火種は、

①国際仲裁裁判所の裁定非遵守（南シナ海など）
②チベット自治区の問題（人権問題、宗教抑圧など）

③内モンゴル自治区の問題（民族言語教育の抑制など）
④新疆ウイグル自治区の問題（インターンメント収容施設／職業訓練施設、米国の新疆ウイグルジェノサイド認定など）
⑤香港問題（一国二制度違反、人権問題、選挙制度変更など）
⑥台湾問題（一国二制度に対する威嚇など）
である。

中国側の主張は、「米国による内政干渉」として、以上の争点さえも一切受け入れない姿勢である。

その主張は、

「米国や西側諸国が国際世論を代表しているというのは大きな間違いである。」

「米国は世界の代表ではない。米国が普遍的な価値や国際世論を語る時は、その前に米国自身がその問題を抱えていることをよく考えるべきだ。」

「世界の圧倒的多数の国々は、米国が提唱する普遍的な価値観や米国の意見が国際世論を代表しているとの認識はない。」

「米国が代表するのは米政府についてのみだ。」

「米中は異なる民主主義であり、米国流を他国に押し付けてはならない。」

「米国と違い中国共産党は人民から多大な支持を得ている。」

「米国が唱える価値観やイデオロギー、ルールに基づく国際秩序は世界には通用しない。」

「米国には米国式の民主主義がある、中国には中国式の民主主義がある。」

「米国が直面している人権問題は根深い。ブラック・ライブズ・マター運動（黒人の人権尊重）のように米国の方が深刻な問題である。」

という、まったく相容れない内容である（２０２１年3月18、19日に米国アラスカ州アンカレッジで行われた「米中アラスカ・トーク」から。以下同じ）。中国は、国内制度、領土や人権問題などについては、外国からの中国への内政干渉にあたり、「超えてはならないレッドライン」であるとの反論と主張に終始する。

「軍事的安全保障」の衝突

軍事的安全保障については、米国は軍事的安全保障をもとに同盟国・パートナー国を拡大しているが、中国は先にパートナー国と経済関係を緊密にしつつ安全保障においても関係を拡大している。米国は価値観・イデオロギーを重視してパートナー国を広げるのに対し、中国は経済を優先し並行して軍事的安全保障につなげている。

米中の軍事的安全保障上の衝突事項は、
①領土問題・軍事基地拡張
②周辺国への威嚇
③核兵器開発、軍備拡張
④秘密工作活動
⑤サイバー攻撃
などとしてまとめられる。

中国側の主張は「米国は、軍事覇権をもとに国家安全保障の拡大適用をしている」として、互角に争えるように軍拡を行い、「中国は、パートナー国とは経済優先の関係を深める」としている。

その主張は、

「冷戦時代の考え方やゼロ・サムゲーム的なアプローチを捨てなければならない。」

「米国は世界各地域で、その権力の行使や抑圧、軍事や金融覇権の下に国家安全保障の拡大適用、貿易活動の阻害など、中国に対し攻撃を仕かけている。」

「日本と韓国は中国にとって第2位、第3位の貿易相手である。」

「今や東南アジア諸国連合（ＡＳＥＡＮ）は欧州連合（ＥＵ）と米国を抜き、中国の最大の貿易相手である。」

「中国はインド太平洋地域のすべての国々と健全な関係を築く。」であり、軍事では米国に対抗して自国の戦力を増強し、経済関係で中国のパートナー国を拡大する。

「経済的安全保障」の衝突

経済的安全保障については、米国は経済に対しても安全保障上のルールを厳格化し軍事技術や先端技術など敵国への防衛を進める一方で、中国は世界最大の貿易国として広域経済圏構想(一帯一路)などによる中国独自の経済圏の形成を進める。

米中の経済的安全保障上の争点は、

①関税、禁輸措置
②制裁問題
③世界貿易機関(WTO)不履行
④先端技術漏洩、軍事転用
⑤知的財産問題

⑥一帯一路による途上国債務問題

などとしてまとめられる。

中国側の主張は、「利益優先、経済を最優先するべきで、米中でウィン・ウィンになればよい」として、「西側のルールや価値観を押し付けないこと」としている。

その主張は、

「米中両国間の競争は、経済的側面に焦点をあてたものとするべきだ。」

「経済的摩擦については合理的なやり方で対応し、ウィン・ウィンの成果を追求することが大事だ。」

「米国企業は中国に進出することで利益が得られる。中国には計り知れない機会がある。よって米国企業は中国に留まっている。」

「中米関係は、習近平主席が言ったように、対立せず、衝突せず、互いに尊敬しあうウィン・ウィンの協力関係を築くことが重要である。」

「サイバー攻撃する能力や配備する技術については、米国ほど世界に長けている国はない。この問題については米国が他国を責めることはできない。」

であり、価値観優先と利益を優先する米中の違いが明確に示されている。

「世界的社会課題」の衝突

世界的社会課題については、バイデン政権は中国との交渉がある程度進展するのは「気候変動対策」と「パンデミック問題」に限られてくるとの見解を示す。

気候変動では、中国が最大の温室効果ガス排出国であり多くの面で協力が可能であり、パンデミック問題ではその起源調査以外での世界保健機関（ＷＨＯ）を通じた協力が進む。

将来的には、米国としては国際支援活動として「自然災害対策、エネルギー問題、食料問題、その他医療、教育問題」など、米中両国で協力体制を作りたいと考えているが、社会問題解決においても「価値観とイデオロギー」の違いが露呈するケースが増している。

２０２０年初頭からの世界的なパンデミックに対しての中国による「必須医療品の供給停滞（マスク、ゴーグル、防護衣服など）」、関係緊密化のための「ワクチン外交」、新型コロナウイルス再調査や起源調査での「中国国内への査察調査拒否」など、相容れない価値観の違いが社会問題解決の場面でも水を差す。

オバマ政権時代は「世界的社会課題解決」を重視する傾向が強く、トランプ政権時代は「経済や貿易関係」を重視する傾向にあったが、「価値観とイデオロギー」に対しては米国の根幹であり政権が代わってもスタンスの変更はなく妥協の余地はない。

特にバイデン政権ではこの根幹となる「価値観とイデオロギー」の考え方が、すべての米中交渉時の議題に上がるようになり、暗礁に乗り上げることが多くなっている。

根底にある「価値観とイデオロギー」の対立は、根深いとともにお互いの緊張関係を増幅させている一番大きな問題である。

第12章

グローバルサウスの盟主を狙うインド

中国の一帯一路による債務問題に切り込む

中国の次に覇権国家になる可能性を秘めている国は間違いなくインドである。
２０２３年には、インドの人口は中国を抜き14億人以上の規模で、世界１位の人口となる見込みである。[※1]インド太平洋地域における２つの大国であるインドと中国は、隣国同士であることもあり、これまでも大小の国境紛争を幾度となく繰り返している。そして、直近においては、顕著なほどにその覇権争いに拍車がかかる。

露骨になる中国とインドの覇権争い

特に主要20カ国・地域（G20）の会議において、中国とインドは、主要7カ国（G7）以外の「グローバルサウス（発展途上国や新興国などを意味し、経済的に豊かである国々を「グローバルノース」として対比）」の国々をそれぞれの味方につける戦略を実行に移している。２０２２年２月のロシアのウクライナ侵攻以降、G20は、共同声明を出せない状況が続く。G20の不協和音は即座に露呈しはじめ、ロシアのウクライナ侵攻によってその分断はさらに加速していく（巻末の図解9「米中覇権争いにおける第三極の形成」を参照）。

中国の王毅《ワン・イー》外相は、G20外相会合（２０２２年7月7日、インドネシア）の際に、アルゼンチンを新興5カ国のＢＲＩＣＳへ加盟させることを支持する声明を出す。中国は、G20においてG7

に対抗すべく、「アルゼンチン、メキシコ、ブラジル、サウジアラビア、トルコ、インドネシア」の6カ国に対し積極外交を仕掛け、会合を重ねる。

米国主催の「第1回民主主義サミット」(2021年12月9、10日に招待されなかったG20の国は、「中国、ロシア、トルコ、サウジアラビア」の4カ国である。中国は、この米国の恣意的な選定基準による「専制主義国的扱い」を受けた3カ国との関係をさらに強化し、G20の分断を図る(巻末の**図解4**「米主導『民主主義サミット招待国』と中国『北京冬季五輪外交参加国』の比較」を参照)。

このようにG20内の亀裂は深まる一方であり、中国とインドは、第三極を味方につける方策を激しく展開する。両国ともに、その中核に自国がなるようにそれらの国々に支持を得る戦略が露骨になっていく。米中覇権争いに加え、ロシアのウクライナ侵攻(2022年2月24日)により、G20は米中が覇権争いでしのぎを削る中、それぞれの同盟関係の亀裂が顕著になりはじめている。

中国の一帯一路による債務問題に切り込むインド

米国の恣意的な民主主義国の選定基準は、特にG20の亀裂を生み、東南アジア諸国連合(AS

EAN)・中東・アフリカ諸国の米国への不信感を増大させる結果になったことは否めない。特にG20の中の専制主義国（中国、ロシア、トルコ、サウジアラビア）はG7を嫌うようになる。同様な亀裂は、中南米や南太平洋島嶼国へも波及している。

さらに、米国寄りであった国々の中にも、米国からの内政干渉を脅威と感じるグローバルサウスの国々は、中国または経済力を増すインドとのつながりを強めたいとの力学が働く。

G20の亀裂からはじまる第三極の形成は、米中の覇権争いが過熱し新たな冷戦構造に進む中、インドにその優位性と中核になる機会と可能性を与えている。インドは、ロシアと軍事的にも密接な関係を持ち、米露とバランス外交を貫き、中立的立場で独自の外交路線を貫いている。

2023年のG20の議長国は、2022年のインドネシアに続き、インドとなる。

ロシアの「非友好国リスト」に挙がらなかったG20の国は9カ国で、「サウジアラビア、トルコ、南アフリカ、ブラジル、アルゼンチン、インドネシア、メキシコ、中国、インド」であり、インドは中国以外の7カ国との関係強化を急いでいる。

そして、米中の新冷戦によって機能不全状態に陥ったG20の中で、インドは混沌とする第三極であるグローバルサウスの国々に対し、中国の広域経済圏構想「一帯一路」の参加国に対する「負債と利子によるデフォルトや債務負担の大きさの問題点と改善」を提案し、中国の問題点を指摘する。

２０２３年２月のＧ20財務相・中央銀行総裁会議（２月24、25日、インド）では、インドのシタラマン財務相より「Ｇ20はグローバルサウスの声を聞く場である」との声明を出す。前年のＧ20財務相・中央銀行総裁会議（２０２２年２月、インドネシア）では、中国は「新興国の負債問題と利子の議題に関する提起」を拒否し、俎上に載せられない状態となっていた。

このようにインドは、中国に対する牽制とともに、債務問題の渦中にあるスリランカやアフリカ諸国などの当事国の支持を得る戦略に出る。インドによる負担軽減の提案の背景には、中国との債務問題を抱える多くのグローバルサウスの国々を一気にインド寄りに引き込む狙いがある。Ｇ20では、インドが債務問題で主導権を握りはじめ、発言力を一段と強めている。

２０２３年２月のＧ20の共同声明は見送られたが、議長国インドの議長総括にて「低・中所得国の債務脆弱性に対処する緊急性を認識する、債務の透明性向上の取り組みと民間債権者を含むすべての関係者による協働解決を期待する、スリランカの債務状況の迅速な解決を望む」との声明を出す。

インドのモディ首相も24日に映像でメッセージを寄せている。「世界で最も貧しい人たちに焦点を当てて議論してほしい」とも語り、途上国の債務危機などの解決に協力を呼びかける。

Ｇ20の２０２３年の議長国インドとしての大きなテーマは「ひとつの地球、ひとつの家族、ひとつの未来」である。将来、振り返った時に、グローバルサウスのリーダーが、インドに移行していくタイミングとしての大きな出来事と捉えられるであろう。

インドが将来グローバルサウスのリーダーになり、第三極を形成し中国の覇権を脅かし、米国と対峙するような「インディア・アズ・ナンバーワン」になる可能性が広がる。そして、第三極を形成する動きを見せるインドにとっては、米中の二極化に対し、インド太平洋地域では日本との連携が欠かせない。良好な日印関係は日本のチャンスを拡大する。

米露双方と絶妙なバランスを保つインドの外交

インドの外交方針を振り返る。インドは現在でも、米国とロシアに対して、上手に外交的バランスを保つ戦略を示す。これは、インドの歴史的な外交政策に起因している。旧英連邦の植民地支配に対するトラウマは、現在も色濃く残っている。

第２次世界大戦後の独立を経て、１９４８年、当時のネルー首相は「インドは東西両陣営に加わらない外交戦略」という政策を示す。根本的な外交戦略として、インドは「非同盟主義」を掲げた。インドは米ソ両陣営に加わらず、中立を守った第三極を形成していき、平和を実現しようとする考え方と外交戦略である。

しかし、現実的に非同盟主義を貫くことは難しく、1960年代に入ると提唱者のネルー首相自身が、非同盟政策を破棄することになる。

1959年のチベット問題（1951年人民解放軍がラサ進駐、1956年チベット動乱、1959年ダライ・ラマ14世のインド亡命など一連の印中問題）に端を発し、印中関係はさらに悪化していった。1962年には中印国境紛争が起こり、現在も小規模な紛争と緊張関係は続いている。ネルー首相は米国に支援を要請、非同盟主義を放棄した。

しかし現在のモディ政権でも、この当時の建国以来の「大国に寄らない非同盟主義の基本的スタンス」の名残があり、米露（ソ連崩壊後ロシア）とバランスをうまく取ろうとしている。このようなインドの非同盟主義は、複雑に「米中露関係」と絡み今に至る。

現在に続く「インドとロシアの緊密な関係」の背景について述べる。インドとロシアの密接な関係は冷戦期にまで遡る。

第2次世界大戦後、インドと隣国パキスタンは、熾烈な戦争を繰り返してきた。第1次（1947〜48年）、第2次（1965年）、第3次（1971年）と、3度のインド・パキスタン戦争が行われている。第1次と第2次はカシミール紛争、第3次はバングラデシュ独立に際して勃発した。

一方1950年代後半より、同じ共産圏でも中ソ対立が激しくなり、インドの敵国のパキスタンを中国が支援した。インドは、主に「パキスタンとは度重なる国境問題」、「中国とはチベット問題、国境問題」を抱えていた。

1959年3月に独立を目指したチベットの反乱は、中国に鎮圧される。反乱の中心にいたダライ・ラマ14世は、米国の支援を受けインドに亡命する。

その後、インドと中国は、1962年10月の大規模な武力衝突に発展。インドは敗退する。中印は約3500キロメートルの国境が画定していない。中国が1964年に核実験に成功したことによってインドは窮地に立たされる。そして先に述べたように、インドは「非同盟主義」を破棄し、中国の敵国のソ連にも支援を仰ぐことになる。

ソ連に接近の背景に米中関係の緊密化

インドとパキスタンの繰り返される激しい戦争と中国との国境紛争は、インドとソ連との関係を緊密化させる方向に導いた。1957年2月の国連安保理において、米英豪キューバ4カ国によるインドに不利な共同決議案「カシミールへの国連軍派遣決議案」に対して、ソ連はインドの味方となり拒否権を行使してくれた恩義もある。

現在の印露パートナー関係の背景は、インドとソ連が1971年8月9日当時に締結した「印ソ平和友好協力条約」がベースである。この印ソ連条約は、「印ソ連の平和・進歩・繁栄に向けたパートナーシップ」とも言われる。全文12条、条約期限20年。相互の永続的な平和と友好を約束し、外交、経済、科学その他広範な分野での協力をうたっている。

同条約が軍事同盟であるとの西側の非難に対しては、当時のガンジー首相は「第4条でインドの非同盟を確認している」との声明で弁明した。条約締結の背景は、「印パ関係の悪化」、「ニクソン政権による米中関係の大転換と緊密化」、「中ソ問題の険悪化」などが挙げられる。その後のインドは、ソ連の協力を得て1974年5月に地下核実験を行い、世界で6番目の核保有国となる。

1979年のソ連のアフガニスタン侵攻に際し、1980年1月に開かれた国連総会の緊急特別会合ではソ連を事実上支持する。

1991年には条約再延長の処理が論じられたが、米ソ冷戦の解消とともに、印露関係は現状維持とし、曖昧なままにした。その後の米中の緊密な関係は、インドをソ連寄りの戦略に大きく変えていく。ソ連崩壊後ロシアがこの条約を引き継ぐことになり、インドは米国よりロシアとのつながりを深めることになる。実質上この条約は、ソ連からインドへの武器の輸出や軍事技術協力となって現在のロシアに引き継がれている。

ソ連のアフガニスタン侵攻（1979～89年）や、米国同時多発テロ（2001年）後では、米国はパキスタンとの関係を深めていく。ソ連崩壊後は、米中の関係緊密化が進み、インドにとって米国は頼りにならない存在となっていた。

アフガニスタン戦争（2001～21年）、イラク戦争（2003～11年）により、米国はパキスタンとの関係をさらに深める。1998年にパキスタンは核実験を行って核保有国になり、印パ関係はさらに悪化する。

インドにとっては、「強力な敵国のパキスタンと中国が、米国と仲良くする」のは見ていられない。この状況は、2021年までしばらく続くことになる。

2大大国とのバランスをとる非常にしたたかな外交戦略

2021年12月6日、プーチン大統領とモディ首相は、ニューデリーにて対面で首脳会談を行い、強い握手とお互いを抱擁する姿を世界に示す。

米国とはQuad（クアッド：日米豪印戦略対話、2021年9月24日）でパートナー関係を持ち、ロシアとは印ソ平和友好協力条約の改定（2021年12月6日）でパートナー関係を強化する。米国をはじめとする西側諸国は、印露の急接近は意表を突かれた感覚になる。

米国主催の民主主義サミット（2021年12月9、10日）を数日後に控える中、インドとロシアの緊密化が進む。民主主義サミットにインドは招待されており、ロシアは非招待であった。インドは、主にクアッドで米国と仲良くし、印ソ平和友好協力条約でロシアと仲良くする。2大大国とのバランスをとる戦略である。モディー・インド首相の非常にしたたかな戦略である。

印ソ平和友好協力条約の改定の主な内容は、「印露10年間の軍事・技術協力」、「ロシアと1994年以来の軍事技術協力を2031年までの新たな10年間へ」、「RELOS条約（互いの基地・後方支援施設使用を認める条約）は交わさず」である。

実質的な目的は、対中国での国境紛争時の大幅な武力増強を意図し、インドの軍備の最新鋭化である。軍備の最新鋭化に関しては、ロシア製の「S－400（最新長距離地対空ミサイル防衛システム）」、「AK－203アサルトライフル（AK－47以降の最新突撃銃、マイナス50度でも稼働、ヒマラヤ寒冷地用）購入とインド生産ライセンス（60万丁）」、「Su－30MKI戦闘機」、「T－90C主力戦車、T－72M1戦車」、および「平和利用を目的とした宇宙開発研究」が主な協力内容である。

経済では、両国間貿易額を2025年に現在の3倍以上の300億ドルへ拡大（28の投資協定と原油供給を含む）する内容である。

２０００年から２０２０年にかけて、インドが外国から輸入した兵器のうち6割強がロシア製である。２０２０年のロシアからの兵器輸入額は約10億ドルである。[※2]

米ソ冷戦終結後、インドは兵器調達先の多様化を図る。米国、フランス、イスラエル製も増えている。しかし既存の兵器のシステム、メンテナンス、弾薬、補充部品の調達など、ロシア頼みの状況を変えることは容易ではない。モディ首相は２０２２年8月15日、旧英連邦からの独立記念日の演説でも、インドは外交で最大の武器調達先であるロシアとの関係を保つことを明言している。インドは非常にしたたかな外交戦略を進めている。

米印の不信感の中でのクアッドの成立

インドは、敵国パキスタンと中国へ支援してきた米国に対しては、冷戦以降も距離をおいた外交戦略であった。米印関係はお互いに不信感があり、冷え込んでいたと言える。

しかし、クアッドの成立は、米国にとって「インドをアジア太平洋地域の包括的パートナーに取り込む」ことが初めて叶ったことになる。米国は安倍晋三氏の死去に際し、大統領声明、国務長官声明で、安倍氏の「自由で開かれたインド太平洋構想」と「クアッド成立への貢献」を特に賞賛している。

米印の軍事的安全保障は、主に敵国中国に関するものは、限定的には続いていた。

米ソ冷戦終結後の米印の安全保障関係は、１９９２年から始まった海軍共同演習「マラバール」である。マラバール演習は１９９２年に米印２国間の演習として始まり、２０１５年より日本が加わり、２０２０年11月にオーストラリアが参加、クアッドすべての加盟国が加わる。初回演習以降、米印間では、約10年で60回以上の共同演習を行うようになっている。インドにとって、中国のアジア太平洋地域での積極的な海洋進出と一帯一路戦略による脅威が年々増し続けているためである。

また、クアッドの成立前に、４回にわたって「外務・防衛担当閣僚協議（２プラス２）」が行われ、米印の限定的な軍事協定は以下のように結ばれている。

①軍事情報に関する包括的保全協定（ＧＳＯＭＩＡ）
②燃料補給や修理のため相手国の基地に入ることができる協定（ＬＥＭＯＡ）
③米国の通信システムを利用して情報共有する通信互換性保護協定（ＣＯＭＣＡＳＡ）
④衛星画像などの情報の相互提供協定（ＢＥＣＡ）

２０２０年10月にＢＥＣＡが加わり、巡航ミサイルの精度向上と国境周辺における中国軍の動静把握などを対象にする。さらに戦闘機、対潜ヘリコプター、巡航ミサイル迎撃用対空ミサイル、無人海上哨戒機、ミサイル防衛システムをインドに供与することで合意している。

以上のように、米国とインドの安全保障の背景や経緯は複雑で、「非同盟を底流とするインド」、「対中露戦略を早めたい米国」、「両国の敵の敵は味方」の狭間で揺れ動いてきた。実質的にはインドは米国とロシアの双方と軍事協定を結んでいるのである。

米印の不信感を埋めるクアッドにおける日本の役割は大きいものがある。

米印の不信感を埋める日本、インドと日本の共通の思い

米国と豪州だけでは、非同盟主義を底流とするインドをクアッドの包括的枠組みに引き入れることは難しかった。あらためて安倍氏と日本の役割は大きいと言える。

今までインドは、米国とロシアともに、クアッドのような包括的な枠組みの協定は結んでいない。前述のように実質的にインドは、米国とロシアの双方と限定的な軍事協定を結んでいる。ロシアとは「印ソ平和友好協力条約」という立て付けで、軍事的色合いを隠しているが、紛れもない軍事協定である。米国とは「外務・防衛担当閣僚協議（2プラス2）」という立て付けで、限定的な軍事協定を結んできている。いずれも実質的には軍事同盟であるが、インドとしてはむし

ろ防衛に特化した消極的なパートナー関係であった。

しかし、クアッドではじめて包括的な枠組みにインドは参加することになる。日本とインドとの関係は、政治的にも経済的にも非常に深い。クアッドが防衛面だけにとどまらず、インドの欲する経済や将来の先端産業・技術に至る広範な道筋を含むことを示した意義は大きい。インドが実際に必要とする軍備以外の重要なものを含むことが決め手となる。

クアッドの協力内容の「平和と安定」、「新型コロナウイルスとグローバルヘルスの安全保障」、「強靭で健全なインフラ構築」、「気候変動対策」、「サイバーセキュリティー」、「基幹となる先端技術」、「ＳＴＥＭ（Science、Technology、Engineering and Mathematics）技術に関する米国留学奨学金制度」、「宇宙空間」、「海洋安全保障」、「人道支援と災害支援」では、日本が貢献できる内容が非常に多く、多岐にわたっている。

日本の重要性が増している。

第12章：参考文献と情報の出所

※１　国際連合、「世界人口推計２０２２」

※２　ストックホルム国際平和研究所：ＳＩＰＲＩ

第13章

ABCD包囲網を彷彿する「新冷戦の戦国マップ」

米・中双方のブロックが角突きあう

世界規模での急速な地政学的変化がはじまる。

米国は2021年のバイデン政権発足後、中国を最大の敵とし、「同じ価値観・イデオロギーを共有する民主主義国家」の同盟・パートナー関係を急速に強化する。

米中覇権争いの状況を巻末の図解10「米中覇権争いの『新冷戦の戦国マップ』」にまとめた。横軸は「民主主義」と「専制主義」、縦軸は「軍事」と「経済」として分類している。

米国による軍事・経済ブロック形成

米国は、「民主主義国家を束ね、軍事的安全保障をベースに経済安全保障へ拡大」していく戦略である。

軍事的安全保障では、第2次世界大戦後の米国の主な同盟・パートナー関係は、「Five Eyes（ファイブ・アイズ）」、「北大西洋条約機構（NATO）」、「日米同盟」、「米韓同盟」、「米比相互防衛条約（米比条約）」、「台湾関係法」である（巻末の図解13「米中の国家安全保障戦略（軍事・経済）と優先度」を参照）。

2021年以降は「新大西洋憲章」、「ファイブ・アイズ」、「主要7カ国（G7）」の3つを核とし、欧州の「NATO」と「インド太平洋地域の同盟国との連携」と日米豪印の戦略対話の枠組み「Ｑｕａｄ（クアッド）」、米英豪の安全保障同盟「ＡＵＫＵＳ（オーカス）」が加わる。

経済的安全保障では、「ＵＳ－欧州連合（ＥＵ）ＴＴＣ（米国－ＥＵ貿易技術評議会）」、インド太平洋地域では「ＩＰＥＦ（インド太平洋経済枠組み）」と「ＰＢＰ（太平洋島嶼国協力パートナー）」を加え、「ＥＵ諸国・インド太平洋諸国・南太平洋島嶼国」のパートナー関係を構築する。さらに、中国主導の広域経済圏構想「一帯一路」へのＧ７の共同対抗構想として「ＰＧＩＩ（グローバル・インフラ投資パートナーシップ）」を展開する。

２０３０年にはアジアの世界経済に占めるＧＤＰの割合は50％を超える勢いになり、インド太平洋地域への拡大が急務となる。インド太平洋地域は米中覇権争いの草刈り場となっている。民主主義的価値観・イデオロギーでの対立は、政治的・経済的デカップリング、局所的地域紛争という対立構造に発展しはじめている。価値観・イデオロギーでは、「民主主義サミットにより、同じ価値観を共有する国を拡大する戦略」である。

中国による軍事・経済ブロック形成

中国は、「専制主義国家（ロシア、北朝鮮、イラン）との軍事的・経済的安全保障を拡大」していく戦略である。

中国と同様な専制主義国家とは、軍事的安全保障と経済的安全保障を含む包括的な同盟関係を推し進める。「中露善隣友好協力条約」、「中朝友好協力相互援助条約」、「中イラン安保経済協定」の3つを核に拡大していく戦略である。

さらに、地政学上重要な地域にある南太平洋島嶼国のソロモン諸島と「中国ソロモン安全保障協定」を締結、米国とオセアニアのオーストラリア、ニュージーランドとの分断を図る。

米国は、「中国ソロモン安全保障協定」への対抗として「PBP」を立ち上げ、中国の南太平洋島嶼国への浸透を阻害する。


中国が主導する「上海協力機構（SCO:中国・ロシア・カザフスタン・キルギス・タジキスタン・ウズベキスタン・インド・パキスタンが加盟）」の軍事的・経済的安全保障は比較的緩やかであるが、2023年よりイランが加わることになり、ベラルーシは加盟申請を行っており、さらなる拡大を図る。

上海協力機構には、米国が民主主義国家と見なし第1回民主主義サミット（2021年12月）に招待したインド、パキスタンが加盟しており、米中とインド、パキスタン各国の微妙な駆け引きが水面下で行われている。

中国は、経済的安全保障として「新興5カ国のBRICS」、「一帯一路」、「東アジアの地域的な包括的経済連携（RCEP）」の拡大を図る。

BRICSの構成国のインド、南アフリカ、ブラジルの3カ国は、民主主義国家であるが中国との経済的結びつきが深い。中国は、BRICSへの多額の資金支援を行っており、中国主導でBRICS銀行（新開発銀行）など金融機関を設立、国際通貨基金（IMF）の補完や代替も視野に入れ、主導権を握り新たな新興国の加盟拡大を図る。

2022年6月にイランの加盟申請を受け付けている。また、20カ国・地域（G20）外相会議（2022年7月7日、インドネシア）の際に、中国の王毅外相より、アルゼンチンのBRICS加盟を支持する声明を出す。

ロシアのウクライナ侵攻は「新しい枢軸国形成」の危険性

ロシアのウクライナ侵攻により、新たに軍事的基軸になる強固な「枢軸国」が形成されつつある。

この言葉は、第2次世界大戦前、ムッソリーニが「ベルリン－ローマ枢軸（ドイツとイタリアの強固な関係）」と呼んだことに由来する。1936年10月に締結されたナチス・ドイツのヒトラーとイタリア・ファシズムのムッソリーニによる協力関係である。

その後第2次世界大戦がはじまり、連合国の敵国という意味で使われるようになった経緯がある。

当時は、イタリアのエチオピア侵攻（1935年10月、第2次エチオピア戦争）、ナチス・ドイツのオーストリア併合（1938年3月）、チェコのズデーテン地方併合（1938年10月）、ポーランド侵攻（1939年9月）などを契機に戦争が拡大していった。その後、日本が加わり「日独伊・三国同盟（1940年9月）」を基軸に、ハンガリー、ルーマニア、ブルガリアの東欧諸国やフィンランドなどがかつての枢軸国の仲間に入る。

1929年当時、世界大恐慌を経て資本主義の行き詰まりと失望が広がり、意見の対立による国内分裂が加速、民主主義の脆弱性に疑問を持つ国々が増加した。

米国から起こった恐慌の波は、瞬く間に欧州や日本を飲み込み、資本主義への幻滅がひろがる。労働者たちの間ではファシズムや社会主義の方が資本主義や民主主義よりましである、という風潮になる。その後、全体主義やファシズムによる国家統制、軍国主義による領土拡大などにより、資源と市場を求めて戦争が拡大していく。

ロシアのクリミア半島併合（2014年3月）とその後のドンバス地域紛争、ロシアの本格的なウクライナ侵攻（2022年2月）、ウクライナ4地域のロシア併合宣言（2022年9月）がキッカケになり、戦争拡大の危険性をはらむ。**図解10**の「米中覇権争いの『新冷戦の戦国マップ』」のように、「ロシア・中国・北朝鮮・イランの4つの専制国家軸」対「G7＋EU・NATOを中核とする民主国家軸」の軍事ブロック化と対立がはじまる。

米国主導の経済ブロック化と「ABC＋EQブロック形成」

軍事ブロック化と並行して、経済ブロック化も急速に進行しはじめる。**図解10**の下半分の経済的関係に示すように、米国はG7連携を核に、欧州とは「US－EU TTC」、インド太平洋地域では「IPEF」と「PBP」による経済のブロック化の方向に進んでいる。

これは、第2次世界大戦時の日本に対する経済包囲網であった「ABCD包囲網（米英中蘭による経済封鎖）」を彷彿《ほうふつ》とさせる。日本に代わり現在は、中国に対する経済的包囲が水面下で着々と進みはじめており、「ABC＋EQブロック形成（米英加＋EU＋クアッドの日豪印による経済的包囲）」が形成されつつある。

しかし現在の中国は、かつての日本とは比較にならないほどの経済力を有し、世界貿易の中心的役割を果たしているため、この米国主導の包囲網は、時間をかけてでも実行に移されるとみられる。

米国通商代表部（USTR）は、度重なる中国の世界貿易機関（WTO）の約束不履行とその遵守状況を批判し、新たな対抗戦略の必要性を唱えている。

WTOは実質的に機能不全に陥っており、新たな仕組みの「US－EU TTC」と「IPEF＋PBP」を設立し、価値観を共有する主に民主主義国家による経済連携を強化する方向に動いているのが実情である。

将来的に米国は、RCEP、環太平洋パートナーシップに関する包括的及び先進的な協定（CPTPP）に代わる経済連携ブロック試案として、「US－EU TTC」と「IPEF＋PBP」を連携させた枠組みづくりを図る。

第14章

日本が目指すべきポジショニング

再びチャンスが到来する地政学的蓋然性

この章では、米中の覇権争いの方向性を鑑み、主に現時点の米国、中国、日本の軍事・経済の複雑な関係と歴史的事実を踏まえて、今後の日本のグローバル・バランスと目指すべきポジショニングを考える。

米中新冷戦は日本に再びチャンスが到来する地政学的蓋然性

実は米ソ冷戦時代、いや、それ以前から「日本の高度成長と全盛期となる蓋然性」があったことを見落としてはいけない。

幸か不幸か、地政学的に、第2次世界大戦以降の日本は、特にアジアの民主主義と西側の共通の価値観を守る最前線に位置している。朝鮮戦争やベトナム戦争、台湾問題でも、日本は反共産主義から民主主義を守る最前線であった。

今日でも、北にロシア、北西に北朝鮮、西に中国という3つの強力で実質的に核を保有する軍事国家、しかも、領土拡大の野心を露骨に示す専制主義国家に囲まれているという事実があり、否定できない。この日本の地政学的に不利な状況は続き、ソ連がロシアのプーチン政権になり、中国が習近平《シー・ジンピン》政権になり、北朝鮮の金正恩《キム・ジョンウン》政権が日本海に向けてミサイル発射実験を繰り返すなど、再びアジアの周辺国を脅かし、その行動はエスカレートしている。

しかし、この圧倒的に不利な日本の状況は、逆に日本にとって良い方向に作用してきたことも事実である。

古くは、英国は東アジアでも、グレート・ゲーム（19～20世紀半ばまでの、当時の世界覇権国家の英露による中央アジア、中国、極東などの植民地争奪戦や覇権拡大、南下政策における抗争）でのロシアの覇権拡大、清朝末期の外国人排斥運動である義和団事件（中国の清朝時代の１９００年、北京などをはじめ大使館や領事館などの外国人が義和団に繰り返し襲撃される）、日露戦争（１９０４～05年）などで日本の協力を仰ぎ、日本への支援を行い、露中に対峙してきた。

このように19世紀から20世紀初頭の露中のアジア諸国への覇権拡大などに対し、現在の米国が主導する西側諸国はかねてより、日本への支援を積極的に行ってきた。

しかしその後、覇権争いの仲間入りを悲願とした大日本帝国は、国際連盟を自ら脱退（１９３３年３月）、世界から孤立していく方向に進む。１９４１年12月８日以降、米英をはじめとする当時の西側諸国に戦争を仕掛けてしまうことになり、敗戦後は国際連盟の敵国としていまもなお位置付けられているのが事実である。

敗戦後の現在の日本は、民主主義と西側と共通の価値観を有する国として70年以上にわたり、信頼を得るべく着実に努力してきている。過去の日本の代表的な同盟関係には、戦前の覇権国家の英国が、日本を東アジアの防波堤とした「日英同盟（1902年、1921年に日本のアジア覇権拡大に対して米国主導により破棄される）」、戦後の覇権国家の米国が、日本を反共の砦とした「日米安全保障条約（1960年改定）」を結び、日本との強固な安全保障関係を構築し、日本との同盟関係を優先している。

戦後は日本の経済的発展時にも、巨大な米国市場への自由度の高い進出ができ、日本が恩恵を受けたことは事実である。米ソ冷戦時代は、日本が全盛期となる地政学的な蓋然性を備えていたこともよくわかる。

世界的にも強力な日米の2国間関係

現在は、強固な軍事としての日米同盟に加え、新たな2国間の経済的枠組みである「日米経済政策協議委員会（EPIC、経済版2プラス2）」が加わった。

日米の経済協定のEPICに関しては、バイデン政権からの大きな期待に対し、日本での受け止め方はかなり小さい感が否めないが、「日本は日米安保に加え、米国と経済関係でのEPIC」があるという、世界的にも強力な日米の2国間関係になるのである。

ＥＰＩＣは今後さらに「強靭な経済の日米協定」に向けて醸成していくことが大事である。特に、この日米経済協定は過小評価や軽視をしてはならない。

さらに、歴史は繰り返すように、英国と軍事同盟である「日英円滑化協定（２０２３年１月12日）」が結ばれた。日米同盟ほど強固な軍事同盟ではないものの、実質的な軍事同盟であることには変わりなく、これも画期的な出来事として、将来振り返られることになると考えられる。

かつての日英同盟のように、対露中での日英の緊密化に進むことになり、憲法の軍事的縛りがある日本は強力な米欧との2国間関係が成立したことになる。さらに、英国を包括的・先進的環太平洋経済連携協定（ＣＰＴＰＰ：２０２３年3月31日承認、米国が抜けた後は日本が実質的なリーダー）に迎えたことは、今後の日英関係にも大きなフォローの風が吹く。

このような米英とそれぞれの強力な2国間関係を結び、地政学的な面を含めても、信頼を獲得しはじめた日本は、今後は決して驕《おご》ってはならない。この関係は将来にわたって慎重に醸成していくことが地政学上、本質的に理にかなっている。再度破棄されたり、反故にされたりするような関係になることは必ず避ける必要がある。

根底にある大きな流れに逆らうと、また大きなツケが後々の世代に残る。

米中新冷戦時代は、西側諸国である米英、欧州連合（ＥＵ）からの信頼も大きくなる。本質的に、中露のように強大な力を有し、覇権を争う隣国がアジアに存在する限り、米国をはじめとする西側諸国は、同じ価値観や民主主義の日本に信頼を寄せる。

一段、二段以上深く考えてみれば、米中冷戦構造は日本に再び大きなチャンスをもたらすことになる（巻末の図解14「日本の安全保障戦略（軍事・経済）と優先度」を参照）。

技術力強化のため「ＡＢＣＤ＋ＴＥＱ」包囲網が形成される

「ＡＢＣ＋ＥＱ（米英加＋ＥＵ＋Ｑｕａｄ（クアッド：日英豪印戦略対話））」による経済ブロックの次は、西側陣営の技術力による結束強化のための「ＡＢＣＤ（オランダＤｕｔｃｈのＤを追加）＋ＴＥＱ（台湾TaiwanのＴを追加）」により、専制主義包囲網へ進みはじめていることがわかる。

「ＡＢＣ＋ＥＱ」の根幹的な今後の経済ブロック構造の方向に、先端半導体分野をリードする「オランダ（Ｄ）と台湾（Ｔ）」の技術力がクローズアップされてくる。この方向性は、語呂合わせのようである点は否めないが、「ＡＢＣＤ＋ＴＥＱ（ＥＵにオランダは入っており重複するが、ＴＥＱはＴｅｃｈと発音同じ）」とすると覚えやすいかもしれない。

米中冷戦構造とロシアのウクライナ侵攻によって、技術やデジタル社会の根幹をなし「産業の米」と言われる半導体を皮切りに、軍事や宇宙開発に活用される技術は安全保障上さらに大事になる。

産業の技術力を有する日本の立ち位置と存在感は日に日に大きくなる。

非常に興味深いＡＳＭＬ（オランダの高性能半導体製造装置メーカー、半導体露光装置の世界シェア約8割、唯一の高性能なＥＵＶ（極端紫外線）装置はＡＳＭＬ1社のみ占有）のピーター・ウェニンクＣＥＯのコメントがある。

「幸か不幸かわからないが、技術力があってもほとんど無名のような当社ではあるが、米中の冷戦やロシアのウクライナ侵攻のようなサプライチェーンの緊急事態のおかげで、製品と会社名が世界に知られるようになったことは確かである。」（出所：オランダ公共放送、「Backlight ASML's Secret」、２０２２年などより筆者意訳）

ＡＳＭＬは今や先端技術分野では誰もが知る会社になった。

第5章で述べたように、台湾の半導体生産は世界の約6割を担っていると言われ、ロジック半導体に使用されるような高性能半導体チップの生産は台湾積体電路製造（ＴＳＭＣ）のシェアが約9割を占めている。

台湾の技術力の高さは、西側の安全保障にとっても大きな要となっており、その世界的貢献度は非常に大きい。また民主主義と共通の価値観を共有する国としての西側の期待度は絶大なものがある。

さらに、これから韓国が西側の歩調に合わせる方向に動くと、インド太平洋地域での技術的安全保障が強固なものとなる。先端技術的にもサムソン電子、SKハイニックス、ヒュンダイはじめ中核をなす技術を有する企業は多い。

たとえ今後、韓国の政権が左右に変わっていこうとも、2023年5月の日韓首脳会談での尹錫悦《ユン・ソンニョル》大統領と岸田文雄首相の「奥の深い日韓協力体制」は、歴史的に大きな一ページが開かれたことになる。

国内世論の反対と歴史認識は、韓国のみならず日本にも深い傷痕が多く存在し、お互いの隣国に対する遺恨は将来にわたって簡単に拭いされないものである。しかし、一段、二段、それ以上の深い見地からの日韓の協力は、お互いにとって、インド太平洋地域のみならず、世界のバランス・オブ・パワー（力の均衡）に大きく寄与し、お互いにとって大きなメリットをもたらす。

米国に促された新しい日韓協力関係と揶揄されることはあっても、この「韓国の英断」は、将来歴史を振り返った時に賞賛に値する一幕となるであろう。

バランス・オブ・パワーを世界的に築いていく上で、ヨーロッパの英仏独の3カ国の長い歴史的対立を乗り越えて進む姿（齟齬《そご》は常にあるものの、ヨーロッパ全体に責任を持って牽引する英仏独の関係）を見習い、まず、東アジアでは中韓台とは着実に乗り越えていかねばならない。中国との関係改善にはしばらく時間を要するが、アジアを牽引する日韓台の緊密関係の先行は今さらに重要になっている。

このように、まさしく日本の得意とする「半導体製造装置や素材産業」も、サプライチェーンの分断化や米国やEUの中国やロシアへの貿易輸出制限などで、その知名度や希少性が再評価され、知名度も向上し貢献度の認識も新たなものとなる。

今般は、日本はこの機会を正確につかみ、技術的にも経済的にも着実にこの信頼関係を揺るぎないものとしていくことが大切である。

日本にとっては正念場である。

地政学リスクを受けやすい日本のB2Cビジネス

「誰でも、どこでも買える」はまったく価値が薄いか、まったく価値がなくなる。

誰でもどこでも買える製品の価値は低い。特に冷戦時代は、軍事的な先端技術製品は、共産主義陣営とは当然デカップリングになった。日本の技術は、先に述べた「ココム規制」では対共産主義国への販売を制限されたが、その技術力の高さと技術力の価値と認知度は鰻《うなぎ》登りに向上したことは事実である。

今般の米中冷戦では、中国と親密国のロシアの軍事的脅威の増大により、専制主義陣営とのデカップリングが進むことは必然である。特に日本の産業の中核部品群の多くは、表に出にくいが、半導体製造装置や素材に代表されるように、専制主義国家は、喉から手が出るほど欲しがるものとなる。

「誰でも買える、どこの国でも手に入る時代」は価値が認識されなかったが、今や日本の技術力が再評価され、相応の高い評価がなされることになる。マイナス面ばかりではないことがわかるとともに、大きなアドバンテージであることがわかる。

日本は、憲法の縛りもあり、米中や西側の正式な軍隊を有する国々と比較した場合、軍事的な圧力はもちろん他国にかけられない。

したがって、日本は外国で日本製商品を販売する場合は、進出国の国民感情や政府の意向、その時々の日本との関係の悪化などにより、販売制限を受けた場合は、引き下がるしか手立てがないのが実情である。

特に外国でＢ２Ｃ（企業と個人の取引）の最終製品を販売する場合は、一気にその国の売上高がゼロになることが多くなる。かつて外国市場で大成功したＢ２Ｃ商品も、今や跡形もないケースは数知れない。


筆者も中国の上海や北京にいるときに、消費者保護デー（中国における一般消費者に対する毎年3月に行われる消費者保護週間、ある特定の外国製品へのバッシングやボイコットが起こる可能性が高い）や、日本との歴史関係における特異日などで、外国製品や日本製品のボイコット運動などを目の当たりにした。

米国駐在時の１９９０年代半ばでも、直接日本製商品が壊されたり、焼き払われたりしたことも記憶に新しいものがある。また、ミャンマーやイランなどで急速に国が閉ざされると、最初にその影響を被るのはＢ２Ｃ製品となる。


日本の物づくりは、このような地政学的な環境やグローバル市場のリスクを正確に捉えた上で、グローバル展開することは大いに役立つものとなる。

Ｂ２Ｃ商品のライフサイクルはその国の地政学リスクやカントリーリスクに直結するので、そのＢ２Ｃ商品自体の商品ライフサイクルにおいて、このリスクを常に考慮することが大切である。

半導体のバリューチェーンをはじめ、携帯電話の中身、航空機の素材、その他電機電子製品、インフラ設備構成製品など日本の強みを活かせる分野やビジネスユニットは多岐にわたる。

B2B（企業向け）に関しては、比較的表に出にくいことにより、そのアドバンテージを活かし、その屈強なビジネスモデルを構築する検討を抜け目なく実行してほしい。

日本の目指すべきグローバル・ポジショニング

日本に期待される役割などについて、各章で軍事や経済などのさまざまな視点から述べてきたが、この項では、日本の貢献として「日本の目指すべきグローバル・ポジショニング」の構図を概念図としてわかりやすくまとめた（巻末の**図解16**「日本の目指すべきグローバル・ポジショニング」を参照）。

この図は、筆者が米国での研究時、各ディスカッションの場において日本の今後の同盟やパートナー関係と立場や役割、ポジショニングをできる限りわかりやすいようにと思い修正を重ね、描き、説明してきたベースの概念である。

1枚で日本が主導的に動くようにまとめている。決して驕りではなく、日本が中心となって、世界的なバランス・オブ・パワーを担う方向感のみを示してみた。少しでも参考にしていただければ幸いである。

第15章

第3次世界大戦の扉が開く5つの条件

歴史に学び、教訓を活かす

米中新冷戦の構図を直感的に理解するために、参考までに、米ソ冷戦時代の世界の二極化の構図と比較する。

米ソ冷戦時代の対立構造は、「グローバリズムとナショナリズム」を横軸に、「民主主義と共産主義」を縦軸に分類するとわかりやすい（巻末の図解1「『民主主義と共産主義』による世界の二極化の構図」を参照）。共産革命を起こし、その革命を世界に普及させようとした「レーニンとトロツキー」は右下の象限に分類している。ファシズムと言われた「ムッソリーニとヒトラー」は左上の象限に分類している。

そして、新たな米中冷戦の構図を対比した（巻末の図解2「『民主主義と専制主義』による世界の二極化の構図」を参照）。鄧小平の改革開放路線を継承した「江沢民と胡錦濤」は右下の象限に分類している。習近平《シー・ジンピン》政権は、かつての毛沢東路線を踏襲し、改革開放路線から共産主義化の方向に逆戻りしており、左下に分類している。

トランプ政権は、「アメリカ・ファースト」の自国主義を掲げたナショナリズム政策のため、左上の象限に分類している。バイデン政権になって、右上の象限に戻っている。

大戦が起こる条件を整理

本書の最終章のまとめとして、下記に次の大戦が起こる条件の重なり合いについて整理する。米国が直接攻撃を受けない場合という前提で、米中新冷戦から第3次世界大戦へ突入する条件は、以下の5つが揃う時である。

①主要7カ国（G7）をはじめとする西側諸国に対し、新たな枢軸国同盟の形成
②長引くウクライナ紛争後の大量の余剰兵器
③新たな火種や火薬庫となる可能性の高い係争・紛争地域
④中国が追い詰められる時
⑤米国のプレゼンスが、インド太平洋地域から希薄になる時

①の「新たな枢軸国同盟」に関しては、既に世界では形成される最中にあり、危険な状況下にある。

世界のバランス・オブ・パワー（力の均衡）は崩れはじめており、米国が主導するG7・西側諸国とそれに対抗する軸として、「中国、ロシア、ベラルーシ、イラン、北朝鮮」などの専制主義国家の緊密化が一気に進み、反米対立軸を形成しはじめている。また、米国が専制主義国家としている20カ国・

地域（G20）構成国の中の「サウジアラビアとトルコ」は、中国とロシア寄りに動くことが多くなっている（巻末の図解10「米中覇権争いの『新冷戦の戦国マップ』」を参照）。

第三極として、前述のようにインドは2023年のG20議長国として、グローバルサウスの代弁を意図する（G7に対抗し、インドネシア、アルゼンチン、ブラジル、トルコ、南アフリカなど、新興5カ国（BRICS）の拡大とアルゼンチンのBRICSへの新規加盟、アフリカ・南米諸国の追随などを束ねるリーダー的な存在へ）声明を出しはじめる。実際、グローバルサウスと呼ばれる新興国の国々には、専制主義、全体主義、軍事政権、権威主義の国々が多く、中国寄りに動くか、インドを中心とする第三極のグローバルサウスに動くか微妙な時期にきている（巻末の図解9「米中覇権争いにおける第三極の形成」を参照）。

次に、②の「長引くウクライナ紛争後の大量の余剰兵器」として、ロシア‐ウクライナ戦争が長期化すればするほど、その余波による「その他の地域紛争への波及の危険性」が増す。ウクライナ支援を発端とした「北大西洋条約機構（NATO）や欧州連合（EU）をはじめとする西側」と「ロシア側（含むロシア支援国家）」の膨大な軍事費増大と、兵器の大量生産は、いずれ戦争が終結した時点で、その余剰兵器は一気に用済みになる。

戦争が長引けば長引くほど、各国の兵器の増産は続き、余剰在庫を抱えることになる。

また、ウクライナの実際の戦闘で使用される見込みであった大量の兵器が余る。

各国の肥大した軍産複合体は、その兵器生産を簡単に止められないばかりか、余剰在庫が積み上がる。

そして、その余剰兵器の第三国への流出は、新たな地域紛争を生み出す可能性が大きくなる。

米ソ冷戦時代も同様に、第2次世界大戦終了後は、朝鮮戦争、ベトナム戦争をはじめ、アフリカや中南米などの内戦などに余剰兵器が使われた。そのため、将来的に代理戦争（プロキシ戦争）と言われる大国の後ろ盾がある地域紛争が各地で起こる危険性が増す。

米ソ冷戦時代に使われた「共産主義によるドミノ現象（共産主義の第三国への拡大、新興国の傀儡共産政権化、資産の国有化など）」のように、民主主義国家と専制主義国家による世界的対立構造になる恐れがある。

したがって、新しい冷戦の構造は長期にわたる可能性が増す。

③の「新たな火種や火薬庫となる可能性の高い係争・紛争地域」は、「朝鮮半島、ナゴルノ・カラバフ、アフガニスタン、シリア、パレスチナ、クルドｰトルコ、リビア、スーダン、イエメン、

ソマリア、ナイジェリア、エチオピア、エリトリア、ミャンマーなど」が挙げられる。

中国が譲れない地域としては、中国が唱える「第一列島線上にある台湾、南シナ海、東シナ海、尖閣諸島、およびインドとの国境のガルワン渓谷」などがある。

これらの地域の係争による不慮または故意的衝突や偽旗作戦が起こった場合、致命傷になりかねない。大きな戦争へと拡大する可能性が増す。
④の「中国が追い詰められる時」は、過去の日本と類似する。
ロシアのウクライナ侵攻は、プーチン大統領の観点からすれば、NATOやEUの東方拡大、旧ソ連構成国のカラー革命（リトアニア、キルギス、グルジア、ウクライナなど）、政権への度重なるロシア民衆のデモ、オバマ政権時代からのロシアに対する経済制裁など、プーチン大統領の政権基盤を崩壊させかねない出来事が立て続けに降りかかり、ロシア系住民の保護を目的として開始された。

中国については、米国やEUが「領土、人権、貿易から先端半導体、医薬バイオ、軍事を含む先端技術関連分野」に至るまで、習近平政権に対し制裁を一気に科しはじめている。中国外務省の報道官による戦狼外交の反論も、2023年2月4日の米国による偵察気球撃墜後は、毎日のように続くようになる。

習近平政権は、米国との関係悪化が進むにつれ、国防動員法の動員手続き不要化（2021年10月の法改正、有事の際、18～60歳の国民動員の迅速化を狙ったもの）を行っている。習近平総書記の指示により、有事の際は中央政治局常務委員会（習近平氏は3つの代表であり、実質上は習近平総書記の1人の指示）により、法的手続きなく国民動員を可能とする。ここで3つの代表とは、中国共産党中央委員会総書記、中華人民共和国主席、中国共産党中央軍事委員会主席であり、すべてを兼任している習近平氏の意思により、戦時体制がすぐにとれるというわけである。

かつての大日本帝国の第1次近衛文麿内閣時代の国家総動員法（1938年3月24日可決、国民の徴兵、国民の賃金統制、物資生産と配給制限、政府による国民の権利を統制）と同様な道を歩んでいるとも言える。

歴史は繰り返す可能性も否定できない。

中国向けの大規模な金融制裁や半導体などの経済活動の根幹に関わる多くの制裁や輸出規制は、かつての日本が太平洋戦争に至った背景や、プーチン大統領のウクライナ侵攻にも重なる面がある。

追い詰めれば、追い詰めるほど一触即発の事態に陥る可能性は高く、日に日にそのリスクは増加している。

⑤の「米国のプレゼンスが、インド太平洋地域から希薄になる時」は、目下のところ、「ウクライナ戦争の欧州（NATOやEU加盟国）への戦火の拡大により、中国政策が後回しにされる時」、「中東の不安定要因であるイスラエルとイランのさらなる関係悪化による新たな紛争が起きる時」であり、米国の関与が必須となるインド太平洋地域からは遠方の地域での紛争が起きる時である。

ウクライナ戦争の拡大では、「モルドバ、ポーランド、バルト3国（リトアニア、ラトビア、エストニア）やロシア領土のカリーニングラード」での紛争リスクである。

また、中東情勢の新たな火種は拡大しており、イスラエルとイランの対立関係は根深く、中東地域において度重なる代理戦争を繰り広げてきている。イランは、シリア、レバノン、イエメンなどの地域紛争において、反イスラエル勢力を積極的に支援しており、イスラエルとの関係は悪化の一途をたどっている。

2023年3月10日の中国仲介による「サウジアラビアとイランの国交正常化」は、イスラエルのネタニヤフ政権にとって寝耳に水となる。トランプ政権時代の2020年8月にイスラエルとUAEの平和条約・国交正常化に合意、それに続き9月のバーレーン、10月のスーダン、12

月のモロッコとの平和条約・国交正常化に続いて、サウジアラビアとの合意も視野に入れていた「アブラハム合意」により、中東の安定を目指していたイスラエルにとっては大きな痛手である。

米国とイスラエルにとっては、サウジアラビアが中国とイランとの関係を深めることは中東の不安定化が増す形になる。

米国にとってNATO、EU、イスラエルに関する紛争が生じた場合は、必然的にインド太平洋地域が手薄になり、中国の台湾侵攻の可能性が高くなると言える。

2023年3月10日に、3期目の国家元首となった習近平主席は、早速3月21日にプーチン大統領と直接会談を行い、緊密化を世界に示すとともにウクライナ戦争の仲介を図り、世界への影響力を誇示する方向に動いている。

核弾頭の量産時代が再び到来している

こうした背景がある中で、米ソ冷戦時代と同様に、再び核弾頭の量産時代が到来している。

中国の核弾頭開発は、米露のような削減交渉の話し合いの場は一切ないため、上限なく開発を進めることができる状態にある。

そして、ウクライナ戦争の長期化と戦況が思わしくないロシアは、2023年2月21日にプーチン大統領による「新START（米露戦略兵器削減条約：米露は2021年2月に新STARTを2026年まで延長することで合意していた）」の一時停止の声明を一方的に出す。米国との核兵器削減交渉を停止し、実質上、ロシアは核兵器開発の自由度を広げることになる。

したがって、中国にもロシアにも核弾頭開発の足枷がまったくなくなってしまっている。現在の世界の核兵器開発は実質上、野放しの状態である。

戦略核兵器（ICBMなど、射程5500km以上）、中距離核兵器（射程500〜5500km）、戦術核兵器（射程500km未満）のすべてにおいて抑制機能がなくなった。

米中だけでなく、米露間でも対話の場がないのだ。

さらに、中国やロシアの核兵器保有数に対する核拡散防止条約（NPT）の抑止効果は薄いのが現状である。

NPTは、米英仏露中の核兵器保有の5カ国を含む約191カ国により締結され、核軍縮交渉義務はあっても現在の核保有国同士の核兵器保有開発や保有数に関する実質的な抑制義務はない。

非核保有国への核拡散抑制には一定の効果はあっても、現核保有国の保有数に対する抑制効果はない。

2021年1月時点における核兵器数は、1位ロシア6255、2位米国5550、3位中国350である。※1

米国国防総省は2022年11月29日に中国の軍事動向を分析した年次報告書を公表した。その内容は、中国が保有する核弾頭数は約400発で、急速に規模を拡大、陸海空からの攻撃能力を増強させ宇宙空間・サイバー・電磁波領域も強化、プルトニウム再処理能力や製造能力も格段に向上しているというものである。年間100近くのペースで製造が進めば、2035年には1500発以上になるとの報告である。※2

冷戦時からの米ソ開発競争により米露の核兵器は老朽化が進んでいるが、中国の核兵器はほとんどが新規開発されたものであり性能は最新のものである。かなりハイペースの核兵器生産であり、量と質ともに大きな脅威となる。

現在、中国は「米国との核兵器開発の対話」を拒んでおり、米中2国間での核兵器開発に関する対話は一切ない。

1970年代からの米ソ戦略兵器制限交渉（SALT）や1980〜90年代の戦略兵器削減交渉（START）などの交渉の場もまったくない。世界的に中国の核開発を抑制する実質的枠組みは現在存在しないのである。

そのため、前トランプ政権時代の2019年に米露間の「中距離核戦力（INF）全廃条約」を廃止した主な理由も、ロシアに対する脅威というより中国の核開発の台頭を意識したものであった。中距離核保有に関しても、中国は米露に関係なく拡大できるようになっていたのである。

1998年頃の日中の防衛費は同じ規模であったが、2022年は日本（550億ドル）の6倍以上に中国は増額（3470億ドル）、米国の約半分（7410億ドル）の規模となっている。[※1、※3] しかし、中国国務院が公表する軍事費予算も詳細は示されず、軍民融合体の割合も一切不明であり、中国の不透明な軍拡はロシア以上に脅威を与えるものとなっている。

日本は、隣国に中国、北朝鮮、ロシアという強力な専制主義国家があり、かつ、実質上核弾頭保有3カ国に囲まれている。

北朝鮮は2022年に約70発のミサイルを日本海や日本の排他的経済水域（EEZ）内に発射（ICBM、短距離弾道ミサイル、戦略巡航ミサイルなど）、2023年の3月までに少なくとも7回の発射・実験を行っている。

米中の新しい冷戦は、米ソ冷戦時を超える核の脅威に晒されている。

機動性の高いグローバルビジネスモデルへ

これまで述べてきたように、米中新冷戦は米ソ冷戦時を超える世界規模の二極化が急速に加速している。

前の米ソ冷戦（1945〜91年）時を超える世界的な恐怖と身に迫る生命や安全上の危機が、再び到来し増幅している。そのため、過去に世界が大きく二極化した米ソ冷戦時代の状況を振り返り、その教訓を活かすことが重要であり役立つ。

1990年代から2020年までの約30年は、パックス・アメリカーナ（アメリカの平和）的な時代と言われる。ソ連崩壊後は、地域紛争や戦争は多々あったが、相対的に「覇権大国間による安全保障上の直接的衝突」は少なかった。

しかし前トランプ政権時代の後半からバイデン政権に至るまで、「中国の経済的台頭や急速な軍備拡張、周辺国との軋轢と覇権拡大」がより強固になる中、2022年2月24日にロシアがウクライナに侵攻し、中露の緊密性はより深くなり、世界的な脅威が増幅する。

国連の安保理、総会、人権理事会（UNHRC）などを含め、常任理事国内の露中と米英仏間、加盟193カ国・地域間でも、あからさまな対決と亀裂を目の当たりにするようになった。加盟各国は「露中側につくか」対「米国側につくか」の踏み絵を踏むような選択を迫られる。「棄権票を投じること」も「無投票による曖昧な姿勢」も、反対として解釈される危険性を大きくはらむ（巻末の**図解15**「露中寄りの国が明確に判明した国連決議の例」を参照）。

このように「米欧日などの西側民主主義国家」に対し、「露中などの専制主義国家」という、再度の大国間関係での世界的な対立の構図となる。

この対立と緊張関係は、一層深刻化するとともに長期化する方向に進んでいる。

ビジネスにおいても、国の存亡、国民の生命の安全、財産の保護をベースとした「軍事的・経済的国家安全保障」を念頭に置いた考え方が益々重要になる。

米国が本質的かつ最大の敵とみなす「中国」と「米国」の対立が日に日に激化する。

歴史は繰り返す。

大国間の争いは時代ごとに繰り返されてきた。その狭間にある国々は揺れ動く。そして米中の覇権争いは、ロシアのウクライナへの軍事侵攻と中露の緊密化により、再び「西側、東側」という考え方による二極化を加速させる。貿易、経済戦争のみならず、「国家存亡と生命の安全を最優先」する国家安全保障問題を含めた、熾烈な争いが始まる。

日本周辺のアジア・中国においても、予期しない結果をもたらす軍事的衝突を含む、大きな危険性をはらんでいる。

近年の日本では、経済安保の議論が活発になり2022年5月11日に「経済安全保障推進法」が成立した。

この日本の法律は、まだまだ不十分なところが多く、実質的に米国とEUの後追いである。対象商品やサービスの定義が曖昧であり、罰則も軽い。また事前審査対象は大企業に限られており、まだまだ抜け穴だらけである。

例えば、国の安全保障を抜きにした日中間のビジネス議論や各種のトップ声明などは、世界からは「経済合理性のみで動く日本企業」と捉えられる。「自由・民主主義・法の支配や人権という世界的価値観を共有する国々」として、米国のみならずオーストラリア、カナダ、フランスなどをはじめEUの個別国からの、日本への反発も大きくなっている。

「ビジネスと政治は別」、「政冷経熱」という考え方はもはや通用しない時代となっている。

今後は日本政府のみならず、日本企業、個人としても、根本的な「軍事的・経済的国家安全保障」を考慮に入れたグローバル展開を真剣に考えなければならない。

ビジネスを行う相手国に対しての「軍事的・経済的国家安全保障」のプロトコルやカントリー

リスクなど、より深い事前精査が必須となる（巻末の図解14「日本の安全保障戦略（軍事・経済）と優先度」を参照）。

進出国の再定義と、不測の事態においても強靭なサプライチェーンへの変革と新規構築、および、機動性の高いビジネスモデルへの修正が急務となる。

そして、もちろん社員の身の安全と危険への配慮は、今まで以上に事前の対策をしっかりと講じる必要がある。

日本として、日本企業として、その「考え方・方針・そして姿勢」は、曖昧な態度は許されない。

中国の世界覇権への挑戦と過去の日本

かつて、米国がアジアで一番恐れた国は日本である。

アジアにおいて最も予測がつかない国、脅威と感じた国は、近年の中国が台頭する前は日本であった。日本には予想がつかない怖さがあり、ある意味では「テロ国家」的な印象があり、実際に米国民のその認識は太平洋戦争後も続く。

日本のような小国が、古くは「末期といえども大国の清国と日清戦争」、「大国のロシアと日露戦争」で、世界の覇権国家と真正面から戦争を行った。また、米国への真珠湾攻撃は米国民を震撼させた。

図表15-1　歴史に学ぶ：中国の世界覇権挑戦への思惑と出来事（大日本帝国・ロシアとの類似点）

	中国共産党政権	大日本帝国（第2次世界大戦終結前まで）	（参考）ロシア・プーチン政権
主義	・全体主義（専制主義）	・全体主義（軍国主義）	・全体主義（専制主義）
統治形態	・専制政治（中国共産党） ・共産主義（中国の特徴のある社会主義） ・全過程人民民主主義（中国式民主主義）	・天皇制 ・政党内閣	・専制政治（プーチン大統領による専制）
指導者の任期拡大	・「国家主席任期撤廃」憲法改正2018.3 ・共産党内で共産党総書記に選任され続ければ、国家主席として何回でも継続可能（最長で終身もあり得る） ・習近平氏は異例の共産党総書記3期目に選出され、2027年までは最低継続	・天皇主権（旧大日本帝国憲法での終身制）	・「大統領任期制限撤廃」憲法改正2020.3 ・1期6年2期まで可、選任され続ければ何度でも継続可能 ・2024年満期後に再度選任されれば、12年間2036年までは最低継続
指導者の構想	・「一帯一路構想」習近平総書記2013 ・「人類運命共同体構想」習近平総書記公式使用2017 ・「中国の特色ある大国外交の実践」習近平外交思想2021	・「東亜新秩序構想」近衛文麿内閣1938 ・「大東亜共栄圏構想」東條英機内閣1941 ・「大東亜共同宣言」東條英機内閣1943	・プーチン大統領の新たな「ルースキー・ミール」の世界観と構想2007 ・サンクトペテルブルク国際経済フォーラム
国の歴史的トラウマと背景	・アヘン戦争（香港割譲、上海他租界へ） →香港一国二制度終焉（香港逃亡犯条例改正2019、香港国安法2020、選挙法改正2021）	・日米修好通商条約不平等条項1858～1899	・ソ連邦の崩壊と分裂1991

国の歴史的トラウマと背景	・義和団事件（対8カ国軍）1900と北京議定書1901　→G7の対中非難声明、経済報復措置2021 ・満州事変（国恥日）→9.18国恥日、愛国精神教育1994へ ・NATO（米軍）中国大使館誤爆事件1999と海南島事件2001　→対米戦のための戦略と軍備拡張、インド太平洋戦略	・ポーツマス条約1905（日露戦争賠償金なし、サハリン南半分譲渡） ・ベルサイユ条約1919（民族自決権否決、反人種差別） ・三国干渉1895（遼東半島返還）	・西側資本とオリガルヒの旧国有企業の買収と利権 ・ワルシャワ条約機構解体とNATOの東方拡大 ・旧ソ連邦国のEU経済圏への編入
交渉の分断・決裂	・アラスカ・アンカレッジ会談2021.3 米国：ブリンケン国務長官・サリバン安保問題担当大統領補佐官 中国：楊潔篪政治局委員・王毅外相	・日米交渉1941.4～11（仏領インドシナ侵攻1941.7） 米国：ハル国務長官 日本：野村駐米大使、来栖特命全権大使 ・ハル・ノートによる決裂	・マイダン革命2014.2 ・ロシアのクリミア併合2014.3
戦時動員体制	・「国防動員法」習近平政権（2010を2021改正）	・「国家総動員法」近衛文麿内閣1938	・動員令2022.9
地理的覇権	・一帯一路構想 陸のシルクロード（紀元前2世紀ユーラシア交易路網） 海のシルクロード（明の時代の鄭和の最大航海ルート）より拡大 氷上のシルクロード（北極海航路） ・真珠の首飾り戦略（インド包囲網） スリランカ、ミャンマー、パキスタン、ホルムズ海峡、 エチオピア、ギリシア、イタリアなど ・軍事拠点化へ ジブチ、カンボジア、ソロモン、キリバスなど	・南進政策 仏領インドシナ 英領香港・シンガポール・インド地域 米領フィリピン 蘭領インドネシア、南太平洋（ソロモン諸島ガダルカナル-パプアニューギニアのラバウルなど）	・旧ソ連時代の最大領土　（ウクライナ、ベラルーシ含む） ・ロシア語、ロシア正教会の影響圏 ・北方領土など

太平洋戦略	・第一列島線（九段線、南沙諸島、西沙諸島、フィリピン-台湾-尖閣諸島-沖縄-九州） ・第二列島線（キリバス-ソロモン-サイパン-グアム-小笠原-伊豆諸島） ・ソロモン諸島、キリバスと台湾の国交断絶 ・中国ソロモン諸島安全保障協定	・絶対国防圏（千島列島、小笠原諸島、南西太平洋諸島、ニューギニア、インドネシア、ビルマ圏内など）	
対米戦争論	・『超限戦』1999（人民解放軍：喬良、王湘穂の共著）	・『世界最終戦論』1940.9（大日本帝国陸軍：石原莞爾著）	・「ロシア人とウクライナ人の歴史的一体性論」2021.7（プーチン大統領論文）
開戦状況	・朝鮮戦争参加へ義勇兵の派兵1950 ・焦点は台湾統一への戦闘時期とタイミング思案	・真珠湾攻撃1941.12.7（ハワイ時間）	・ロシアのウクライナ侵攻2022.2.24

出所：各種の公開情報を基に筆者がまとめた

過去の日本の第2次世界大戦直前の状況は現在の中国の状況に類似する点がある。また、ロシアのプーチン政権がウクライナへ侵攻した状況とも重なる点がいくつか見られる（図表15－1）。

次に、米国による中国への対抗策をまとめた（図表15－2）。米中の覇権争いは、過去の歴史と同様な方向に進みはじめようとしている。

米国は、財務省や商務省などを通じて特定業種の企業・団体や個人への制裁を科しているが、まだ中国に対して大規模な金融制裁には至っていない。米国やG7など西側諸国が、過度に中国を追い詰めていくと過去と同様な本格的な軍事衝突に発展しかねない。

ひとたび中国による、台湾、南沙諸島、尖閣諸島周辺などでの不測の軍事的衝突が発生した場合は、第一列島線のシーレーンは完全に遮断される。そして、すぐに大規模な金融制裁が米国や西側諸国から発動されるリスクを十分考慮することが重要である。

2014年のクリミア半島併合の際の米国制裁に続き、ロシアのウクライナ侵攻におけるロシアへの金融制裁は、ロシア経済にボディーブローを与えはじめるが、ロシアはエネルギー資源輸出大国であり、採算的に苦しくても大量の資金はロシアに流れている。西側諸国がロシア原油の上限価格を60ドル/バレルに設定しても、消費大国の中国とインドなどへロシア原油は供給され、ガス供給を含めて世界的な遮断は難しい。

中国はロシアの状況とは異なり、エネルギーの外国依存が大きく、中国への金融制裁の影響は比較にならないほど甚大となる。中国の習近平政権の近年の軍備費増強は著しく、2023年予算は前年比7・2%増、1兆5537億元で過去最大となる。[※4] 米中の軍事的緊張は益々大きくなる。

プーチン大統領は少年時代、「1匹のネズミを自宅の廊下の隅に追い詰めて遊んでいた時、そ

図表15-2　歴史に学ぶ：米国による中国への対抗策

	米国の対抗策（対中国と対日本の対比）		（参考）米国のロシア・プーチン政権対抗策
	中国への対抗策（2017年以降）	日本への対抗策の過去対比	対ソ連・対ロシア・プーチン政権の過去対比
大統領声明（対決意思）	・バイデン大統領の専制主義と民主主義との戦い： 2022.3.1議会における一般教書演説	・ルーズベルト大統領の議会参戦要求： 1941.12.8 真珠湾攻撃後の議会演説	・バイデン大統領の専制主義と民主主義との戦い： 2022.3.1（ロシアのウクライナ侵攻2022.2.24後）
新たな主要軍事同盟	・新大西洋憲章2021 ・Quad（クアッド：日米豪印戦略対話）2021 ・AUKUS（オーカス：米英豪安全保障同盟）2021	・（旧）大西洋憲章1941 ・カイロ宣言（米英中）1943 ・テヘラン会議（米英ソ）ソ連対日参戦約束1943	・FIVE EYES（ファイブ・アイズ）NATO、日米同盟、日韓同盟などによる抑止 ・ロシアの同盟国（イラン、北朝鮮、中国など）への抑止
武器売却・供与	・台湾への武器売却加速2022 ・米国同盟国への武器売却加速2022	・レンド・リース法（欧州武器貸与法、中国へ）1941	・レンド・リース法2022.5（ウクライナ民主主義防衛・武器貸与法）
軍備縮少条約	・米中には現時点で条約なし ・核兵器削減条約もなし	・ワシントン海軍軍縮条約1922 ・ロンドン海軍軍縮条約1930	・米ソ（露の継承）戦略兵器削減条約（START Ⅰ、Ⅱ）1991、1993
貿易戦争、ハイテク戦争	・高度成長2001～2010年代後半 （WTO加盟2001で中国の世界経済への参加、 北京五輪2008、上海万博2010） ・米中貿易戦争（貿易不均衡）2017～	・高度成長1960～1980年代後半 （東京五輪1964、大阪万博1970） ・日本企業のIBMへの産業スパイ行為1982	・核兵器・戦略兵器開発競争 ・宇宙開発競争

貿易戦争、ハイテク戦争	・米中ハイテク戦争（半導体、宇宙、医薬バイオ、軍事技術、AIなど）2021 ・人民解放軍による米国政府・企業へのスパイ行為2021 ・不動産バブル崩壊2022	・日米貿易戦争（半導体・自動車など）1985～97 ・バブル崩壊1993	
経済のブロック化へ	・G7連携2021 ・ABC+EQブロック形成（米英加+EU+クアッド日豪印）2022 ・NATOのインド太平洋地域連携2022	・ABCD包囲網（米英中蘭）他 ・日米通商航海条約破棄 1940	・G7、EUなど西側諸国による対ロシア禁輸措置2022
輸出規制・国際取引管理	・米国-EU貿易技術評議会（US-EU TTC）2021 ・IPEF（インド太平洋経済枠組み）2022	・連合国と枢軸国間の制限	・ココム規制1950～94（対共産圏輸出規制）並みの厳格化へ進む2022
経済制裁の米国管轄	（軍事・経済・人権侵害など中国対抗措置） ・①米国政府（大統領令と政府各省庁からの制裁・規則など） ・②米国議会 上院・下院（各種委員会・公聴会、採決など） ・③財務省（各国資産管理 室OFACのSDNリスト）：資産凍結、金融制裁 ・④商務省（産業安全保障局BIS）のEAR： 輸出管理規則のEL、UVLなど ・⑤国土安全保障省（税関・国境取締局CBPのWROなど） ・⑥国防総省（国防権限法NDAA） ・⑦連邦通信委員会（FCC）：取引制限・禁止規則など ・⑧証券取引委員会：上場制限・廃止・監査の規則など		

経済制裁の米国管轄	・⑨対米外国投資委員会：外国投資の国家安全保障への影響検討 ・⑩司法省と連邦捜査局：裁判、捜査、拘束・逮捕など		
経済制裁・資産凍結・取引制限・輸出制限・禁輸措置など	・新疆ウイグル製品の輸入審査強化（強制労働）2021 （新疆ウイグルの強制労働・ジェノサイド認定2021、2022： 個人・団体制裁、新疆綿、アパレル、太陽光発電機材など） ・香港人権侵害による制裁（個人・団体制裁）2021 ・CHIPS・科学法（半導体・製造装置）2022 ・軍事・宇宙・先端技術関連、半導体、通信機器・システム、 監視システム、スーパーコンピューター、AI、医療バイオ　など ・CIPS抑制	・日米通商航海条約破棄1940 ・金融制裁・資産凍結1941など数多くの措置 ・対日禁輸措置（石油、鉄屑、鉄鋼その他重要金属類）など1941	・金融制裁、資産凍結2014（クリミア併合時） ・金融制裁、資産凍結2022など数多くの措置 ・ロシア産原油・資源輸入制限（含む、上限価格） ・半導体などの戦略物資の輸出停止：生産設備、 電気通信機器、医療機器、輸送機器（含む、完成車）、 農業機械、電気機器など200以上の品目　など ・SWIFTからの除外
米国入国制限　など	・共産党員・人民解放軍の米国入国ビザ抑制・短縮制限2020など	・移民法（排日移民法）1924 ・在米日本人の強制収容1942	・ロシア人（政府高官・軍人など）の米国入国ビザ制限2022など

出所：各種の公開情報を基に筆者がまとめた

のネズミがいきなり自分に襲いかかってきた」というエピソードをトラウマのようによく語っているという。[※5]プーチン大統領からすれば、NATO、EUの東方拡大、旧ソ連構成国のカラー革命（リトアニア、キルギス、グルジア、ウクライナなど）、政権への度重なるロシア民衆のデモ、オバマ政権時代からのロシアに対する経済制裁など、自身の政権基盤を崩壊させかねない出来事が立て続けに降りかかり、ロシア系住民の保護を目的に侵攻に踏み切る。

中国に対する強硬な金融制裁とデカップリングは、習近平主席の台湾侵攻の決断を早めかねない。

歴史に学び、教訓を活かす

歴史的に世界大戦へ発展する要因は、領土紛争、民族紛争、経済的格差や不平等、軍事同盟・パートナーへの軍事攻撃、軍事テクノロジー格差、経済摩擦、イデオロギーの対立などであり、世界における既存のバランス・オブ・パワー（力の均衡）が大きな変化点に差し掛かる時である。

現在の世界情勢には、核兵器開発と拡散、テロリズム、貿易摩擦、資源・食料の獲得競争、サイバー攻撃、人権侵害、極右や極左などの政治的対立など、様々なリスクが存在する。そして、これらの問題が複合的に絡み合う。

かつての世界大戦も、このような「バランス・オブ・パワーが崩れるタイミングと二極対立構造が激化する最中」の張り詰めた状況の中で勃発している。

今まさしく「張り詰めた糸が切れる」状況に向かっている。

第3次世界大戦の扉はすぐそこにある。そして本書の分析にも使用したように「将来にわたってポイントになると想定される地政学的な変化要因」に対しては、対象国や敵国の双方の立場や見解の違い、歴史的背景にも着目し、できる限り客観的に分析を加え、対策を講じることが大切である。

歴史に向き合い、よく学び、教訓を活かす時にきている。

この扉を開けたままにするのか、閉じるのか、われわれ個人個人の意思と行動にかかっている。

第15章：参考文献と情報の出所

※1　ストックホルム国際平和研究所（ＳＩＰＲＩ）、Yearbook 2021
※2　米国国防総省、「2022 Report on Military and Security Developments Involving the People's Republic of China」、２０２２年11月29日
※3　防衛省、「令和４年版防衛白書（各国との比較）」、２０２２年８月23日
※4　中国国務院、第14期全国人民代表大会、２０２３年３月５日
※5　米公共放送サービス（ＰＢＳ）の系列局ＷＧＢＨ、「Putin's Way」、２０１５年１月13日

図解 米中冷戦

米中冷戦がもたらす
経営の新常識15選

〈図解〉米中冷戦　第1幕

新たな冷戦構造と世界の急速な地政学的変化

１９９１年に米ソ冷戦時代が終わりを告げ、その後経済優先の時代が訪れ、民主主義や共産主義という価値観・イデオロギーの違いは看過される風潮であった。特に人権問題、領土問題などは、摩擦が大きくならないように国家間の交渉などでは深い議論を避けるようになっていった。

ソ連崩壊によって軍事的脅威が一気に下がったことにより、世界は壁をなくしたグローバリズムの流れに突き進むことになる。

リーマン・ショックからの脱却では、中国がいち早く世界経済を牽引し、２００８年の北京五輪、２０１０年の上海万博を経て世界貿易額では世界1位、経済規模では日本を抜き世界2位となり、急速に国力を増大させる。

自信をつけてきた中国は、２０１３年より習近平《シー・ジンピン》政権が誕生し、中国国内の腐敗撲滅運動を開始し国内を引き締め、また政敵の打倒を図る。従来の鄧小平、江沢民、胡錦濤路線を修正しはじめ、改革開放路線や西側諸国に対する姿勢も大きく変化する。この期を境に、習近平政権は実質的に専制国家への道を突き進むことになる。

米ソ冷戦時代を超える「新しい冷戦構造」のはじまり

図解1の「『民主主義と共産主義』による世界の二極化の構図（米ソ冷戦時代の覇権争い）」と図解2の「『民主主義と専制主義』による世界の二極化の構図（米中覇権争いの新しい冷戦）」に示すように、米ソ冷戦時代の「共産主義との戦い」が、現在は「専制主義との戦い」に変わってはいるが、その構図は再び同様な対立構造となり、歴史は繰り返すことになる。

横軸は「グローバリズムとナショナリズム」を示し、縦軸は「民主主義とそれに対するそれぞれ共産主義・専制主義」を示している。

図解1の下半分のように、ソ連は建国時に「共産主義を世界に広めグローバリズムを推進する派閥（レーニンやトロツキー派）と、「共産主義を自国のソ連内で先に充実化を進める派閥（スターリン派）」に別れた。

そしてレーニンが死去した後、スターリン（レーニン死去後のソ連最高指導者、一国社会主義論）はトロツキー（レーニンに次ぐロシア革命指導者の一人、赤軍創設者、共産革命のグローバル展開を支持、スターリンにより追放される）を国外に追いやりソ連の独裁的指導者となり、国内の反対勢力を粛清し権力を手中におさめる。

図解1の右上のように、米ソ冷戦時代の米国は「民主主義を世界に広め、その上で経済のグローバリズムを推進」してきた。米ソ冷戦後の約30年は、「経済合理性」や「規模の経済」を追求し、世界的に最適な生産体制、最適な製品・サービスのサプライチェーンを築き、利益を最大化するために、多くの企業はグローバル化に邁進した。

そしてオバマ政権時代は、米ソ冷戦後のグローバル化隆盛の時代となる。

図解2の上半分のように、2017年にオバマ政権からトランプ政権に代わると、グローバリズムを重視する政権から「米国第一主義」を掲げる政権となり、自国主義やナショナリズムが台頭する。米国製造業の移転や衰退、米中貿易不均衡などにより、オバマ政権のグローバル化の行き過ぎを是正するものとなった。

しかし、バイデン政権に代わるとすぐに、米国は再びグローバル化路線に戻ることになるが、今度の敵は共産主義でも旧ソ連とは比べものにならない強敵の中国となる。

図解1と**図解2**を比較すると、米ソ冷戦時代と同様の道を中国の習近平政権はたどっていることがわかる。

鄧小平から引き継いだ江沢民、胡錦濤政権は改革開放路線を踏襲してきたが、習近平政権では、その1期目から様相は変わりはじめる。

中国は習近平政権誕生後に、スターリンや毛沢東が国内で実施したのと類似的な専制主義政策を実施する。中国国内での締め付けと、汚職撲滅活動とともに政敵を打倒し権力を強固なものにしていく。

習近平総書記の3期目（2022年10月より、2023年3月より国家主席）は、中国共産党の最終意思決定機関である中央政治局常務委員会7人のうち習氏を除く6人全員が習氏の意向に沿うメンバーとなり、専制主義的体制は盤石となる。

中国習近平政権と米国バイデン政権は、「価値観とイデオロギー」、「軍事的安全保障」、「経済的安全保障」、「世界的社会課題」という全面的な衝突を重ねることになり、世界的に軍事的・経済的覇権を争う強敵同士に発展していく様子を**図解3**「米中4つの衝突階層と争点」に示した（**第11章**に詳細）。

この新たな米中による冷戦は米ソ冷戦時を超える対立となり、世界の分断と二極化を加速させ、世界規模での地政学的変化をもたらしている。世界は、「民主主義と専制主義の二極化」とともに、「価値観・イデオロギー対中国との経済関係」により、バランス・オブ・パワー（力の均衡）は急速に変化する。

米中の前例のない新たな冷戦がはじまることになる。

ロシアのウクライナ侵攻により バランス・オブ・パワーの乱れが加速

西側諸国にとって一番の脅威は、2022年2月初めまでは台頭著しい中国一国となっていた。

トランプ政権時代から、米中貿易不均衡や貿易協定フェーズ1の不履行、世界的には領土問題、軍備拡張、人権問題、新型コロナウイルス起源調査、世界貿易機関（WTO）貿易ルール、国際裁定の反故など、多くの問題が摩擦と軋轢をよんできた。

プーチン大統領、中国の面子を保つ

しかし、米国と欧州連合（EU）から幾度も企業・団体・個人への制裁が追加されるものの、中国は世界経済の牽引役として、その非難の矛先を「経済を梃子《てこ》」に上手にかわしてきた。そして中国は、西側諸国との政治的、経済的な対立が深まるにつれ、ロシアとの関係緊密化に進むことになる。

２０２２年２月４日の北京冬季五輪開会式では、西側の多くの国が人権問題を理由に外交的ボイコットを行う。その様子を、**図解４**の「米主導『民主主義サミット招待国』と中国『北京冬季五輪外交参加国』の比較」にまとめた。

その中で、中国の国賓として招かれたロシアのプーチン大統領の開会式参加は、唯一際立った外国元首、大物の出席となる。中国にとって、世界的面子《めんつ》を保つことは最も重要なことの一つである。

プーチン大統領の開会式の座席は、プーチン大統領一人に用意された貴賓席である。孤立を深める習近平主席は、プーチン大統領の参加に絶大な感謝を述べている。習近平主席は西側からの孤立が深まる中、米国や西側諸国に対して露中の密な関係をアピールする。

習近平主席の露中共同声明では、「中露の相互信頼は無制限であり、双方の協力に上限はない」と世界に発する。習氏とプーチン氏の緊密な関係の強烈なアピールとなる。この時点では、プーチン氏が習氏に恩を売ったかたちになり、習氏の方が下手《したて》であった。

中露の緊密化は西側共通の脅威

２０２２年２月24日のロシアのウクライナ侵攻後は西側の直接的な軍事的脅威はロシアにな

る。西側諸国は、ロシア制裁措置に即時移行する段階で、主要7カ国（G7）は一致団結し、急速に対露包囲網の構築を進める。

侵攻翌日の25日に、再度、露中首脳電話会談が実施される。

プーチン大統領は、米国とNATO（北大西洋条約機構）について、「ロシアの合理的な安全保障上の懸念を長期間無視、何度も約束を破り、絶えず軍備を東方へ拡大、ロシアの戦略的レッドラインに挑戦した」との非難声明を出す。

そして、習近平主席は、「ウクライナ侵攻に対するロシアの問題解決としての手段を支持する」と強調（出所：中国外務省）。米国とNATOの東方拡大への非難声明とロシア支持を明確に表明する。中国としては中露両国の連携を誇示し、西側に対抗したかたちになった。

会談実施後の中国外務省声明による首脳会談の内容は、「中国とロシアの相互信頼は無限大であり、双方の戦略的協力に制限はない。長年の友好関係が終わることもない」、「中露両国民の利益と、世界平和の安定維持、国際的公平と正義を守ることにある」と強調し、実質的にロシアのウクライナ侵攻を正当化する。

西側諸国の多くは、中国が抱える台湾問題を正当化するためのレトリックとして受け止める。

当初、ロシアのウクライナ侵攻は短期で終わると考えられていた。しかし、戦争が長引くにつれ、ロシアの実際のウクライナへの軍事行動について賛同したことは、その傷口をさらに広げていく結果となる。

西側にしてみれば、露中はまさしく一連托生《いちれんたくしょう》の恐ろしい敵となる。

ロシアの脅威が、露中関係の緊密化により、欧州アジアのみならず、しいては世界へも波及する危機感と脅威の認識が急速に拡大する。

NATOは「大きな脅威はロシアと中国」と明言

ロシアのウクライナ侵攻とその長期化は、世界の安全保障に対する考え方を一気に変容させていく。NATO首脳会合（2022年6月29、30日、マドリード）は世界の安全保障の枠組みを大きく変える出来事として歴史に刻まれる。

NATOは1991年東西冷戦終結後、その存続意義が問われてきたが、2001年9月11日米国同時多発テロ以降は対テロ戦争への役割に変わった。その後2022年までは、対テロ戦争やコソボ紛争への介入など、限定的な行動に留まっていた。

近年は「NATOは時代遅れの同盟（トランンプ大統領）」、「NATOは脳死状態（マクロン大統領)」と揶揄もされてきた。しかし、NATO不要論が叫ばれていた中、ロシアのウクライナ侵攻は世界の安全保障を根本から変えることとなる。露中という強力な軍事強国や「権威主義国家との戦い」、という大義名分を得ることとなる。

第2次世界大戦以来の欧州安全保障上の最大の危機が到来する。結果的には、米中の覇権争いをさらに加速させ世界を分断させていくことになる。このNATO首脳会合での大きな変化は、以下の7点に集約される。

①「NATOの大きな脅威はロシアと中国」と明言
②「北欧スウェーデン、フィンランドのNATO加盟支持へ」
③「東ヨーロッパの戦力増強」
④「NATOのインド太平洋地域への関与拡大」
⑤「露中の戦略的協力関係強化による世界秩序と価値観の破壊への対抗」
⑥「米国の欧州、アジアにおける安全保障のリーダーとしての役割」
⑦「中国のシステミックな挑戦と脅威の内容明示」

NATOのアジアへの関与が増すにつれ、一触即発の危機を生む可能性が高まる。

NATOのストルテンベルグ事務総長は、「ロシアのウクライナ侵攻により、第2次世界大戦以来、欧州安全保障上の最大の危機が訪れた」との声明を出す。バイデン政権による「専制主義と民主主義の戦い」、「NATOのインド太平洋地域への関与と中露対抗」は、世界各国のバランス・オブ・パワーの歪みを生む。

これを契機に、かつて経験してきた、もう二度と同じようなことは起こらないと言われた東西冷戦構造が「21世紀に再び現れた」ことになる。世界は軍事的二極化へ向かい、次の大きな戦争への危険性が増す。

アジアに小さな火種が生じれば、紛争当事国へ米中の2陣営からの支援がはじまる。アジアでは朝鮮半島、インドシナ半島が、「共産主義のドミノ現象」に対する米ソの熾烈な戦いを再現する場となる可能性が高い。台湾海峡問題にロシアとウクライナの問題が投影する。

極東の日本にとっては、ロシア、中国、北朝鮮という軍事的に強力な3カ国が隣国にある。この3カ国による周辺海域での軍事演習やミサイル実験など、毎月常態化しているように繰り返される。

ワシントンにいる筆者の知人の政策研究者や友人たちからは、「日本はアジアで一番の危険なレッドゾーンにいるが、日本国民は『茹でガエル』だ」と揶揄される。「当時の日本は平和ボケだった」という歴史に、将来の日本がならないことを望む。米国や欧州NATOはしっかりと日本に対して警告を鳴らしている。

これからのNATOの敵は、「国際秩序を遵守しない権威主義国家（NATO2022戦略コンセプト）」とみなしている。冷戦時代は、共産主義との戦いであった。そして第2次世界大戦後約40年以上にわたり、アジアの共産化、ドミノ現象を阻止するためにアジアでも多くの命と犠牲をしいられた。米国、欧州の政策立案者やシンクタンクなども、最悪のケースやシナリオを想定した戦略オプション作りを始動させている。

米ソ冷戦終結後しばらくは、次の世界大戦など考える必要もなかった、誰も考えたくなかった。しかし現在、足元では「次の大きな戦争へ向かう足音」が世界に響きはじめている。

インド太平洋地域のバランス・オブ・パワーの変化と二極化

近年のインド太平洋地域のバランス・オブ・パワーの変化は激しい。

特に世界の成長センターと言われる「インド太平洋地域」のバランス・オブ・パワーは一変することになる。

米国のプレゼンスの低下が著しくなる

近年の中国との密な経済的関係や中国からの投資の拡大により、インド太平洋地域における米国のプレゼンスの低下が著しくなる。米国の度重なる内政干渉などに対し、従来は米国寄りの政策をとっていたフィリピン、タイ、ミャンマーなどの東南アジア諸国連合（ASEAN）の国々までも、中国寄りの政策に変更する国が増えはじめる。

米国はインド太平洋地域への影響力の低下を見過ごすことができなくなり、「軍事的・経済的な新たな安全保障戦略」を再構築する必要に迫られることになる。

中国寄りの政策となる国が一気に増加

図解5、6の「ASEANのバランス・オブ・パワーの変化と二極化」に見られるように、この地域の力関係はオバマ政権時代(①)、トランプ政権時代(②)、バイデン政権時代(図解6)の10年あまりで、オセロゲームのように反転し、現在は中国寄りの国が増加する。

中でも、ASEAN諸国の中国への傾倒に拍車がかかる。

米ソ冷戦時代は、「共産主義のドミノ現象(一国が共産主義化するとドミノ倒しのように波及する現象)」の抑止として、「アジアへの共産主義の波及」を恐れた米国は、ベトナムなどの共産化に対して積極的な軍事介入を行ったが、現在の中国は武力ではなく経済で今のASEANに浸透している。ASEANと中国の貿易関係は、日本や米国を大きく上回り、その影響力は絶大となっている。

オバマ政権時代は、ASEANと中国との貿易は拡大するものの、中国との領土問題(南シナ海領有権問題など)を抱える「ベトナム、マレーシア、フィリピン」は政治的に米国寄りの政策を進めていた。

特に、フィリピンは「フィリピン沖の南シナ海の中国の行動と領有権侵害」に対して、

2013年1月に国際仲裁裁判所（オランダ・ハーグ）へ国連海洋法条約（UNCLOS）に基づいて提訴する。これは2016年7月12日に、国際仲裁裁判所における裁定があり、中国が南シナ海で主権を主張する境界線（九段線）は、「中国側に歴史的な権利を主張する法的な根拠はない」と裁定されたが、これに対し、その拘束力のないことを理由に中国は判決を無視し続けている。ベニグノ・アキノ政権では中国との政治的緊張が増す中でも、経済関係は強くなっていく。

そして、米国のインド太平洋地域への影響力が低下する中、「カンボジア、ラオス」など中国の経済力に大きく依存する国が増える。「ブルネイ、インドネシア」は、中国とは「南シナ海の領土問題」はあるが、中国との経済関係を重視し中立的な政策をとる。

「タイ」は、2014年にプラユット・ジャンオーチャー暫定軍事政権発足後、米国との政治的関係に摩擦が生じ、中国との経済関係を重視するようになる。

「シンガポール」は、もともと華人が多く積極的な中国投資を行ってきているが、アジアの金融・物流のハブとして、米中に対しては中立的な立場を維持する。

トランプ政権時代は、中国寄りのASEAN諸国が急速に増えていく。

「ミャンマー」では、2011年にテイン・セイン政権になり、西側寄りの政策に転換、民主化を進めるアウン・サン・スー・チー氏と和解した。2016年よりスー・チー氏が国家顧問となり民主化を進めるが、人権問題（ロヒンギャ族と紛争や弾圧）などにより西側諸国との関係に亀裂が生じはじめ、スー・チー氏は中国の広域経済圏構想「一帯一路」などを通じ経済関係を強化、中国寄りの政策を進めるようになる。

「フィリピン」では、2016年6月にロドリゴ・ドゥテルテ政権となり、人権問題（麻薬取締政策による過度な人権侵害）などで西側諸国との関係が悪化する。その後、南シナ海の中国との領有権問題は棚上げにし、中国との経済関係を優先、一気に中国寄りの政策を進めることになる。

2022年6月に就任したフェルディナンド・マルコス・ジュニア大統領は、中国との南沙諸島の領有権問題について米国や日本の支持を期待し、ドゥテルテ政権以来の中国一辺倒な政策からの修正を図る。しかし、中国との密な経済的関係により、米中の間で揺れに揺れることになる。

「タイ」は、プラユット政権が継続し実質的に軍事政権が続くことになり、米国と政治的関係が悪化する中で中国との経済的結びつきを拡大し、中国寄りの政策を進める。

図解5の赤矢印に見られるように、ASEANでは急速に中国寄りの政策を進める国々が拡大する。

「フィリピン、ミャンマー、タイ」のケースに見られるように、西側諸国との関係は「人権問題、民主主義の価値観の違い」が衝突の原因になることが多い。ASEAN諸国の政権では「西側の内政干渉」として反発し、中国寄りの政策をとるリーダーが増えていく。

バイデン政権時代はさらに中国寄りに進みはじめる

バイデン政権時代では、ASEANはさらに中国寄りに進む。

「ミャンマー」では、バイデン政権発足後10日あまりの2021年2月1日に、ミャンマー国軍による軍事クーデターが起こり、ミャンマーの約10年の民主化は終わりを告げることになる。孤立したミャンマーは再び2011年前の軍事政権に逆戻りとなり、西側諸国との関係が崩壊していく中で、中国寄りの政権運営に進む。

「タイ」はプラユット政権が続き、さらに中国寄りの政策を進める。

米国では、軍事色の濃いタイの政権に対し、民主主義を重視する上下院議員の非難や反対意見が多い。米国のタイへの投資は消極的にならざるを得ない状況にあり、米国に代わり、日本のタイへの投資に期待が増す。バイデン政権としても、中国企業のタイ経済へのさらなる浸透に対し、日本企業がタイとの経済関係を深めることは米国の利益に適《かな》うと考える。

２０２１年８月の米軍のアフガニスタン撤退の混乱も、バイデン政権のアジア地域での影響力の低下を露呈させることになり、ＡＳＥＡＮ諸国は全体的に米国への信頼度が低下することになる。

２０２２年４月の「シンガポール」のリー・シェンロン首相とバイデン大統領の首脳会談では、米国の中国に対する強硬な姿勢に対し、バイデン大統領へ苦言を呈する。シンガポールは、中国の内政問題（香港問題、台湾問題、ロシア支援問題）へは関与しない方針を示し、中国とは経済関係を優先する。

シンガポールの首相が中国寄りの姿勢を示したことは、バイデン政権にとって大きな痛手となる。この遠因としては、２０２１年12月の米国主催の「民主主義サミットにシンガポールが招待されなかった事由」もあり、米国に対する不信感をつのらせている。米国にとっては、建国の父であるリー・クアンユー首相の息子であるリー・シェンロン首相は世襲制と映るが、リー・シェンロン首相にとっては内政干渉と受け止める。２０２３年３月の第２回の「民主主義サミット」でも、シンガポールは招待されず、民主主義サミットの開催日を含む日程でリー・シェンロン首相は中国北京を訪問し、習近平主席との首脳会談も行う。

南アジアのバランス・オブ・パワーの変化と個別事情

図解６に示した南アジアの６カ国についても、中国に対してはＡＳＥＡＮと同様な国境問題と中国との深い経済関係の下で揺れ動く。

「インド」は、以前から中国との関係は冷えこんでいる。米国との関係も、インドは非同盟主義の思想が根底にあることにより、是々非々的な対応を続けてきている。

1959年のチベット問題（1951年人民解放軍のラサ進駐、1956年チベット動乱、1959年ダライ・ラマ14世インド亡命など一連の印中問題）に端を発した印中関係の悪化状況は今も続く。1962年からの中印国境紛争は、現在も「西部カシミールや東部ラダックをはじめとする国境」など、小規模な紛争による緊張関係が続いている。

また、中国にとってもインドが2021年9月にQuad（クアッド：日米豪印戦略対話）に参加したことは、安全保障上の大きな懸念となり溝は拡大する。欧州の民主主義国家も、インド太平洋地域での安全保障に協力できる立てつけになっている点も見逃せない。4カ国以外の欧州の英仏独との共同軍事演習などの協力関係もクアッドには含まれている。

クアッドにより米印関係は安全保障上は緊密になったように見えるが、ロシアのウクライナ侵攻後、インドのロシアへの協調制裁の不参加やロシアの資源の大量購入など、非同盟主義の思想は現在も残っており、バランス外交を重視する。モディ首相が述べているように、安倍首相の意向によりクアッドへの参加を決断した背景もあり、今後のインドと日本の関係強化の意義と重要性はさらに大きくなる。

「ブータン王国」は、ブータンの西部ドクラム地域・東部サクテン野生生物保護区にて、中国との国境係争を抱えている。ブータン国王軍の軍事力は小さく、インド軍に訓練や装備を委ねる。そもそもブータンと中国との国交はなく、交渉もままならない状況である。中国の圧倒的な軍事力には当然対抗できないため、中立的政策をとるブータン王国は、隣国インドがその拠り所となっている。

「ネパール」は、フムラ地区にて、中国との国境係争を抱えている。ネパールは、以前から隣国のインドと中国とのバランス外交を進めており、近年は中国からの一帯一路構想での投資も増え、中国との国境問題は棚上げされるようになる。また、米国が主導する「開かれたインド太平洋構想」に巻き込まれるのを嫌い、中立路線を続ける。

「スリランカ、バングラデシュ、パキスタン」は、中国からの近年の多額の投資により過度な中国依存状態にあり、中国寄りの政策を進めている。

中でも、スリランカは、「ハンバントタ港の債務不履行問題（2017年7月より99年間にわたり中国国有企業の招商局港口へ租借、国際通貨基金（ＩＭＦ）による再建計画検討）」により、関係は悪化しているが、中国との経済関係は大きく、中国寄りの政策を続けざるを得ない。ラニル・ウィクラマシンハ政権に代わり、ＩＭＦの再建計画とともに、日本の関与への期待が増す。

ＡＳＥＡＮに加え太平洋島嶼国が草刈り場へ

太平洋島嶼国《とうしょこく》は、インド太平洋地域ではＡＳＥＡＮに次ぐ、米中覇権争いの激戦地域であり草刈り場になっている。

この地域における米中覇権争いによる地政学的変化は、２０１９年のソロモン諸島とキリバスの台湾との国交断絶から一気に露呈することになる。

もともとこの地域は、かつて日米がしのぎを削った激戦地でもあり、第2次世界大戦以降は米国、オーストラリア（豪）、ニュージーランド（新）と緊密な関係であった。しかし、米ソ冷戦終結以降は、米豪新にとって安全保障上の脅威が薄れてこの地域への関与は薄くなり、その間隙を突いたのが中国である。

中国は、かつて第2次世界大戦時の日本がとった戦略と同様な「米国ハワイとオーストラリア・ニュージーランドを結ぶ基幹ルートの分断」を仕掛ける。太平洋島嶼国のバランス・オブ・パワーの変化の背景と経緯について順を追って整理すると、そのポイントは以下である（図解7の「太平洋島嶼国のバランス・オブ・パワーの変化と二極化」を参照）。

①「英連邦加盟国（コモンウェルス）」：10カ国（オーストラリア、ニュージーランド、フィジー、ツバル、ナウル、パプアニューギニア、サモア、トンガ、バヌアツ、ソロモン諸島）

②「米国との安全保障」：マーシャル諸島、パラオ、ミクロネシア連邦と経済・安保協定「自由連合盟約（ＣＯＦＡ）」１９８６年（パラオの加盟は１９９４年）。米国は、経済援助をする代わりに軍事面の拠点利用ができる。

③「台湾との国交」の減少：マーシャル諸島、パラオ、ナウル、ツバルの４カ国に減少（もともと冷戦終結後、台湾と国交のあった国は約10カ国）

④「中国大使館設置国」の増加：８カ国（ミクロネシア連邦、フィジー、パプアニューギニア、サモア、トンガ、バヌアツ、ソロモン諸島、キリバス）

習近平政権の一帯一路構想の加速化以降のポイントは以下である。

①「豪のダーウィン港租借問題」：中国の一帯一路構想の拡大と軍事的安保拠点化（米海兵隊駐留拠点近接地の99年間賃借契約）２０１５年

②「ソロモン諸島とキリバスの台湾との国交断絶」２０１９年

③「中国との国交10カ国」の増加：大使館設置８カ国＋ニウエ、クック諸島

④「中国との安全保障」：中国ソロモン安全保障協定２０２２年４月

⑤米国主導の「ＩＰＥＦ（インド太平洋経済枠組み）構想」：米国主導でインド太平洋ブロック経

済圏を目的とし、今後の対中戦略の核になるパートナー関係を築く枠組み。唯一「フィジー」をIPEF設立の3日後(5月26日)に14カ国目の加盟国へ

⑥「中国から10カ国へ安保協定提案」:「中国・太平洋島嶼国共同発展ビジョン」、「中国・太平洋島嶼国共同発展5カ年計画(2022~26年)」2022年5月

⑦米国主導「PBP(太平洋島嶼国協力パートナー)」:14カ国2地域、米英豪日、ニュージーランド。2022年6月。米英豪日ニュージーランドの5カ国による太平洋島嶼諸国に対する支援を行う枠組み。米国の主目的は、中国の軍事的・経済的覇権の太平洋島嶼国への拡大を牽制すること。

⑧「米国大使館設置国」の増加:6+3=9カ国(ミクロネシア連邦、フィジー、パプアニューギニア、サモア、マーシャル諸島、パラオ+ソロモン諸島再開、キリバス、トンガに設置へ)

中国は「中国ソロモン安全保障協定」の締結を成功させた後、一帯一路構想の仕上げ段階として、露骨に太平洋島嶼国との安全保障協定を広げる試みを仕掛ける。そして中国は、間髪を入れず「中国から10カ国へ安保協定提案」を行い、一気に太平洋島嶼国と一括での安全保障協定の締結に進める戦略に出る。

しかし、この中国の戦略は勇み足となる。過去の第2次世界大戦の日米激戦の場となった悲惨な歴史により、この一括締結の提案については、太平洋諸島側10カ国は再び戦場となる可能

性を懸念し見送ることになり一旦、ペンディングとなる。

中国としてこの一括戦略が機能しなかったため、再度、個別撃破の戦略を着々と進めることになる。ソロモン諸島の次の中国のターゲットは、多額の投資を行ってきた「キリバス、バヌアツ、トンガ、サモア、パプアニューギニア、フィジー」である。

オーストラリア、ニュージーランド以外の「英連邦加盟国8カ国」は、米国との「COFA」がないため、中国にとっては比較的に攻めやすい。特に、この英連邦に対して中国は、一帯一路構想と称して積極的な投資・融資を行ってきている。英連邦加盟国の中で、「ツバルとナウル」は台湾との国交があり、米国が睨みを利かせていて中国は攻めにくい。したがって、中国の戦略としては、まず英連邦に加盟していない「キリバス」、次に「バヌアツ、トンガ、サモア、パプアニューギニア、フィジー」の6カ国をターゲットにする。

キリバスについては、2019年に台湾と断交をさせ中国との国交を樹立させることに既に成功しており、2022年7月にキリバスをPIF（太平洋諸島フォーラム）脱退に向かわせ、中国の投資により、空港の滑走路建設（第2次世界大戦中に使用した滑走路を中国と共同改修）の支援を行う。

このような一連の中国の戦略に慌てた米国は、巻き返しを図る。

遅ればせながら米国の水面下での巻き返しは続き、「ＩＰＥＦ」発足の3日後にフィジーを「ＩＰＥＦ」の14番目の正式加盟国に加えることが可能となる。次に、米国主導の「ＰＢＰ」を２０２２年6月に立ち上げ、太平洋島嶼国をつなぎとめる方策に出る。

その後、米国大使館をソロモン諸島で再開、キリバス、トンガに新たに設置をし、中国の一帯一路構想の投資に対する経済支援も視野に入れた行動に移す。

「バヌアツ、トンガ、サモア、パプアニューギニア」の4カ国は現在も揺れ動いている。

「バヌアツ」はゴールデン・パスポート（一定額投資と引き換えに国籍付与）を２０１５年より発行し、中国人が急増している。中国からの多額投資が加速し中国は港湾開発も手がける。これに対し、安全保障上オーストラリアもこれ以上見過ごせなくなり、豪バヌアツ安全保障協定（２０２２年12月）を結び対抗する。

「トンガ」に対しては、米国が大使館を新たに設置し、経済支援も行うことになる。

「サモア、パプアニューギニア」に対しては、中国からの多額の投資とともに債務も膨れ上がっており、米国はオーストラリア、ニュージーランドとともに支援に乗り出す方向に進む。

２０２２年9月末に、「米国・太平洋島嶼国サミット（ワシントン、ＰＩＦ加盟国14カ国2地域が参加）」を実施し、8・1億ドルの支援を表明する。米国は永続的なパートナーシップを目指し、

「気候変動、パンデミック対策、景気回復、海洋安全保障、環境保護、自由で開かれたインド太平洋の進展」など、太平洋島嶼国との関係強化に急ぐ。

太平洋諸島地域では、短期間で以上のような「激しい外交攻防戦」が繰り広げられている。

現在インド太平洋地域においては米中覇権争いの草刈り場として、ASEANとともに太平洋島嶼国が再び「実際の戦闘を伴わない激戦地域」となっている。

今後はさらに水面下で、太平洋諸島地域のバランス・オブ・パワーの変化が激しくなることが予想され、目が離せない。

豪・ニュージーランドは反中に舵を切る

「オーストラリア」は、近年マルコム・ターンブル政権までは親中政権が続いたが、自由党のスコット・モリソン政権になり、豪中関係は急速に悪化する。

オーストラリアの「中国への新型コロナ起源独立調査提案(2020年4月)」に対し、中国は猛反発、報復措置として「食肉、大麦、ワイン、石炭など」への輸入停止や高関税の付加や豪中戦略対話の中止などを行う。

オーストラリアは一帯一路構想からの離脱など対抗措置をとり、豪中関係は急速に冷え込む。

輪をかけるように2021年9月にAUKUS（オーカス：米英豪安全保障同盟）が発足し、中国にとってはクアッドとオーカスにより、インド太平洋地域における安全保障の脅威が増すことになり、さらに2国間関係は悪化する。

特にオーカスによる「米英からの原子力潜水艦技術のオーストラリアへの供与」は、インド太平洋地域における人民解放軍にとって大きな脅威となる。中国外務省や国有メディアのクアッドとオーカスへの反論や中傷は非常に激しくなる。オーストラリアは労働党のアンソニー・アルバニージー政権に代わっても、その対中強硬姿勢は超党派で継続する。

機密情報を共有する英語圏5カ国の枠組み「ファイブ・アイズ」では、中国の「世界的な通信機器や監視システム拡大への警戒感」、「人権侵害」、「ロシアのウクライナ侵攻後の中露関係」、「サイバー攻撃やハッキング活動」、「核兵器増産や軍備拡張」など、安全保障上の最大の脅威として、インド太平洋地域においても米国との連携をさらに深める。

「ニュージーランド」は、オーストラリアと同様に中国は最大の貿易相手国であり、ファイブ・アイズ5カ国の中では対中国非難に関しては一番消極的姿勢を示していた。また、北京冬季五輪もファイブ・アイズの中で外交的ボイコット声明を唯一出さず、新型コロナ感染の防止を理由とした。

しかし、ロシアのウクライナ侵攻後の中露の接近、中国の南太平洋諸国との安全保障協定締結の脅威により、対中戦略の見直しが必要となる。

ジャシンダ・アーダーン首相は、就任当初の２０１７年より中国との経済関係を重視してきたが、２０２２年4月以降の中国のソロモン諸島との安全保障協定の合意と南太平洋島嶼国への積極的な安全保障交渉のアプローチに対して、黙っているわけにはいかなくなり、新たな枠組みである「ＩＰＥＦ」と「ＰＢＰ」に積極的に関わるようになる。

欧州のバランス・オブ・パワーの変化と二極化

「G7」は、価値観・イデオロギー（自由、民主主義、人権などの基本的価値）を共有する先進国として、ファイブ・アイズと同様に中国に対する軍事的安全保障に加え、経済的安全保障について結束を強める。ロシアのウクライナ侵攻後、中国のロシア寄りの行動や貿易拡大などにより、G7として結束が強固となる。

親中路線のドイツは中国と距離を置く

「ドイツ」は、16年間にわたるメルケル首相の長期政権時代はG7の中では一番の親中路線であり、ドイツと中国の貿易額は急増した。オラフ・ショルツ政権に代わり、価値観・イデオロギーの相違や中国の急速な軍備拡張とロシア寄りの行動などに関して明確に反対の姿勢をとるようになるが、その貿易額の大きさゆえに経済的影響を最小限にすべく、政治と経済を使い分ける。

しかし、ロシアのウクライナ侵攻後のロシアと中国の緊密化に対しては、中国との距離を置きG7との結束をより重視するようになる。新疆ウイグル自治区などの人権問題では、EU全体として中国に対して強硬路線を貫く。

「イタリア」は、2019年3月にG7の中ではじめて一帯一路に参加し親中路線を示してきたが、2021年マリオ・ドラギ首相は「中国は多国間ルールと人権を守らない専制国家」としてG7とともに対中強硬路線になる。

2022年10月に新首相となったジョルジャ・メローニは、中国との距離を置き、NATOを軸とする西側の結束を唱え、親中国からの脱却姿勢を示す。中国による台湾への軍事威嚇を非難し、台湾支持を明確にする。

「フランス」は、2018年初頭にエマニュエル・マクロン大統領自ら、一帯一路構想を支持する声明を出していたが、2019年終わり頃には、イタリア、ドイツと同様に中国の脅威を唱えるようになる。しかし、2023年4月にG7の結束に対し、抜け駆け的に、マクロン大統領はフランス企業を約60社以上引き連れて北京を訪問し、習近平主席との首脳会談を行い、中国との経済関係を重視する姿勢を世界に示す。習近平主席からは、国家来賓として大歓迎を受け、中国側のEUを分断させる戦略に迎合した形となる。

米国の対中強硬政策に対し、対中戦略では一線を画す声明を出し、台湾問題に関しても関与しない姿勢を示す。

中国政府のマクロン大統領への大歓待に対し、一緒に中国を訪問したフォン・デア・ライエンEU委員長に対する中国政府の応対はかなり簡素で、マクロン大統領との違いを世界に知らしめた。フォン・デア・ライエンEU委員長は、中国の対露支援に対して直接釘《くぎ》を刺し、人権問題や台湾問題に対しても、マクロン大統領とは異なり、明確に習近平主席に苦言を呈した。


今後のEUの懸念点は、フランスとドイツの首脳に対中戦略において亀裂が生じはじめていることである。今後さらに政策的亀裂が拡大しかねない状況にある。

EUから英国が2020年1月に抜けたことによる余波として、ヨーロッパ大陸での覇権争いは、対中政策などの仏独の政策の違いがさらに露呈しはじめている。

バランス・オブ・パワーの考え方は、「力のある3カ国が、最低この3極で力の均衡を保ち、権力を分散させることが基本」であり、英国が抜けた大陸ヨーロッパの仏独2カ国による覇権争いが激化する方向に力が働きはじめている。

ドイツの原子力発電の全廃とロシアからの脱エネルギー政策に対し、フランスは電力を8割程度も原子力に依存し、原子力発電を今後も増強させていく。原子力による電源開発でもフランスは中国との関係強化を進めており、核兵器開発へもつながる原子力技術の連携は将来に禍根を残しかねない。フランスは、EUにおける唯一の核保有国になっている。

大枠ではロシアのウクライナ侵攻により、G7、EUともに結束は強くなったが、第1次世界大戦、第2次世界大戦ともに、欧州大陸の仏独2カ国の争いが世界に拡散した過去の二の舞になる危険性も将来的には否めない。

英国のブレグジットによるヨーロッパ大陸の仏独の覇権争いも見逃せない。

欧州諸国の人権意識の高さと企業への波及

インド太平洋地域と同様に、2020年から現在にかけて「欧州地域におけるバランス・オブ・パワー」は劇的に変化することになる。

将来振り返るとすれば、「西側諸国の結束により中国との決定的な全面的対立」に至った出来事は、「EU－中国包括的投資協定（CAI）批准手続き凍結」と「G7サミット（2021年6月11～13日、英コーンウォール）」の2つになると思われる。

EU全体としても、中国による人権侵害問題、多国間ルールの不履行は、もはや容認できなくなる。2021年5月20日に「CAIの批准手続き」を凍結し、中国に対するスタンスはそれまでと真逆になり硬化する。その直後にEUは、「新疆ウイグル人権侵害に当たる自治区公安部門トップ4人と自治区開発と治安維持組織の新疆生産建設兵団の公安局への制裁発動」を行う。

ＥＵは、「華為技術（ファーウェイ）などの中国製通信機器やシステムの普及による情報データの漏洩や監視システムの問題、人民解放軍によるサイバー攻撃問題、香港・台湾問題、新型コロナ起源調査の透明性の問題」などには明確に対策を打ち出さず、この時までは経済関係を優先する政策を進めていた。

しかし、この「ＣＡＩの凍結」の裁定を境に、蜜月であったＥＵ全体と中国の関係に大きな裂け目が入る。

「ＥＵのバランス・オブ・パワーの変化」の背景と経緯について順を追って整理すると、そのポイントは以下である。くすぶっていた火種が一気に燃え盛るような状況になる。

１つ目は、２０２１年5月20日の「ＣＡＩ批准手続き凍結」である。これに以下が続く。

①「ＥＵによる新疆ウイグル人権侵害への制裁発動」２０２１年5月22日

②中国の報復措置「ＥＵ側10人・４団体へ制裁発動」２０２１年5月22日：ＥＵと中国の関係は報復合戦へ

③「中国中東欧首脳会議（17＋1）から、最初にリトアニアが離脱」２０２１年5月22日：その

後「民主主義国として価値観を共有する台湾」との関係強化

リトアニアはＥＵの中でも「人権意識や覇権大国への警戒」が非常に高い国であり、過去の歴史においてロシアやソ連からの侵略と抑圧を受けてきた。かつて、リトアニアはナチス・ドイツの迫害から欧州各地から逃れてきたユダヤ人難民を大量に受け入れた。当時の日本領事館の杉原千畝領事代理は、本国日本からの訓令に反し、単独で通過ビザを約６０００人へ発給（１９４０年７〜８月）し、ユダヤの人たちの命を救ったという日本・リトアニア間の人道支援の一幕もある。リトアニアは、覇権大国に翻弄される「新疆ウイグル人や台湾の状況など」と自分たちを照らし合わせる。

④「中国－ハンガリー外相会談（中国・貴陽）」２０２１年５月31日：中国によるＥＵ団結の切り崩し方策、中国製ワクチン外交による連携強化（ワクチン逼迫時）

⑤「ＥＵ－台湾貿易・半導体連携強化協議」２０２１年６月２日：新型コロナ禍の影響で世界的な半導体不足

⑥大統領・委員長声明「中国の新型コロナ起源の自由で透明性ある調査の要求」２０２１年６月10日

そして、2つ目は2021年6月11〜13日の「G7サミット」である。G7はEUとの結束を強固なものにし、西側諸国として中国に共同で立ち向かうためのターニングポイントとなった。

その合意声明は、ほぼすべての中国問題を取り上げ、西側の共通認識として世界に発信、内容は「民主主義対専制主義、市場原理支持、台湾問題、領土問題、人権問題提議（香港、新疆ウイグルほか）、インフラ支援（対一帯一路）の債務問題、グローバル・サプライチェーンと半導体供給などの見直しと強靭化、世界保健機関（WHO）改革、グローバル・ワクチン医療品供給体制」であった。

以下に、その後の動きを示す。

①「米－EUサミット（ベルギー）」2021年6月15日：脱中国依存供給体制、民主主義推進、航空産業補助金問題の棚上げ（米EU間の優先順位低下）

②「中国政府支援のサイバー攻撃・ハッキング断定、犯罪者起訴（米英・NATO・加日豪・EU・ニュージーランドほか）」2021年6月19日：マイクロソフトほか世界数万社へ、米連邦捜査局（FBI）による起訴

③「独仏中首脳会談（オンライン）」2021年7月5日：共同声明なし（実質上、交渉の進展はなく平行線）、独仏は、香港・新疆ウイグル人権問題の改善を提起

④「EU議会北京冬季五輪外交的ボイコット決議可決」2021年7月8日：賛成578、反

対29（棄権73）、拘束力はなし（外交的ボイコットの判断は各加盟国政府独自判断へ）。ハンガリーの傾中国化非難、EU議会の台湾との経済関係強化

⑤「中国国家安全部によるサイバー攻撃断定・ハッカー起訴（米司法省、FBI）」2021年7月19日：米司法省より中国政府主導のサイバー攻撃・侵入断定、ファイブ・アイズ、EU、NATO、日本から共同非難声明

⑥フランス検察当局による「新疆ウイグルでの人道に対する罪の隠匿の容疑」2021年7月：アパレル・グローバル企業4社（アパレル世界最大手インディテックス、米靴大手スケッチャーズ、仏中堅アパレルSMCP、ファーストリテイリング）を捜査

⑦「EU－中国外相会談（オンライン）」2021年9月28日：実質上の進展なし、新疆ウイグル・香港人権問題改善要求

⑧「米国－EU貿易技術評議会（US－EU TTC）」2021年9月29日：対中国貿易での米国とEUの共同戦線開始

欧州は価値観・イデオロギーを大切にする国が多く、中国との経済関係よりも人権問題や国際的秩序を重んじた行動に価値を見出す。中国側は、中国外務省の報道官の激昂した反論会見と戦狼外交、反論のプロパガンダ映像や記事を世界に発信する。上記のように、「CAI批准手続きの凍結」と「G7サミット（英コーンウォール）」の2つが、「中国の世界的脅威に対抗するた

めの西側諸国の結束」を強化し、世界を動かす大きな出来事となる。

「価値観・イデオロギーと軍事的安全保障」対「経済関係」

「CAI批准手続き凍結」、「G7サミット（英コーンウォール）」に加えて、2021年7月の「EU議会北京冬季五輪外交的ボイコット決議可決」を経て、多くの欧州国家は2022年2月の北京冬季五輪への外交と参加を取りやめる。

中国との「価値観・イデオロギーの違い」が明確になり、G7との結束を強める結果となった。

続く2022年2月24日の「ロシアのウクライナ侵攻」によりNATOは、前トランプ政権時代に関係が険悪になっていた状況から、「ロシアとその支援国である中国、北朝鮮、イランなど」へ対抗するために、一気に「軍事的安全保障」の結束が強まる。

「価値観・イデオロギーの違い」、「軍事的安全保障」の2つにより、東西冷戦時代の再現のように「G7・EU・NATO」は結束し、新しい「西側陣営（西側民主主義国家陣営）」を形成することになる。

このロシアのウクライナへの軍事侵攻と中国との連携強化は、欧州諸国とともにインド太平洋地域の国々の軍事的安全保障も脅威にさらす。グローバリゼーションを享受し、「世界の成長センターとなった「インド太平洋地域」も中国との経済関係を優先する風潮はトーンダウンする。「台湾海峡問題や中国と領土問題を抱える国々の共通の敵」として、中国がクローズアップされることになる。

今まで中国と経済的つながりが強い国々も、中国との緊張が高まるとともに、対中関係の見直しが急務となり、米国との関係を再び重視する国が増える。

インド太平洋地域と同様に、2021年から現在にかけて「欧州地域におけるバランス・オブ・パワー」は大きく変化することになる。この様子を図解8の「欧州のバランス・オブ・パワーの変化」にまとめた。

EUやNATO諸国の中でも、中国との経済関係（一帯一路などの多額の中国からの投資）があり、米中の狭間で揺れ動いている国があることがわかる。

米国寄りになった国々は、「価値観・イデオロギー」と「軍事的安全保障」を優先する。

中国寄りになった国々は、「経済関係」を優先する。

混沌とする世界と第三極の形成

米中の新冷戦により、機能不全状態に陥っている「国際的会議体や機関」は、20カ国・地域（G20）、国連安全保障理事会（UNSC）、国連人権理事会（UNHRC）、WHO、WTOである。その中でも、「G20」、「UNHRC」、「WHO」に生じた亀裂は大きく、その裂け目から第三極の国家群が出現しはじめたと言える。

G20の亀裂からはじまる第三極の形成

特にG20内での意見の不一致は顕著になる。

2021年11月の世界的なパンデミックの最中、イタリアで開催された「G20首脳会合（20カ国・地域の首脳連合、地域財務大臣、中央銀行総裁による会議体）」では、中露印首脳が不参加となり、気候変動問題では合意できず、ワクチン供給でも意見の相違により一致した方向性を示すことができなかった。

また、G20財務相会議（2022年2月、インドネシア）では、中国が「新興国の負債問題と利子の議題に関する提起」を拒否し、俎上に載せられない状態となる。

その後、米中覇権争いに加えロシアのウクライナ侵攻（2022年2月24日）により、G20には新たな亀裂が生じはじめている。

2022年11月のインドネシアでのG20首脳会合では、ロシア制裁への対応は、完全に二極化することとなる。その様子を図解9の「米中覇権争いにおける第三極の形成」にまとめた。サウジアラビア、トルコ、インドに加え、その他の中立的立場のうちの5カ国（ブラジル、アルゼンチン、メキシコ、インドネシア、南アフリカ）はロシア制裁に加わらず、慎重な姿勢をとる。また、G20では急速なインフレや新型コロナ対策でも協調した具体策を示せず、途上国の救済策でも実効性のある改善策を打ち出せずじまいとなる。

ロシアのプーチン大統領は欠席する。

ロシア政府は、ロシアに制裁を科したか、または、制裁に加わった国を「非友好国リスト」に挙げ、貿易や通貨制限、外交使節団の雇用制限などを設けている。2022年末では、48カ国・地域の「米国、カナダ、EU27全加盟国、英国、ウクライナ、モンテネグロ、スイス、アルバニア、アンドラ、アイスランド、リヒテンシュタイン、モナコ、ノルウェー、サンマリノ、北マケドニア、日本、韓国、オーストラリア、ミクロネシア連邦、ニュージーランド、シンガポール、台湾」がリストに掲載される。

「非友好国リスト」に挙がらなかったG20の国は半数近くの9カ国で、サウジアラビア、トルコ、南アフリカ、ブラジル、アルゼンチン、インドネシア、メキシコ、中国、インドであり、プーチン大統領はG20の二極化を図る。

特にG20の中の専制主義国はG7を嫌うようになる。

調整するにはメンバー数が多いこともあるが、G20はG7の決定事項を押しつける場になってきたと感じ、参加しにくくなったのが専制主義国の実情である。

このG20の対立構造の中で、中立的立場で非友好国リストに挙がらなかった8カ国のうち、専制主義国家と米国に定義（米国主催の民主主義サミット非招待国）された「サウジアラビア、トルコ」の2カ国は、ロシアと中国寄りの政策を選択することが多くなり、G20は形骸化し共同声明が出しづらくなるとともに、機能不全的状態に陥りはじめている。

インドは、ロシアと軍事的にも密接な関係を持ち、米露とバランス外交を貫き中立的立場での独自外交路線を貫いている。

中国は、G20においてG7に対抗すべく、特に「アルゼンチン、メキシコ、ブラジル、サウジアラビア、トルコ、インドネシア、南アフリカ」に対し積極外交を仕掛ける。

米中覇権争いの狭間で、図解9のように「G7+EU+豪韓」と「露中」の対立が鮮明となり、中立的立場の8カ国が大きく揺れ、第三極が台頭する動きが見えはじめる。

「北京冬季五輪外交参加国」と「民主主義サミット招待国」の比較

ここで図解4にまとめた「米主導『民主主義サミット招待国』と中国『北京冬季五輪外交参加国』との比較」を見ると、さらに米中の微妙な対立構造が見えてくる。

図解4に記したように、「民主主義サミット招待国」は110カ国、「両方への参加国」は8カ国、「北京冬季五輪外交参加国」は25カ国である。

「北京冬季五輪」のみに外交参加する国は、中国との親密国17カ国である。中国は可能な限りの参加招待を試みたが、中国の「人権問題に対する世界的懸念」とともに「新型コロナ禍」を理由に欠席する国が多くなり、外交参加の意思表明国はかなり少なくなっていた。このような状況下で、北京冬季五輪にあえて参加した国の個別状況についてみていくと、中国との微妙で複雑な関係がわかる。

最も特徴的なのは、「中央アジア5カ国（カザフスタン、キルギス、タジキスタン、トルクメニスタン、ウズベキスタン)」であり、5カ国がすべて参加していることである。それも全員が実権を握っている大統領である。

この背景には、中央アジア5カ国に対して「一帯一路構想で多額の投資をしてきた中国」としては、「面子をかけて招集」したことがわかる。参加した5カ国へそれぞれ100万ドルずつ、合計500万ドルを拠出する約束をした。

中国の昔の王朝の風習であった朝貢外交(従属国となった朝貢国からの朝貢に対して、それを上回る多額のお土産を与える)を偲ばせる。

かつて中国王朝を中心とした冊封《さくほう》体制(中国王朝を宗主国とした従属国との関係)を、現在の中央アジア5カ国へ適用しようとしていることを感じさせる。このような中国からの多額の投資や拠出金の見返りに、五輪に参加させるという「朝貢外交的な側面」は否めない。また、一帯一路構想での多額債務国に対し、一部債務軽減などもその手段の一つとなる。

その他で一帯一路構想や多額投資など金融面で恩恵を得ている「パキスタン、カンボジア、タイ、アゼルバイジャン、ボスニア・ヘルツェゴビナ、モナコ、エジプト、カタール、UAE、サウジアラビア、シンガポール」が参加国に連なる。これらの国は、米国主導の「民主主義サミット」に招待されておらず、中国との関係をさらに強化したい思惑がある。

中でも、「モナコ」と中国の関係は、一帯一路構想に対し、「アルベール2世・モナコ大公が自ら国をあげて参加表明」してきたことと、「中国はモナコすべてをカバーする世界初の5Gネットワークを完成」させてきた背景があり、経済的に緊密な関係にあり積極的に参加した。アルベール2世の母親は、かつて名を馳せたハリウッドの伝説的俳優グレース・ケリーであり、米国とモナコの関係はもともと緊密である。しかし、自らは冬季五輪大会にボブスレー選手として5回出場しており、政治に関係ない「スポーツ外交」を前面に押し出し参加している。

「パキスタン」は、「民主主義サミットの米国からの招待国」であったが、唯一その米国からの招待を辞退した国となった。多額の投資を受けている中国への配慮がうかがえる。

「アゼルバイジャン」は、一帯一路構想で中国との関係は密になっているが、さらに安全保障上の理由で中国との関係強化を急いでいる。

アゼルバイジャンとアルメニアは終わりの見えない国境紛争（ナゴルノ・カラバフ問題）などが続いている。アルメニアは旧ソ連の構成国6カ国（ロシア、アルメニア、ベラルーシ、カザフスタン、キルギス、タジキスタン）の軍事同盟である「集団安全保障条約機構（CSTO）」に加盟しているが、アゼルバイジャンには後ろ盾がなく、中国とトルコとの関係を強めたい意向がある。

従来、トルコとの関係は緊密で最も重要であり、NATOにトルコが加盟していることにより、中国へのさらなる接近は米国を過度に刺激することになりかねない。参加はするが開会式は参加しないようにする。ロシアは長年続く両国の紛争で調停役を果たしてきたが、ロシアのコーカサス地域での力が弱まっていることも背景にある。北京冬季五輪に参加し中国との関係を強化することは、現在のアゼルバイジャンにとって国益にかなう。

「サウジアラビア」は上手に中国と米国を天秤にかける。

サウジアラビア産原油の一番大きな輸出相手国は中国であり、また、サウジアラビアは中国からの多額投資を引き出し経済関係は密になっている。米国との関係は、バイデン政権になり人権問題などで大きく悪化するが、隣国の敵国イランへ対抗するため、米国からの安全保障と武器供与は必須である。

参加はするが開会式は参加しないようにする。ムハンマド・サウジアラビア皇太子は、米中覇権争いの中、2カ国に対してうまく立ち回る。

「ASEAN10カ国」でみると、中国との経済関係が密な「カンボジアのシハモニ国王」、「シンガポールのハリマ大統領」、「タイのシリントーン王女」の3カ国が参加した。

中国との関係は経済的に3カ国とも密であるが、いずれの国も政治指導者（フン・セン首相、リー・シェンロン首相、プラユット首相）は参加していない。

G20でみると、「ロシアのプーチン大統領」のみであり、中国の主賓的扱いであり、2022年2月4日の開会式直前に中露の経済的連携を深める首脳会談を行い両国の揺るぎない関係を世界に鮮明にアピールした。

前述のようにプーチン大統領は、中国の後ろ盾を得たかたちでウクライナに24日に侵攻した。

両方とも参加している国と参加者は、「朴炳錫・韓国国会議長、ドゥダ・ポーランド大統領、ブチッチ・セルビア大統領、アンリー・ルクセンブルク大公、フェルナンデス・アルゼンチン大統領、ラソ・エクアドル大統領、マラペ・パプアニューギニア首相、オヨーンエルデネ・モンゴル首相」であり、韓国とポーランドに代表されるように中国との経済関係は奥が深く、抜き差しならない状況にあることがわかる。

「米国のナンシー・ペロシ下院議長の世界の首脳への呼びかけ」や「欧州発の中国の人権問題に対するEU議会決議」のように、「北京冬季五輪の外交的ボイコット」が世界に発信されてきた中での北京冬季五輪参加は、参加国にとって、民主主義国からの反感を免れない状況となった。

北京冬季五輪に外交参加することは「踏み絵（民主主義に背を向ける）」のようなかたちになり、

「人権問題は棚上げし、中国との経済関係や政治関係を優先する国々たち」として世界各国が認識するようになる。

このような出来事は、些細なことかもしれないが、将来的に振り返ると大きな禍根を残すことになる可能性が高い。

中国主導によるＢＲＩＣＳのグローバルサウス連携

中国は、Ｇ７に対抗するため、発展途上国同士の大きな連携を模索しており、新興５カ国のＢＲＩＣＳをその中核に据え拡大を図る。

ＢＲＩＣＳの５カ国は世界総人口の約４割強、ＧＤＰでは約４分の１を既に占めており、ドル決済以外の道も探る。

中国は、Ｇ７に対抗して、「グローバルサウス（発展途上国や新興国などを意味し、経済的に豊かである国々を「グローバルノース」として対比）」の国々との連携を強化する（図解９）。

新たな発展途上国の仲間として、第14回「ＢＲＩＣＳ首脳会議（２０２２年６月、中国が議長国）」では「アルゼンチン、イラン」が参加意向を表明する。その後中国は、ＢＲＩＣＳへの「アルゼンチンの加盟申請」に対し、王毅外相による正式な支持表明をする。

ＢＲＩＣＳ内でのバランス・オブ・パワーは大きく変化しはじめている。

ＢＲＩＣＳ内での主導権が中国に移りつつある。ウクライナ侵攻後のロシアの戦況が悪化する中、２０２２年９月16日の中露首脳会議では、それまでのロシア支持からひるがえり、ウクライナ侵攻に対する中国のスタンスは曖昧になる。中国は、ロシアとウクライナ双方に中立の立場を鮮明にした。プーチン大統領は習近平主席から煮え湯を直接飲まされた状況となる。

習近平主席の中立的なスタンスの表明に対し、プーチン大統領は「ウクライナ危機に関する中国の懸念をよく理解している、中国のバランスのとれた姿勢を高く評価する」とこわばった表情でのコメントを出す（出所：タス通信、中国中央電視台、２０２２年９月17日）。

２０２２年２月４日のプーチン大統領と習近平主席の直接会談の時とはまったく異なり、習近平主席の方がロシアより上手の状況になる。この時を境に中国は、ＢＲＩＣＳ内での主導権を固める方向に動きはじめ、歴史的には、中露の上下関係は逆転する様相を示す。軍事的に優勢を保ってきたロシアの威厳にほころびが生じ、経済と軍事で強大化する中国の位置付けが世界的にクローズアップされる。

さらに中国は、ロシア主導の「ユーラシア経済連合（ＥＥＵ）」や「サンクトペテルブルク国際経済フォーラム（ロシア版ダボス会議と呼ばれる）」などでも、ロシアに対し中国の存在感を強固なものとし、「一帯一路構想との連携強化」を進める。

ＢＲＩＣＳの中では、インドと中国は微妙な関係にある。

インドがクアッドに参加したことにより、中国はロシア、ブラジル、南アフリカとの関係を深めるとともに、新たに中国寄りの加盟国を募る方向に動く。

中国はロシアとの関係の深い「エジプト、サウジアラビア、トルコ」を取り込むために、これらの国との外交関係の強化に積極的に動く。

インドは、ロシアとの関係は緊密であり、武器供与（46%で1位、出所:SIPRI Yearbook 2021）と石油などの天然資源の大量購入や南アフリカやブラジルとの経済関係も重視しており、ＢＲＩＣＳ内では中国に主導権を握らせないように動く。

現在のＢＲＩＣＳ内では、今後２０２３年以降は人口では中国を抜くインドの動向が注視されるが、経済力で勝る中国が主導権を握りはじめている。

米中覇権争いの下、Ｇ７に対抗するべく、「ＢＲＩＣＳをベースにしたグローバルサウス連携」において、中国とインドの綱引きがはじまった。

図解 1

「民主主義と共産主義」による世界の二極化の構図

~米ソ冷戦時代の覇権争い~

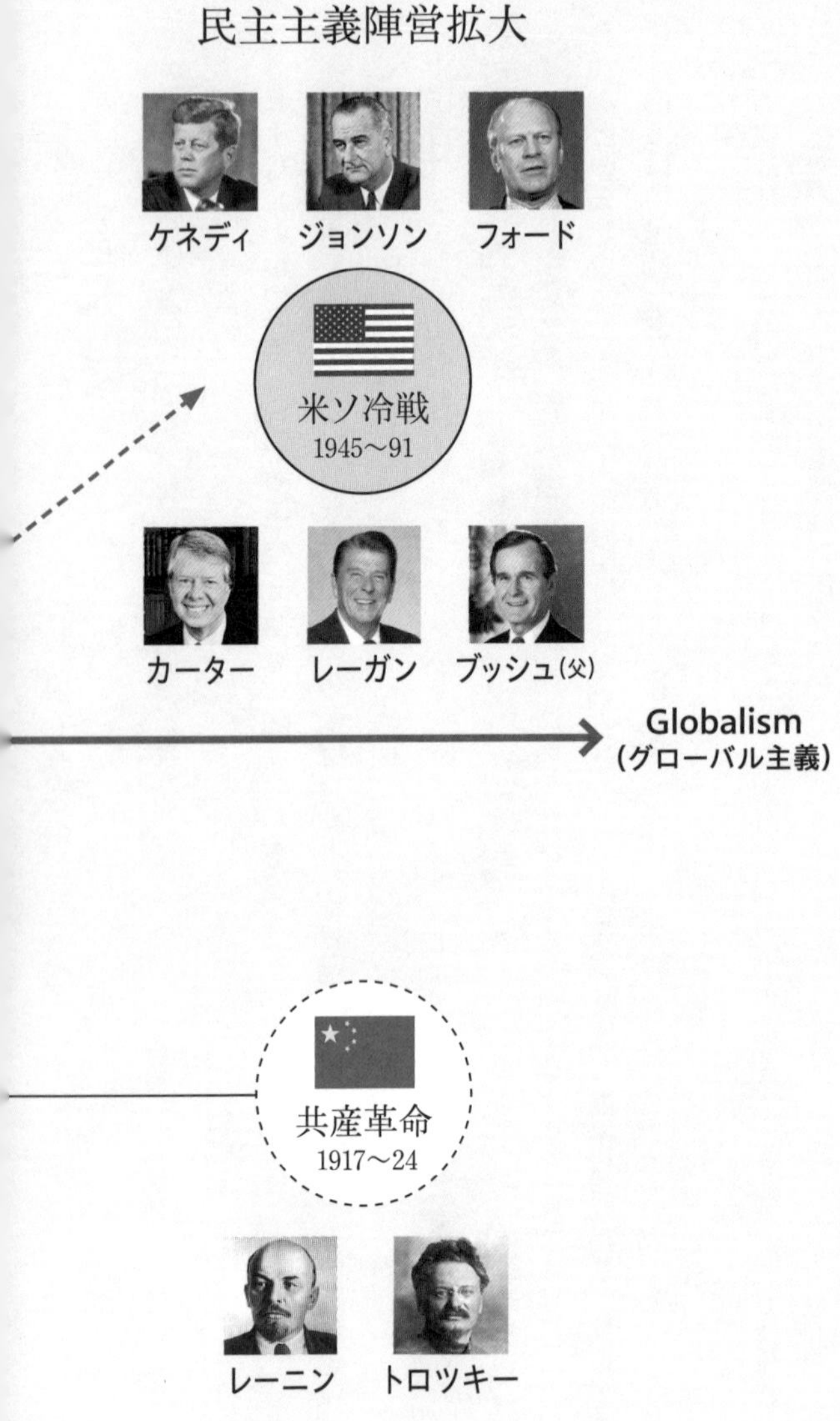

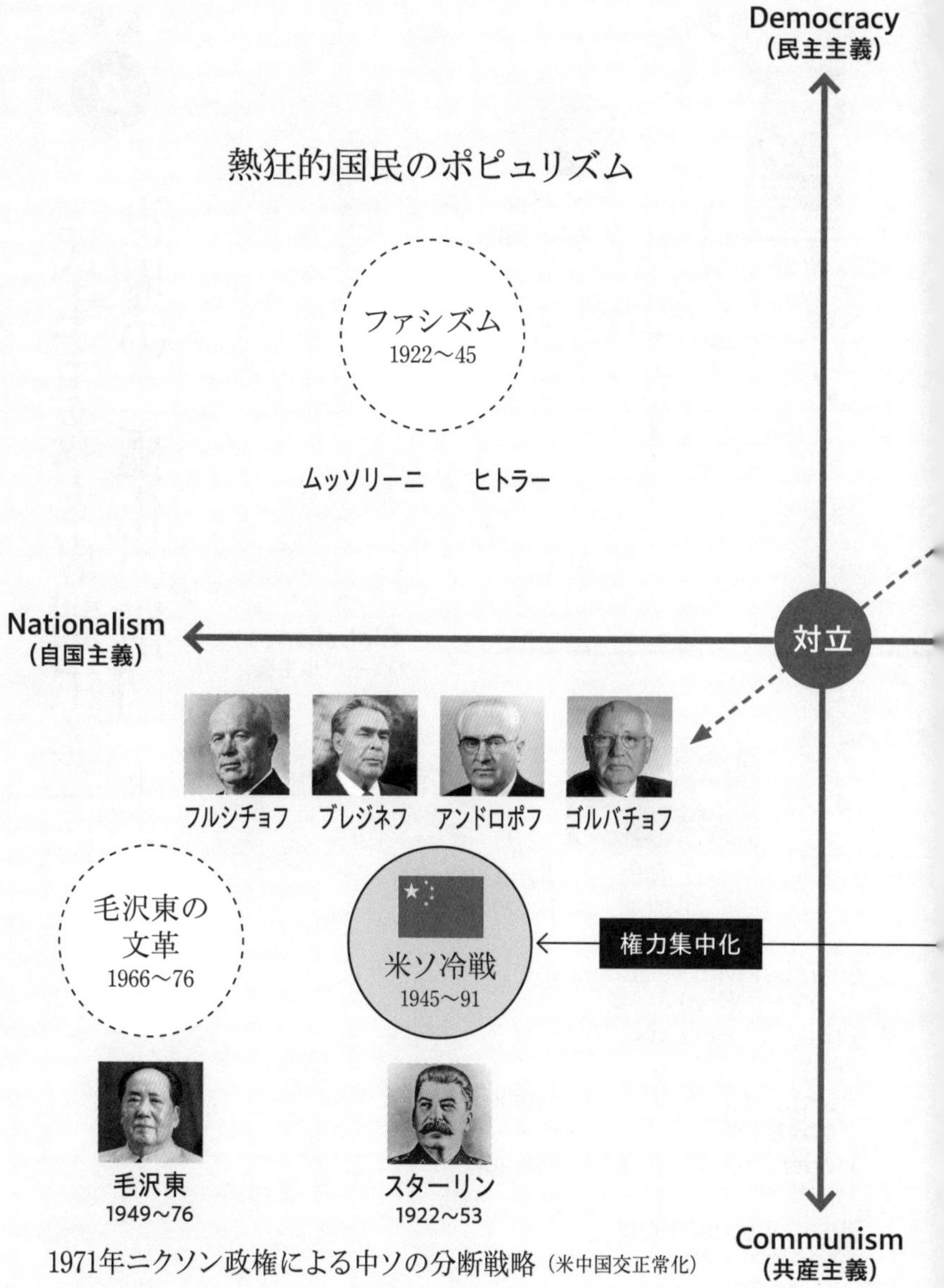

（出所：各種情報を基に恩田達紀が作成、写真提供：ゲッティ イメージズ）

図解
2

「民主主義と専制主義」による世界の二極化の構図

～米中覇権争いの新しい冷戦～

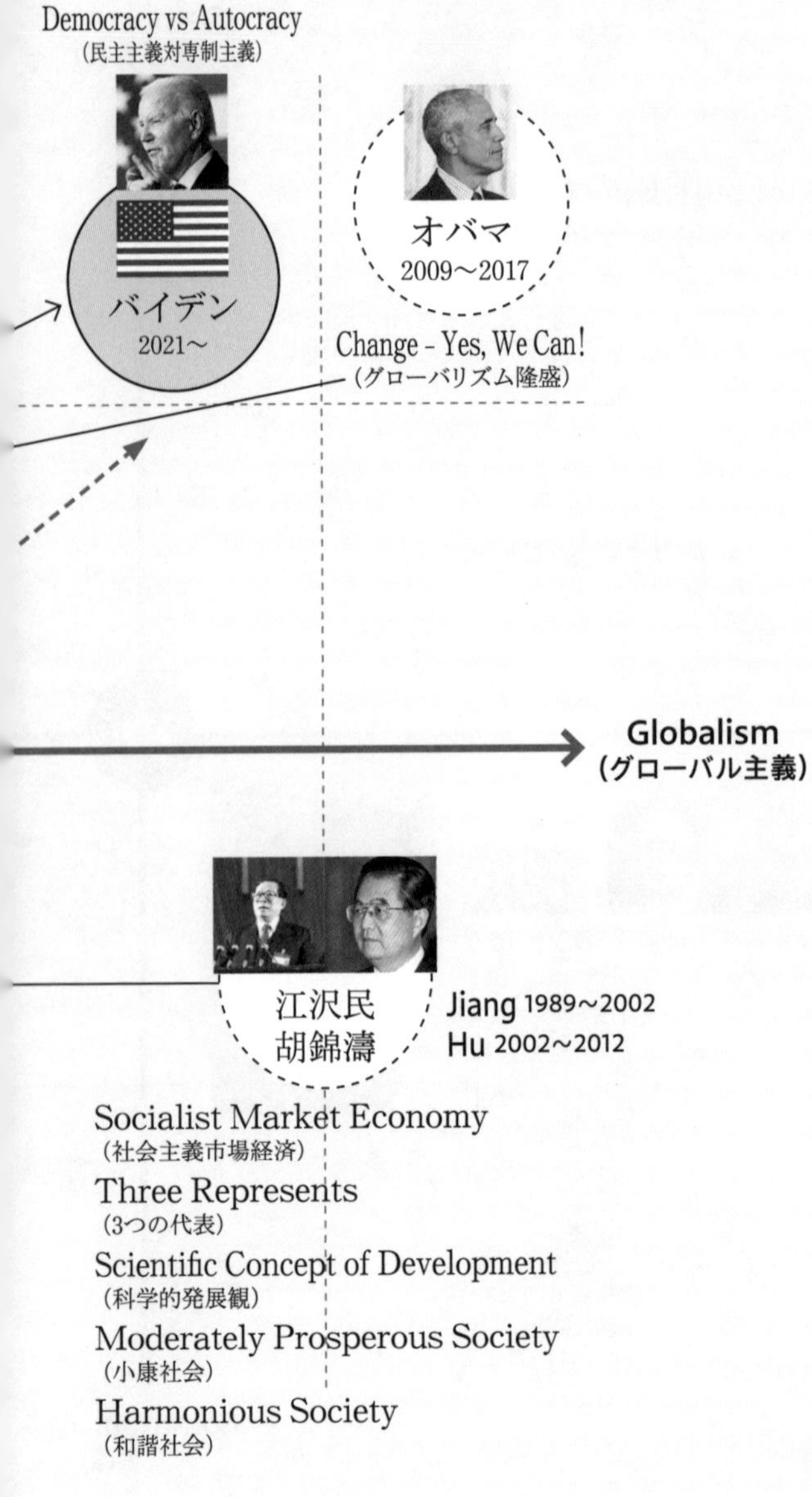

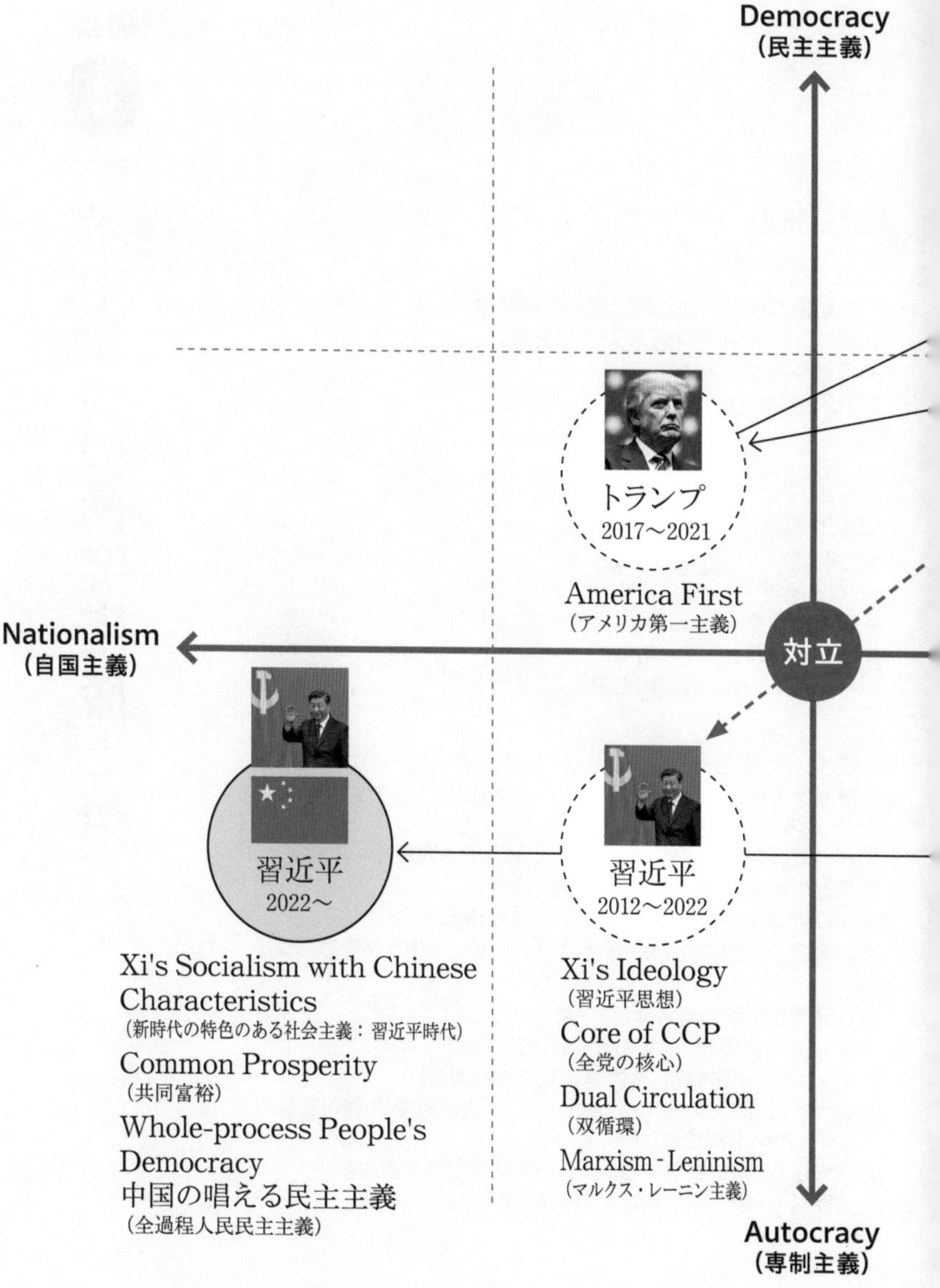
Democracy
(民主主義)
トランプ
2017～2021
America First
(アメリカ第一主義)
Nationalism
(自国主義)
対立
習近平
2022～
習近平
2012～2022
Xi's Socialism with Chinese Characteristics
(新時代の特色のある社会主義：習近平時代)
Common Prosperity
(共同富裕)
Whole-process People's Democracy
中国の唱える民主主義
(全過程人民民主主義)
Xi's Ideology
(習近平思想)
Core of CCP
(全党の核心)
Dual Circulation
(双循環)
Marxism-Leninism
(マルクス・レーニン主義)
Autocracy
(専制主義)

(出所：各種情報を基に恩田達紀が作成、写真提供：ゲッティ イメージズ)

図解

3

米中4つの衝突階層と争点

米中の争点

・温室効果ガス最大排出国としての責務問題
・新型コロナウイルス再調査、起源調査問題
・必須医療品の供給停滞
・ワクチン外交　など

・関税、禁輸措置
・制裁問題
・WTO不履行
・先端技術漏洩、軍事転用
・知的財産問題
・一帯一路による途上国債務問題　など

・尖閣、東シナ海、南シナ海、インド・ネパール・ブータンの国境問題など
・海軍基地の拡大問題と懸念（ジブチ、カンボジア、ソロモン諸島、オーストラリア、スリランカなど）
・領海・領空侵犯、海警船・ミサイルなど他国船や周辺国への威嚇
・核兵器の量産、軍備拡張による威嚇
・米国の軍事技術の違法獲得やスパイ工作活動
・米国政府、研究機関、企業へのサイバー攻撃、ハッキング活動　など

・国際仲裁裁判所の裁定非遵守（南シナ海など）
・チベット自治区問題（人権問題、宗教抑圧など）
・内モンゴル自治区問題（民族言語教育の抑制など）
・新疆ウイグル自治区問題（インターンメント収容施設、米国の新疆ウイグルジェノサイド認定など）
・香港問題（一国二制度違反、人権問題、選挙制度変更など）
・台湾問題（一国二制度に対する威嚇など）

Ⅰ.「価値観とイデオロギー」の衝突：相容れない不可侵の価値観
Ⅱ.「軍事的安全保障」の衝突：国と国民の生命・財産
Ⅲ.「経済的安全保障」の衝突：生活に不可欠な経済活動を守る
Ⅳ.「世界的社会課題」の衝突：国を超えた社会的課題、地球環境

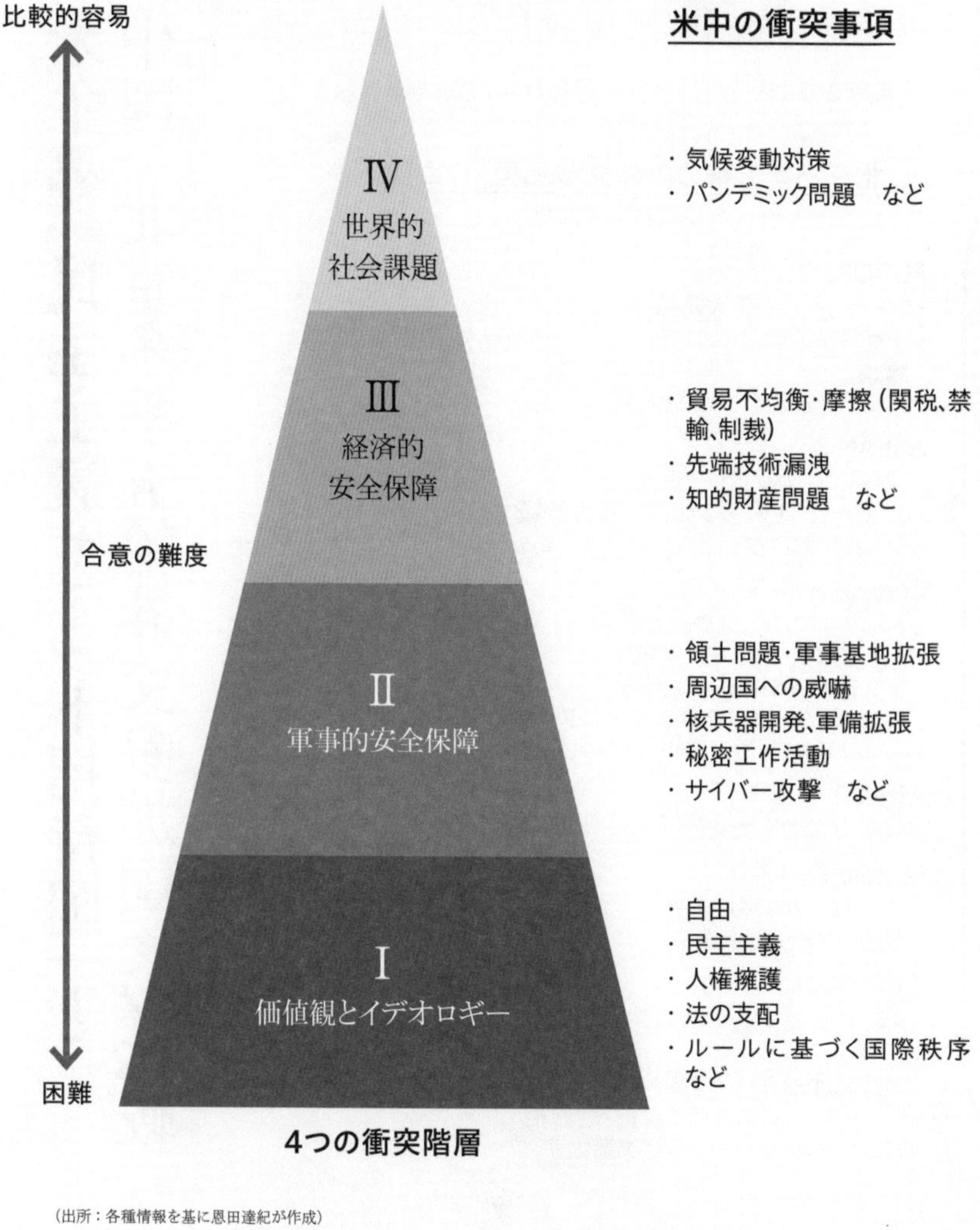

（出所：各種情報を基に恩田達紀が作成）

図解
4

米主導「民主主義サミット招待国」と中国「北京冬季五輪外交参加国」の比較

中国寄り

民主主義サミット非招待国（専制主義含む）の北京冬季五輪参加国

北京冬季五輪のみ外交参加国：17カ国

2022年2月4～20日

EUROPE 3
- プーチン・ロシア大統領
- テゲルティヤ・ボスニア・ヘルツェゴビナ閣僚評議会議長
- アルベール2世・モナコ大公

ASEAN 3
- シハモニ・カンボジア国王
- ハリマ・ヤコブ・シンガポール大統領
- シリントーン・タイ王女

Central Asia 5
- トカエフ・カザフスタン大統領
- ジャパロフ・キルギス大統領
- ラフモン・タジキスタン大統領
- ベルディムハメドフ・トルクメニスタン大統領
- ミルジヨエフ・ウズベキスタン大統領

Africa 1
- シシ・エジプト大統領

Middle East2
- タミーム・カタール首長
- ムハンマドUAE皇太子

Other Asia 1
- イムラン・カーン・パキスタン首相

（開会式不参加：2カ国）
- アフメドフ・アゼルバイジャン副首相
- ムハンマド・サウジアラビア皇太子

・「民主主義サミット招待国」：110カ国・地域
・「両方への参加国」：8カ国
・「北京冬季五輪外交参加国」：中国と外交関係の親密国（17＋8）＝25カ国
・民主主義サミットに台湾参加

米国寄り

第1回民主主義サミット招待国

民主主義サミット全招待国：110カ国・地域

2021年12月9、10日

EUROPE 39

ASIA 12

・ASEAN（インドネシア・マレーシア・フィリピン）
・台湾からの参加者
蕭美琴駐米台北経済文化代表処代表
オードリー・タン・デジタル担当大臣

Oceania 13
（除くツバル）

North & South America 26

Africa 17

Middle East 2
・イラク・イスラエル

（民主主義サミット辞退：1カ国）
・パキスタン（中国への配慮）

両方参加国：8カ国

・オヨーンエルデネ・モンゴル首相
・朴炳錫・韓国国会議長
・ドゥダ・ポーランド大統領
・ブチッチ・セルビア大統領
・アンリ・ルクセンブルク大公
・フェルナンデス・アルゼンチン大統領
・ラソ・エクアドル大統領
・マラペ・パプアニューギニア首相

（出所：各種情報を基に恩田達紀が作成）

図解
5

①ASEANのバランス・オブ・パワーの変化と二極化（オバマ政権時代：2013〜16年頃）

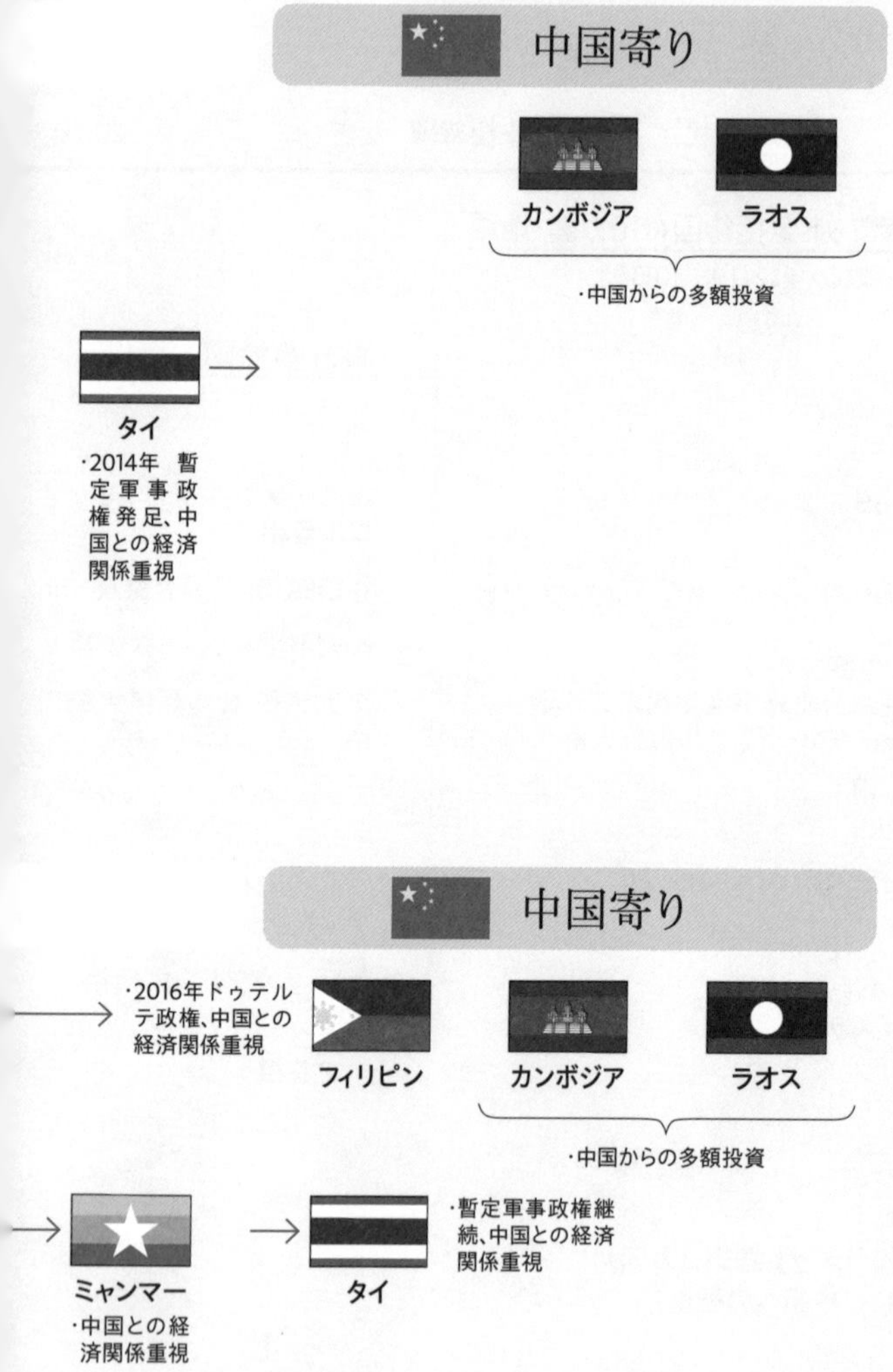

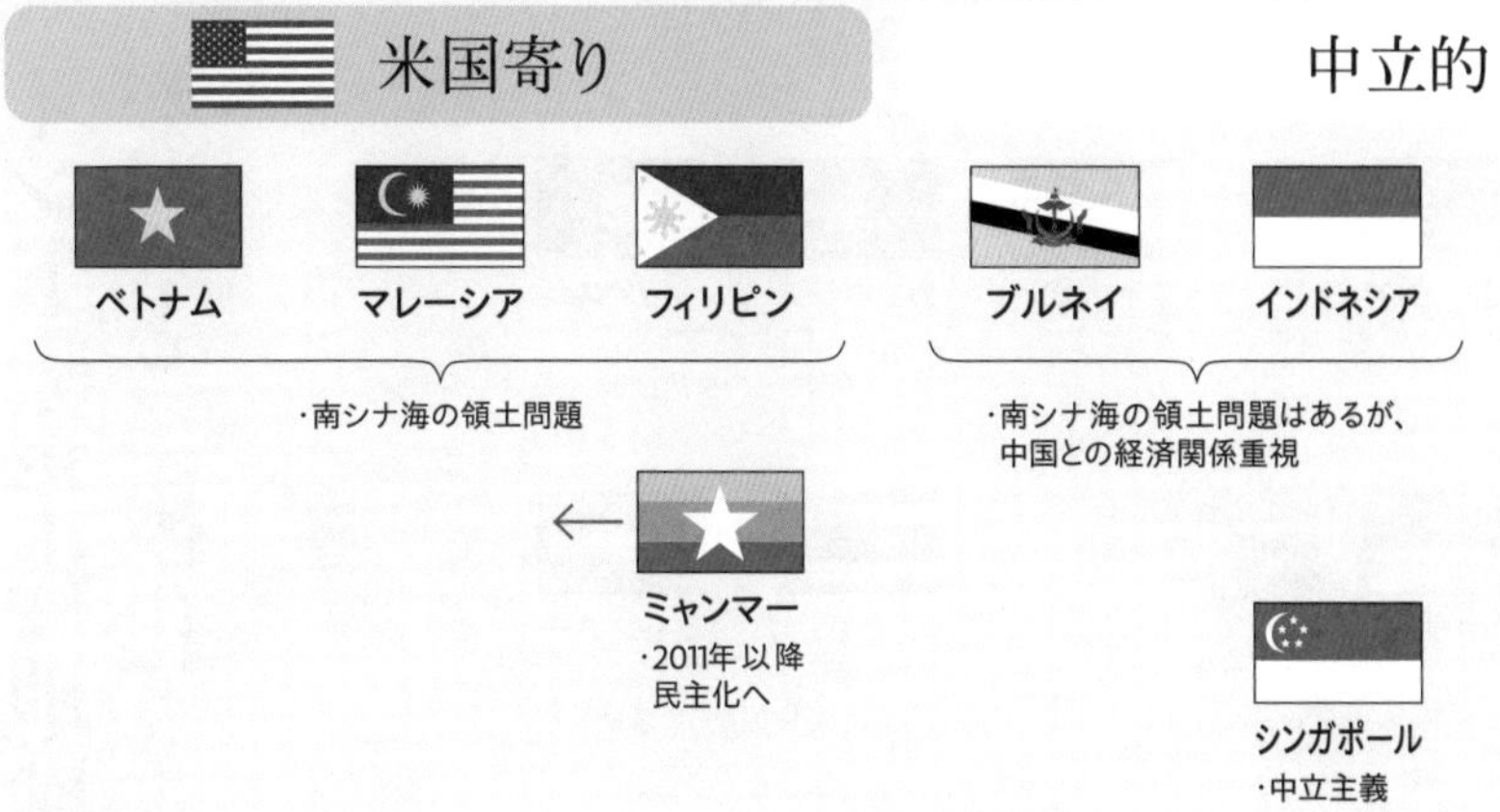

②ASEANのバランス・オブ・パワーの変化と二極化（トランプ政権時代：2017〜20年頃）

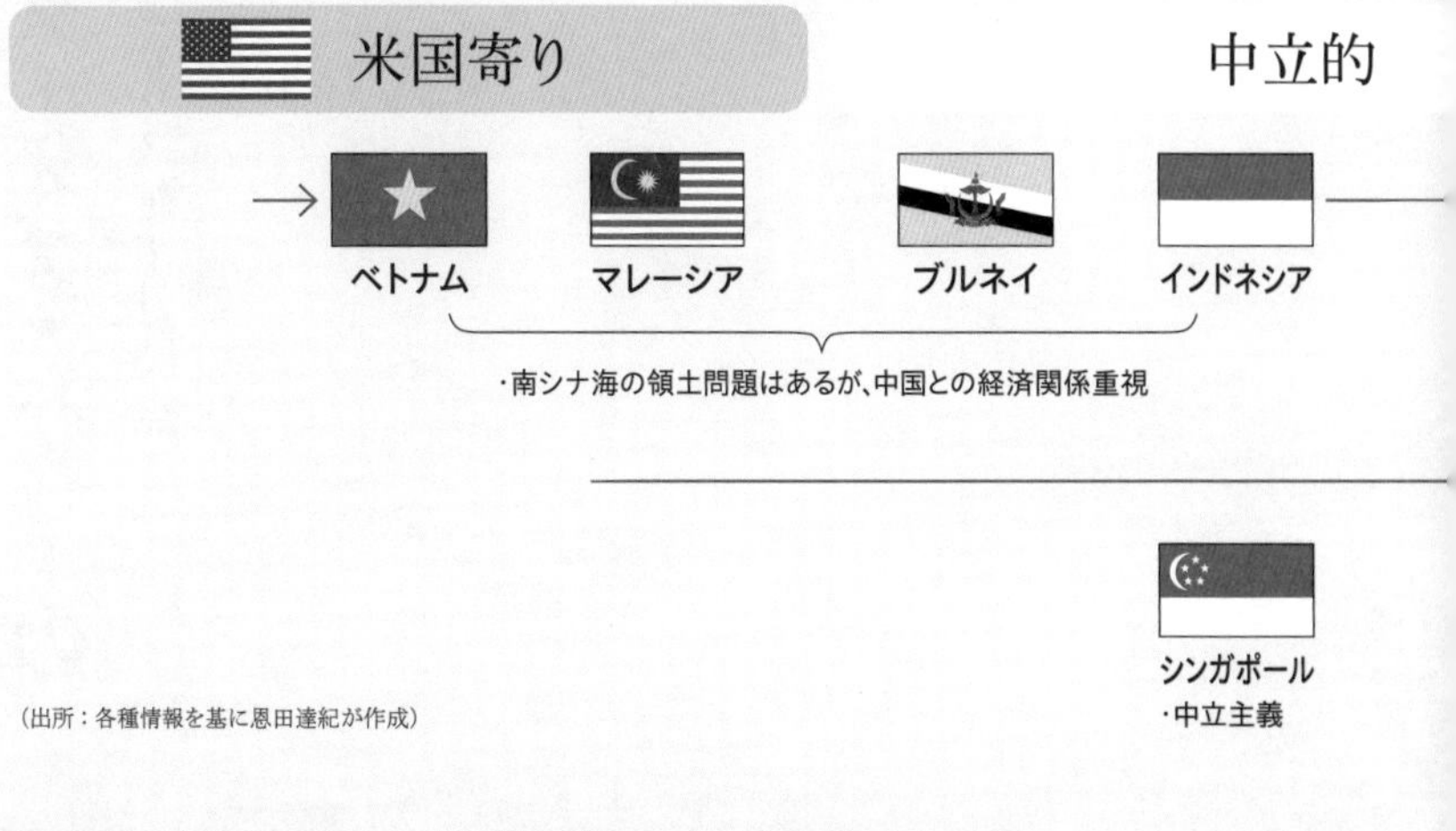

（出所：各種情報を基に恩田達紀が作成）

図解 6

インド太平洋地域のバランス・オブ・パワーの変化と二極化（バイデン政権時代：2023年1月時点）

- Quad：対中安全保障の枠組み
- G7、Five Eyes：中国のインド太平洋地域の脅威、ロシアのウクライナ侵攻と中露協力関係を懸念、民主主義と専制主義の対立

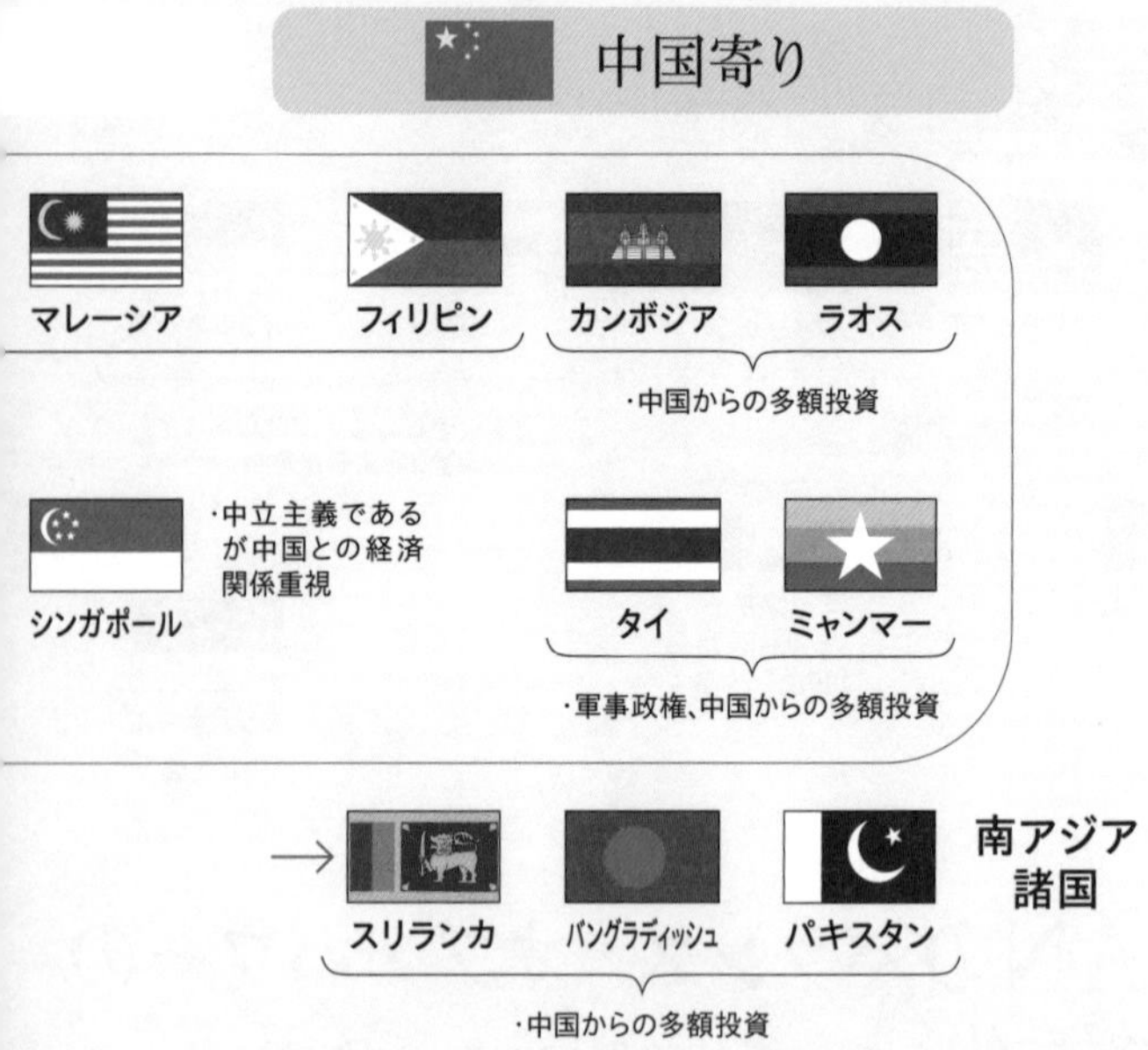

・ASEAN：特にトランプ政権時代に中国寄りの国が急速に増加、中国と「領土問題を抱える国」も「経済関係を重視」
・南アジア諸国：国境問題はあるが中国との多額の経済関係

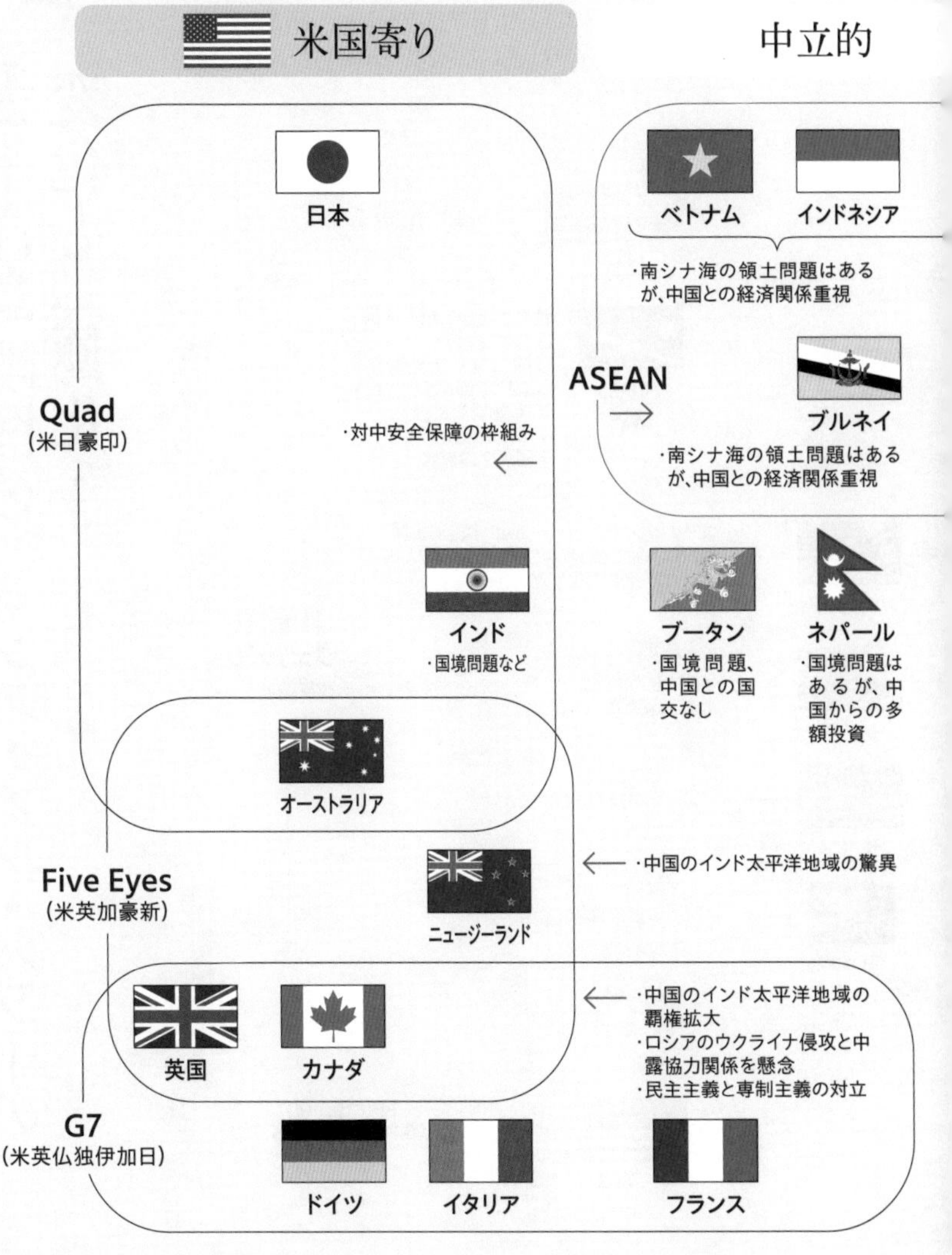

（出所：各種情報を基に恩田達紀が作成）

図解 7

太平洋島嶼国のバランス・オブ・パワーの変化と二極化（2023年5月時点）

- 「中国との国交10カ国」の増加：大使館設置8カ国　+ ニウエ、クック諸島
- 「中国との安全保障」：中国ソロモン安全保障協定　2022
- 「米国大使館設置国」の増加：6+3=9カ国（ミクロネシア連邦、フィジー、パプアニューギニア、サモア、マーシャル諸島、パラオ + ソロモン諸島再開、キリバス、トンガに設置へ）

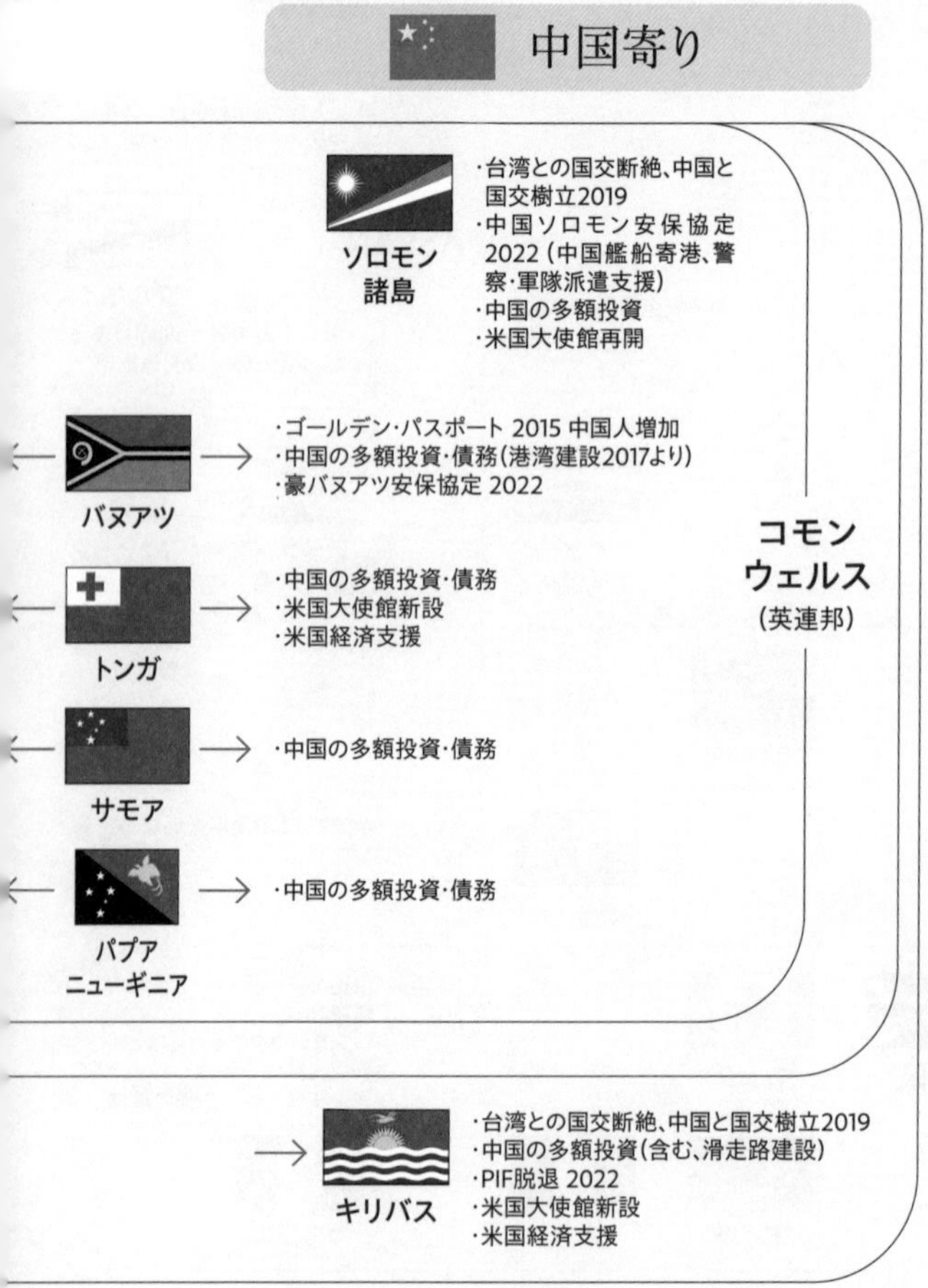

・「コモンウェルス（英連邦）」：オーストラリア、ニュージーランド、フィジー、ツバル、ナウル、パプアニューギニア、サモア、トンガ、バヌアツ、ソロモン諸島
・「米国との安全保障」：マーシャル諸島、パラオ、ミクロネシア連邦と経済・安保協定「自由連合盟約（COFA）」1986
・「台湾との国交」の減少：マーシャル諸島、パラオ、ナウル、ツバルの4カ国に減少（もともと冷戦終結後、台湾と国交のあった国は約10カ国）
・「中国大使館設置国」の増加：8カ国（ミクロネシア連邦、フィジー、パプアニューギニア、サモア、トンガ、バヌアツ、ソロモン諸島、キリバス）

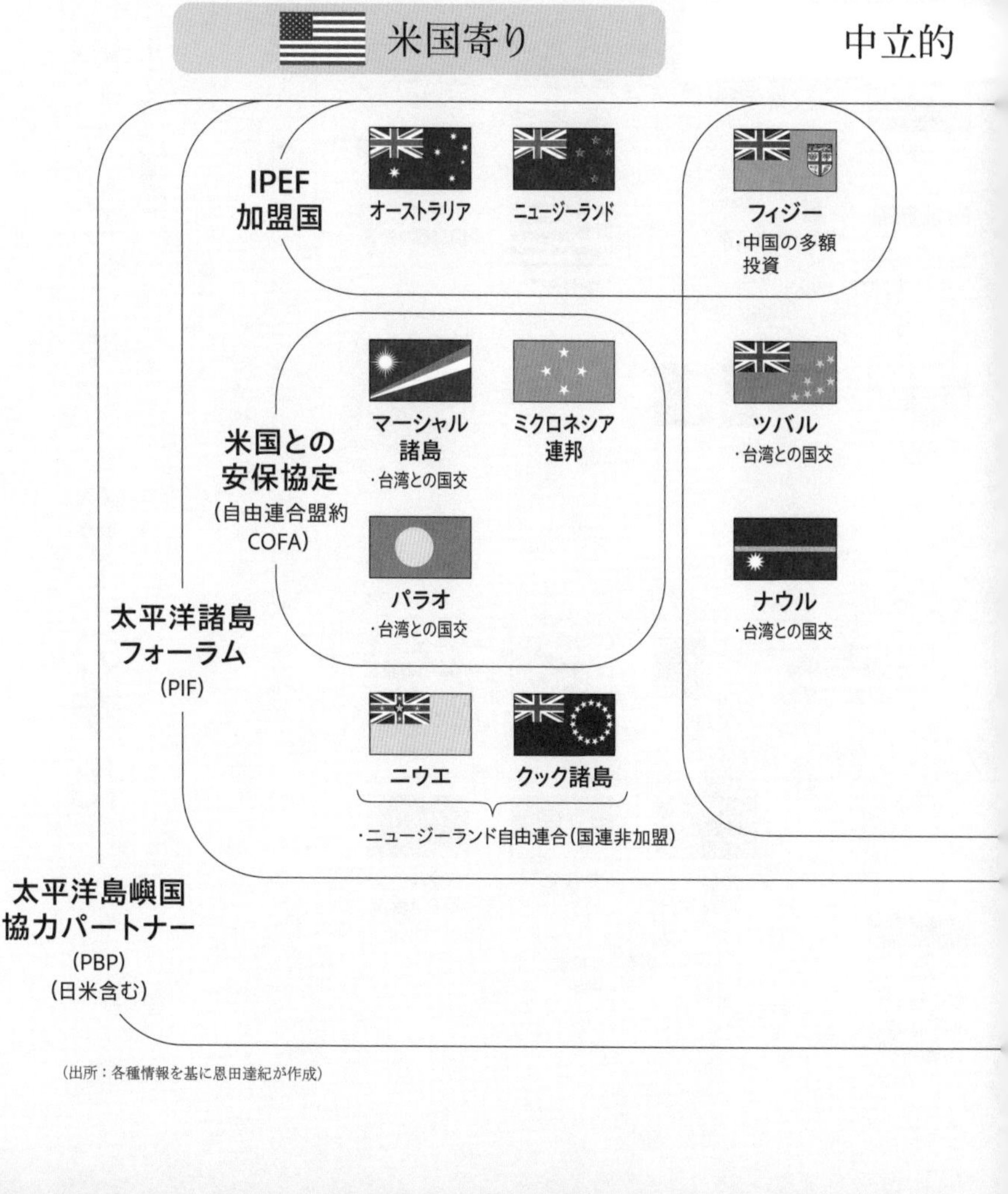

（出所：各種情報を基に恩田達紀が作成）

図解 8

欧州のバランス・オブ・パワーの変化（2023年5月時点）

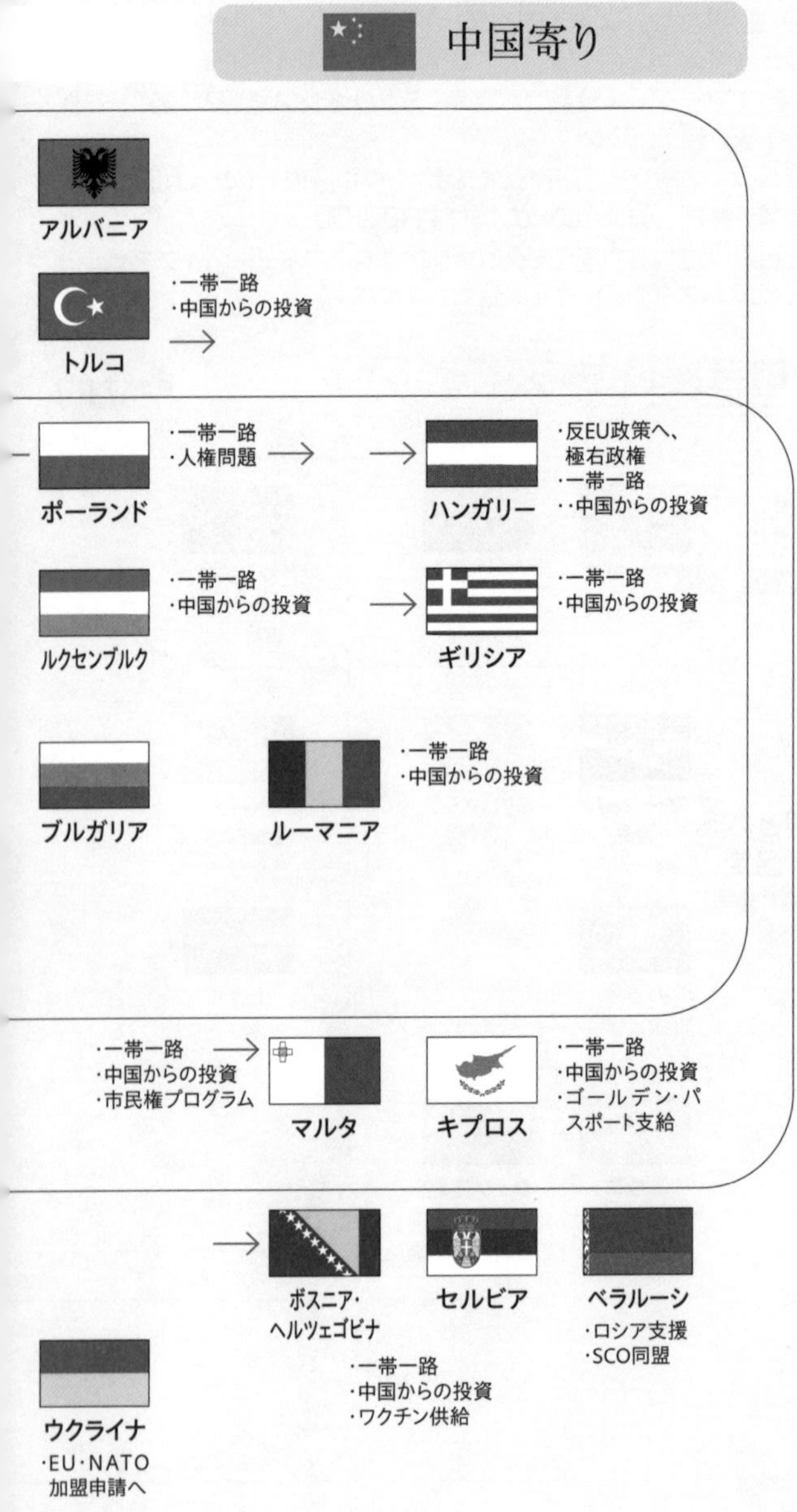

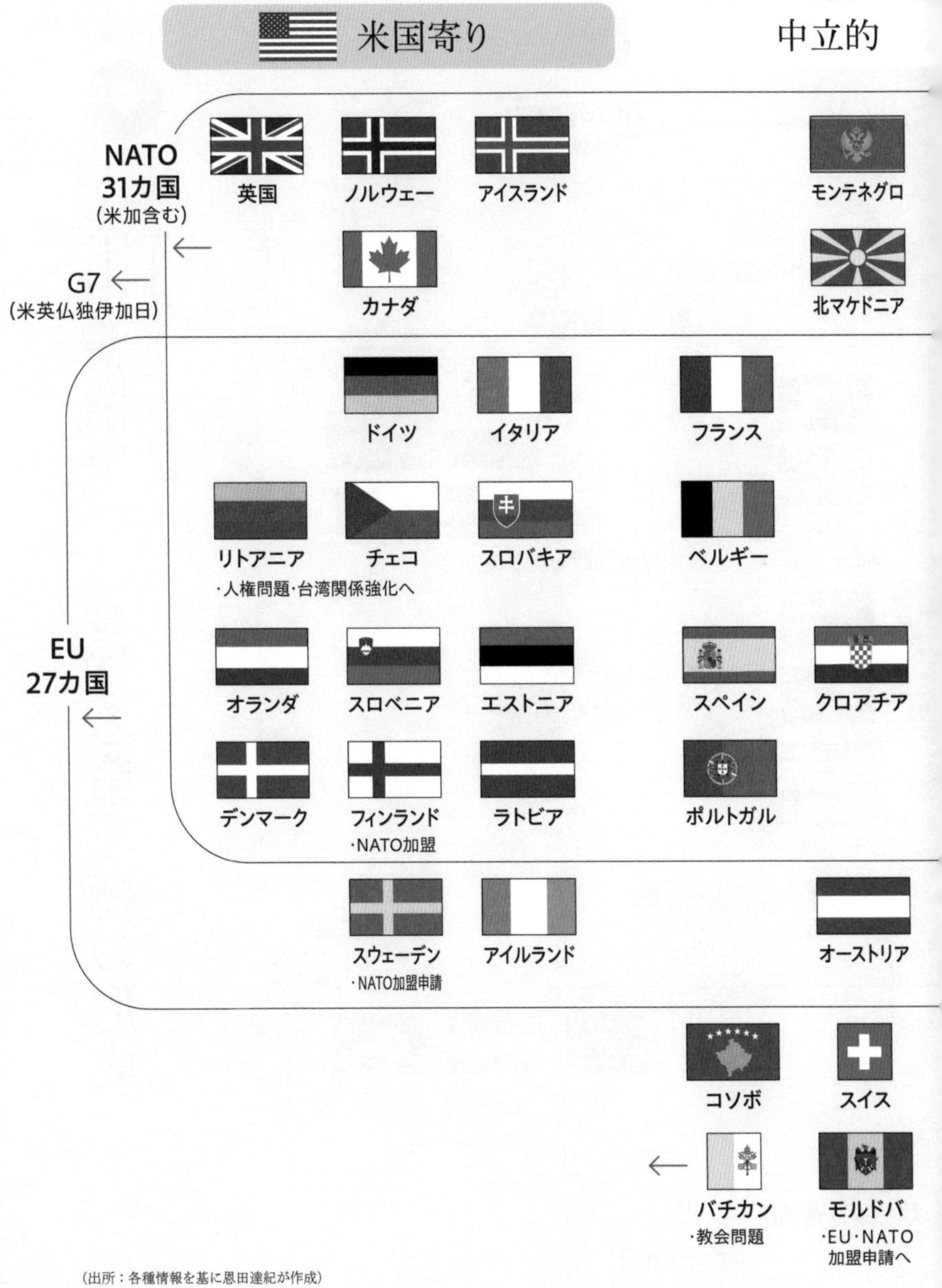
米国寄り
中立的
NATO
31カ国
(米加含む)
G7
(米英仏独伊加日)
EU
27カ国
英国
ノルウェー
アイスランド
モンテネグロ
カナダ
北マケドニア
ドイツ
イタリア
フランス
リトアニア
・人権問題・台湾関係強化へ
チェコ
スロバキア
ベルギー
オランダ
スロベニア
エストニア
スペイン
クロアチア
デンマーク
フィンランド
・NATO加盟
ラトビア
ポルトガル
スウェーデン
・NATO加盟申請
アイルランド
オーストリア
コソボ
スイス
バチカン
・教会問題
モルドバ
・EU・NATO
加盟申請へ

（出所：各種情報を基に恩田達紀が作成）

図解 9

米中覇権争いにおける第三極の形成（2023年5月時点）

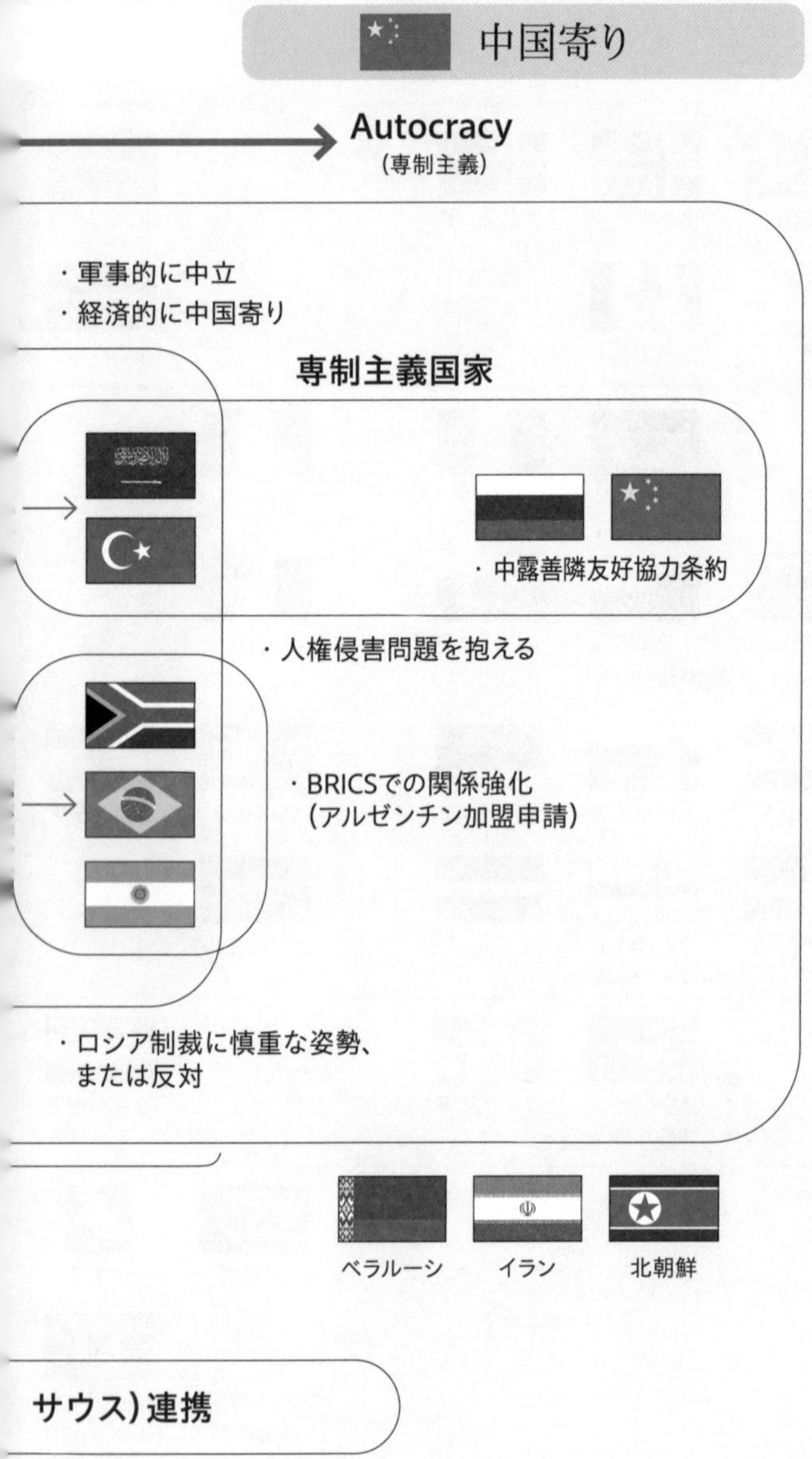

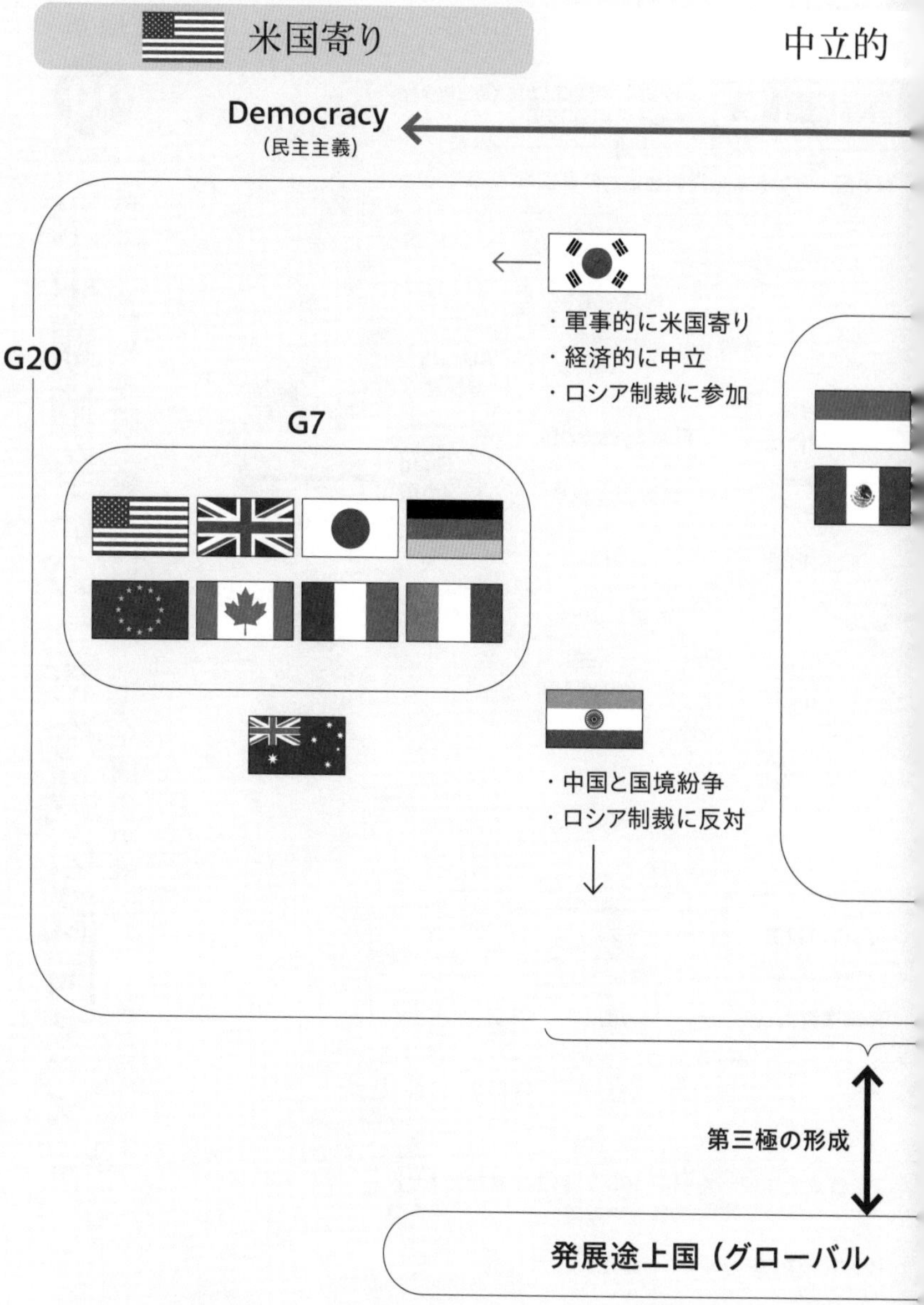

（出所：各種情報を基に恩田達紀が作成）

図解 10

米中覇権争いの「新冷戦の戦国マップ」

民主主義vs専制主義と同盟・パートナー関係の構図

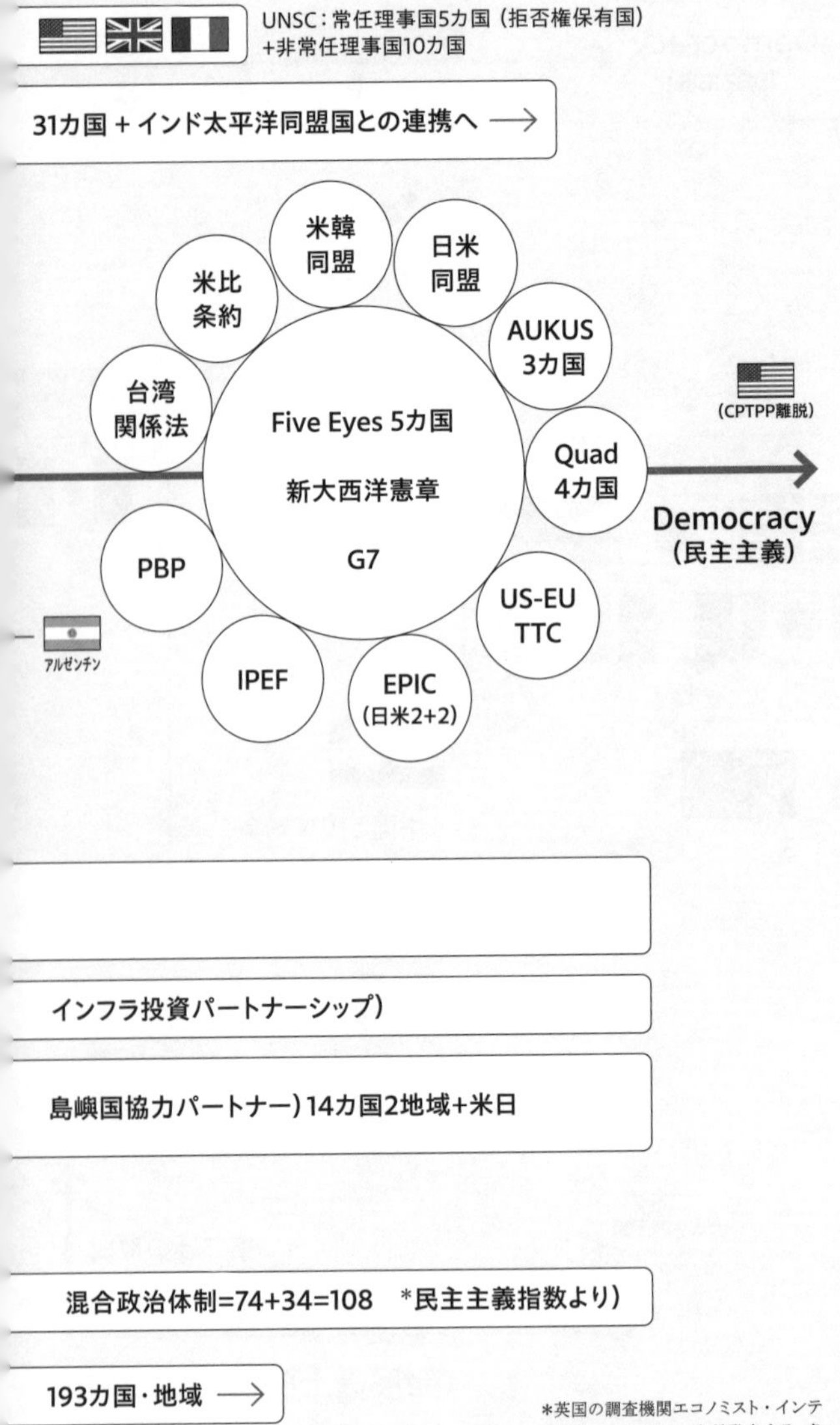

＊英国の調査機関エコノミスト・インテリジェンス・ユニットが発表する、各国の民主主義の成熟度のランク付け

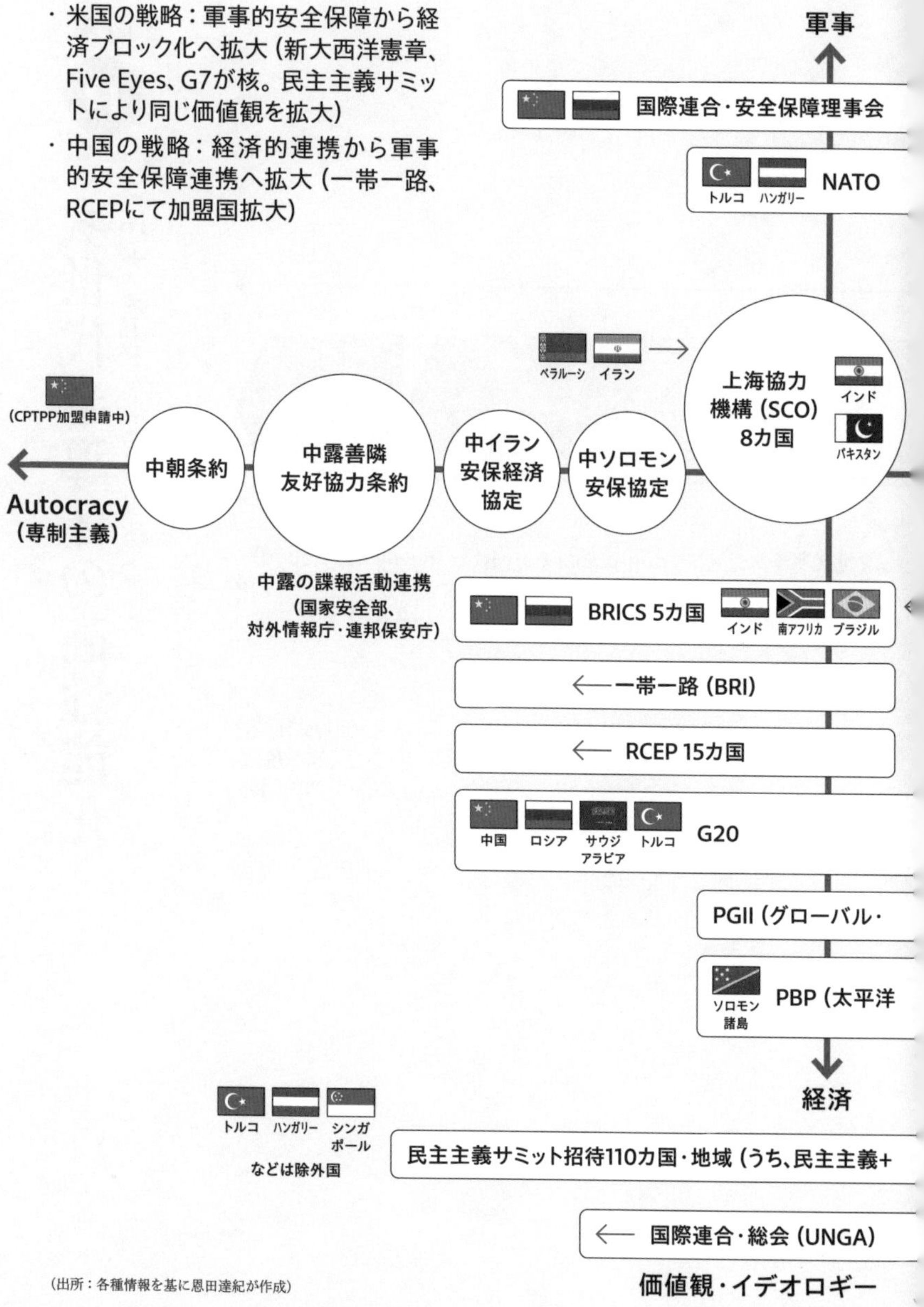

・米国の戦略：軍事的安全保障から経済ブロック化へ拡大（新大西洋憲章、Five Eyes、G7が核。民主主義サミットにより同じ価値観を拡大）
・中国の戦略：経済的連携から軍事的安全保障連携へ拡大（一帯一路、RCEPにて加盟国拡大）
軍事
国際連合・安全保障理事会
トルコ
ハンガリー
NATO
ベラルーシ
イラン
上海協力機構（SCO）8カ国
インド
パキスタン
（CPTPP加盟申請中）
中朝条約
中露善隣友好協力条約
中イラン安保経済協定
中ソロモン安保協定
Autocracy（専制主義）
中露の諜報活動連携（国家安全部、対外情報庁・連邦保安庁）
BRICS 5カ国
インド
南アフリカ
ブラジル
一帯一路（BRI）
RCEP 15カ国
中国
ロシア
サウジアラビア
トルコ
G20
PGII（グローバル・
ソロモン諸島
PBP（太平洋
経済
トルコ
ハンガリー
シンガポール
などは除外国
民主主義サミット招待110カ国・地域（うち、民主主義+
国際連合・総会（UNGA）
価値観・イデオロギー

（出所：各種情報を基に恩田達紀が作成）

図解 11

次世代半導体の高性能化（16ナノメートル未満の攻防へ）

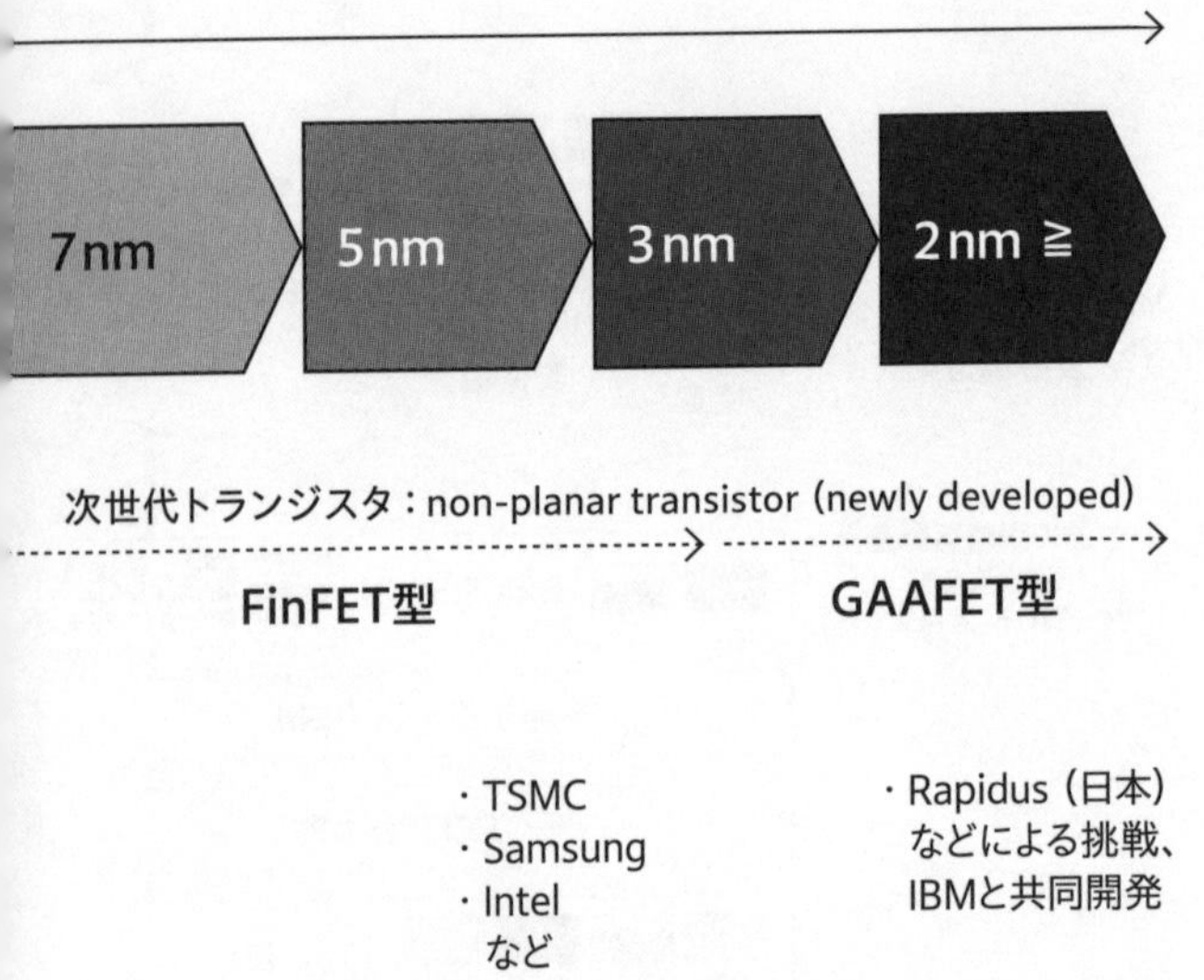

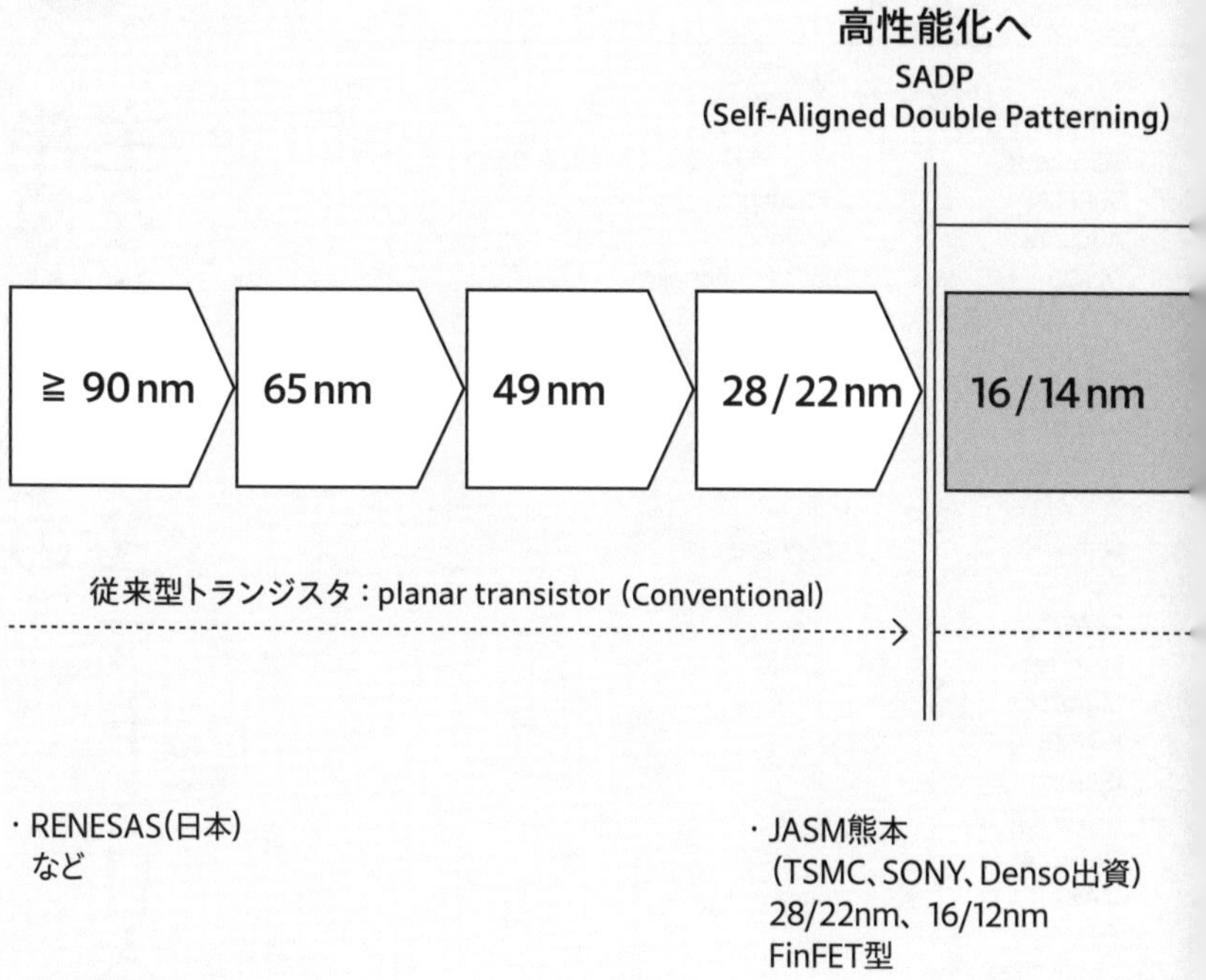
高性能化へ
SADP
(Self-Aligned Double Patterning)
≧ 90 nm
65 nm
49 nm
28/22 nm
16/14 nm
従来型トランジスタ：planar transistor (Conventional)
・RENESAS(日本)
など
・JASM熊本
(TSMC、SONY、Denso出資)
28/22nm、16/12nm
FinFET型

（出所：各種情報を基に恩田達紀が作成）

図解 12

半導体産業の主なビジネスユニットと日本の強み

④製造装置
欧米日の限られた技術力のあるメーカー

- TEL
- Hitachi High-Tech
- Teradyne
- SCREEN
- Advantest
- DISCO
- TOKYO SEIMITSU
- KOKUSAI ELECTRIC
- NIKON
- CANON
- TOCALO
- Shibaura
- TOWA
- EBARA
- Lasertec
- Muratec
- RORZE
- Daifuku
- KEYENCE
- OMRON
- MAZAK
- THK
- Sanyo Denki など

⑤製造
主に台韓中に集中

- TSMC
- UMC
- SMIC・YMTCなど（中国企業のデカップリング）
- Samsung
- SK hynix
- GlobalFoundries
- MICRON
- Texas Instruments
- Intel

- RENESAS
- KIOXIA
- SONY など

⑥マーケティング
欧米に強み

→ Rapidus（日本）などによる挑戦

←→ 台湾に強み

→ 日本の強みになるか？

①設計・開発
米国がほぼ独占

- IBM
- Qualcomm
- Nvidia
- Intel
- AMD
- Texas Instruments
- Google
- Apple
- Amazon
- ARM など

②検証（EDA）
米国がほぼ独占

- Synopsys
- Cadence
- Siemens EDA（旧 Mentor Graphics）
- Hitachi Solutions
- Zuken
- NCS
- Innotech など

③素材・材料開発
日本に優位性

- Shin-Etsu
- SUMCO
- Fuji Film
- DAIKIN
- Sumitomo Group
- Mitsubishi Group
- Kanto Chemical
- JSR
- Fujimi
- AGC
- STELLACHEMIFA
- Morita
- TOK
- Tokuyama
- DNP
- Toppan
- Niterra（NGK）
- Kaneka
- Seiko Epson
- NEC
- NEG
- Shinko
- TDK
- Murata
- Nippon Paint
- DIC
- TORAY
- Asahi Kasei
- KYOCERA
- Sharp
- Toyo Gosei
- NOK
- HOYA
- Fujikura
- Ibiden
- Taiyo Yuden
- Toshiba
- Fujitsu
- MELCO
- ROHM
- Sanken
- Mitsui Kinzoku
- Nitto Denko
- Daicel
- Yokogawa
- RESONAC
- Nidec
- NTT
- Meiko
- Nichicon
- Nippon Chemi-Con
- CABOT
- BASF
- Infineon など

- ASML
- AMAT
- Lam
- KLA

Preferred Networks（日本）
などによる挑戦

← 日本に強み

（成長分野）
●先端半導体
ロジック系 ←→ 米国に強み

●半導体開発の新分野
パワー半導体（SiC、GaN系）、
3D、光半導体　など ←

（出所：各種情報を基に恩田達紀が作成）

図解 **13**

米中の国家安全保障戦略（軍事・経済）と優先度（主にインド太平洋地域）

中国：

【軍事】

- **中露善隣友好協力条約の延長**（露との関係強化、ウクライナ侵攻の露へ制裁せず）
- SCO（インドとの関係悪化、新たに**SCOにイランが加わる**）
- 中国ソロモン安全保障協定（米主導Quad、IPEF、PBP対抗、太平洋諸島に拡大意図）
- 中国主導のRCEPにより、最大経済規模の連携戦略
- BRICSによるその他新興国ブロック作りへ（**アルゼンチン参加**表明）

中国の安全保障上の重要度

習近平政権（対米戦略）

【軍事】

- 中露善隣友好協力条約(5年延長)＊
- 上海協力機構(SCO)(1996、2001)(イラン加盟 2023)
  インド関係は悪化
- 中朝友好協力相互援助条約(1961)
- 中イラン安保経済協定(2021より25年間)
- 3つの共同コミュニケ　(1972、79、82)
- 台湾コンセンサス1992
- 中国ソロモン安全保障協定(2022)
  (南太平洋諸島10カ国へ拡大模索)

【経済】

- 一帯一路(BRI)
- 包括的経済連携協定(RCEP)
- BRICS首脳会議(拡大方向へ)
- 中-ASEAN自由貿易協定(ACFTA)
- G20
- ASEAN地域フォーラム(ARF)
- アジア相互協力信頼醸成措置会議(CICA)
- アジア太平洋安全保障協力会議(CSCAP)＊
- ユーラシア経済連合(EEU)＊(一帯一路連携)
- 北東アジア協力対話(NEACD)＊
- CPTPP加盟申請

＊米中にとっては、直接的な軍事同盟ではないが安全保障上の先端技術・知的財産などに関する情報を共有

米国：

【軍事】

・新大西洋憲章、AUKUSが加わる
・NATOも中国脅威の明示と**アジア関与拡大**

【経済】

・Quad、米国-EU貿易技術評議会（西側経済圏構想）
・IPEF（インド・パシフィック）米主導戦略構想による対中戦略
・PBP（太平洋島嶼国協力パートナー）が加わる

米国の安全保障の重要度
バイデン政権（対中戦略）

【軍事】

・**新大西洋憲章** 2021
・Five Eyes 1939
・NATO(アジア関与拡大意向2022)
・日米安全保障条約(1951、1960)
・米韓相互防衛条約(1953)
・ANZUS(1951)
・**AUKUS**（2021）
・日米豪印戦略対話（**Quad**)(2021)
・台湾関係法(TRA)(1979)
・米比相互防衛条約(1951)

・米印第4次軍事協定
・米-マーシャル諸島・ミクロネシア連邦・パラオ自由連合盟約(COFA)
・米星防衛協力枠組協定
・米尼防衛協力枠組協定
・米ミクロネシア連邦自由連合盟約

・欧州安全保障協力機構(OSCE)

【経済】

・G7＊
・米国-EU貿易技術評議会＊ 2021（US-EU TTC)
・**IPEF** 2022

・**PGII**（グローバル・インフラ投資パートナーシップ）2022
・米-マーシャル諸島・ミクロネシア連邦・パラオ財政支援協定
・PBP（太平洋島嶼国協力パートナー）2022
・EPIC(日米2+2) ＊ 2022

・G20

・北極評議会（中国の北極海航路、資源開発牽制）

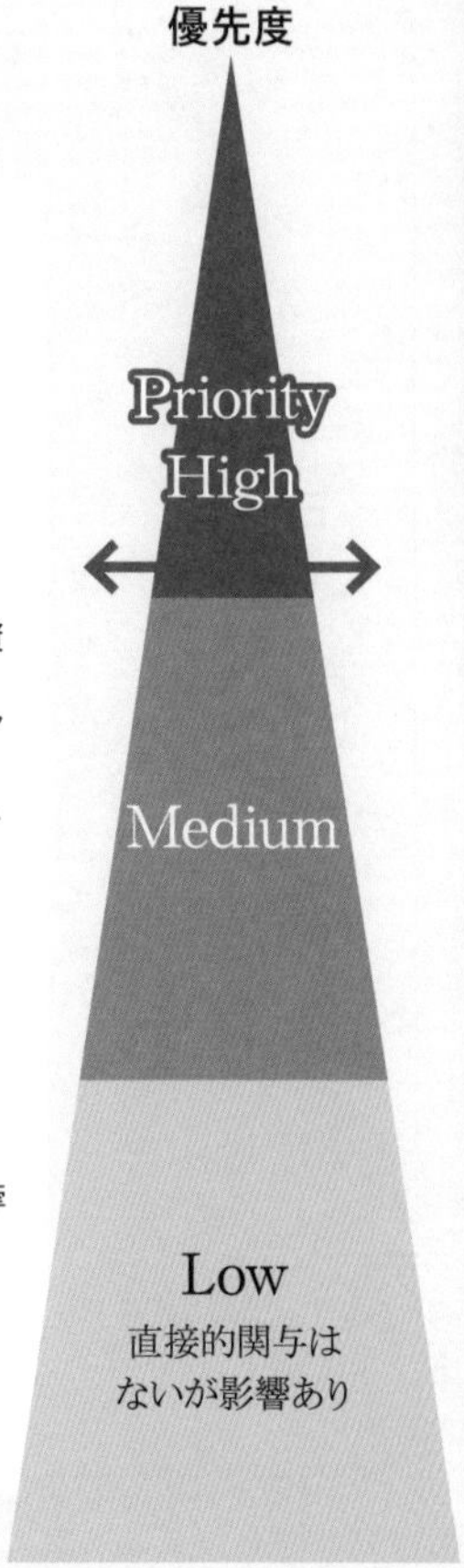

（出所：各種情報を基に恩田達紀が作成）

図解 **14**

日本の安全保障戦略（軍事・経済）と優先度（インド・パシフィック地域、主に対中露戦略）

【経済】

- **EPIC:** 日米経済版2＋2（2022.7）
- **IPEF**は日本に大きな期待（2022.5）
- **PBP:** 米主導の太平洋島嶼国協力パートナー、米英豪新日（2022.6）
- RCEP発効（2022.1）

経済的安全保障上の重要度

- G7
- **EPIC**
  （日米経済版2＋2）**
- CPTPP
- **IPEF**
- **PBP**
- RCEP

* 日本・NATO国別パートナーシップ協力プログラム（IPCP: Individual Partnership and Cooperation Programme）

** 日米経済政策協議委員会：経済版「2＋2」US-Japan EPIC（バイデン政権発足後に米国から提案された。先端半導体の共同開発などがスタートした、2022.7）

【軍事】

- 日米同盟とともに台湾有事に備える
- **Quad**、**日豪円滑化協定**（2022.1）、**NATOのアジア関与**（IPCP*）が加わる（2022）、**日英円滑化協定**（2023.1）
- 防衛装備品・技術移転協定（フィリピン、ベトナム、マレーシア、インド、タイほか+シンガポール交渉開始、2022）

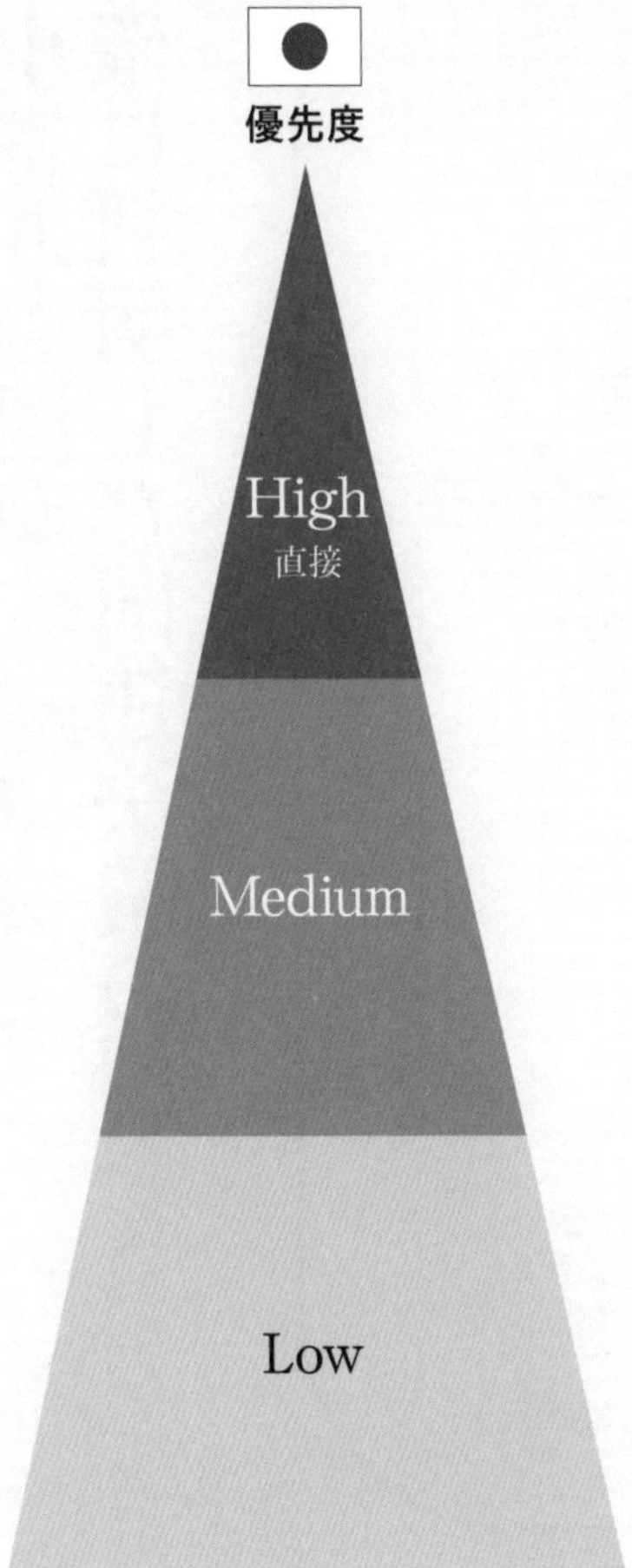

軍事的安全保障上の重要度

- 日米同盟
  （含む、台湾有事の備え）
- **Quad**
- **日豪円滑化協定**
  （日米同盟に次ぐ
  2番目の軍事同盟）
- **日英円滑化協定**
  （3番目の軍事同盟）
- **NATOのアジア関与**
  （IPCP*）
- 日印安保宣言
- 防衛装備品・技術
  移転協定

（出所：各種情報を基に恩田達紀が作成）

図解

15

露中寄りの国が明確に判明した国連決議の例

中国とロシア両方を擁護：28カ国

Americas

・キューバ
・ボリビア
・ニカラグア

Middle East

・イラン
・イラク
・シリア

Africa

・アルジェリア
・コンゴ
・中央アフリカ
・モザンビーク
・ジンバブエ
・エリトリア
・南スーダン
・マリ
・スーダン
・ウガンダ
・赤道ギニア
・ブルンジ

②国連人権理事会　2021年6月22日
「新疆ウイグル、香港、チベットにおける人権状況」

①「ロシア軍の即時ウクライナ撤退要求決議」に反対し、ロシアを擁護するロシア寄りの43カ国
②「中国の人権侵害非難決議」に対し、中国を擁護する中国寄りの28カ国、の踏み絵的な構図

ロシアの擁護国43カ国と中露両方の擁護国28カ国の一覧

ロシアのみ擁護：15カ国

Asia
- ベトナム
- インド
- カザフスタン
- ウズベキスタン
- モンゴル

Europe
- アルメニア

Americas
- エルサルバドル

Africa
- アンゴラ
- マダガスカル
- ナミビア
- セネガル
- 南アフリカ
- タンザニア
- トーゴ
- エチオピア

Asia
- 中国
- 北朝鮮
- ラオス
- バングラデシュ
- スリランカ
- パキスタン
- キルギス
- タジキスタン

Europe
- ロシア
- ベラルーシ

①国連総会　2022年3月2日と24日

（出所：各種情報を基に恩田達紀が作成）

図解 16

日本の目指すべきグローバル・ポジショニング

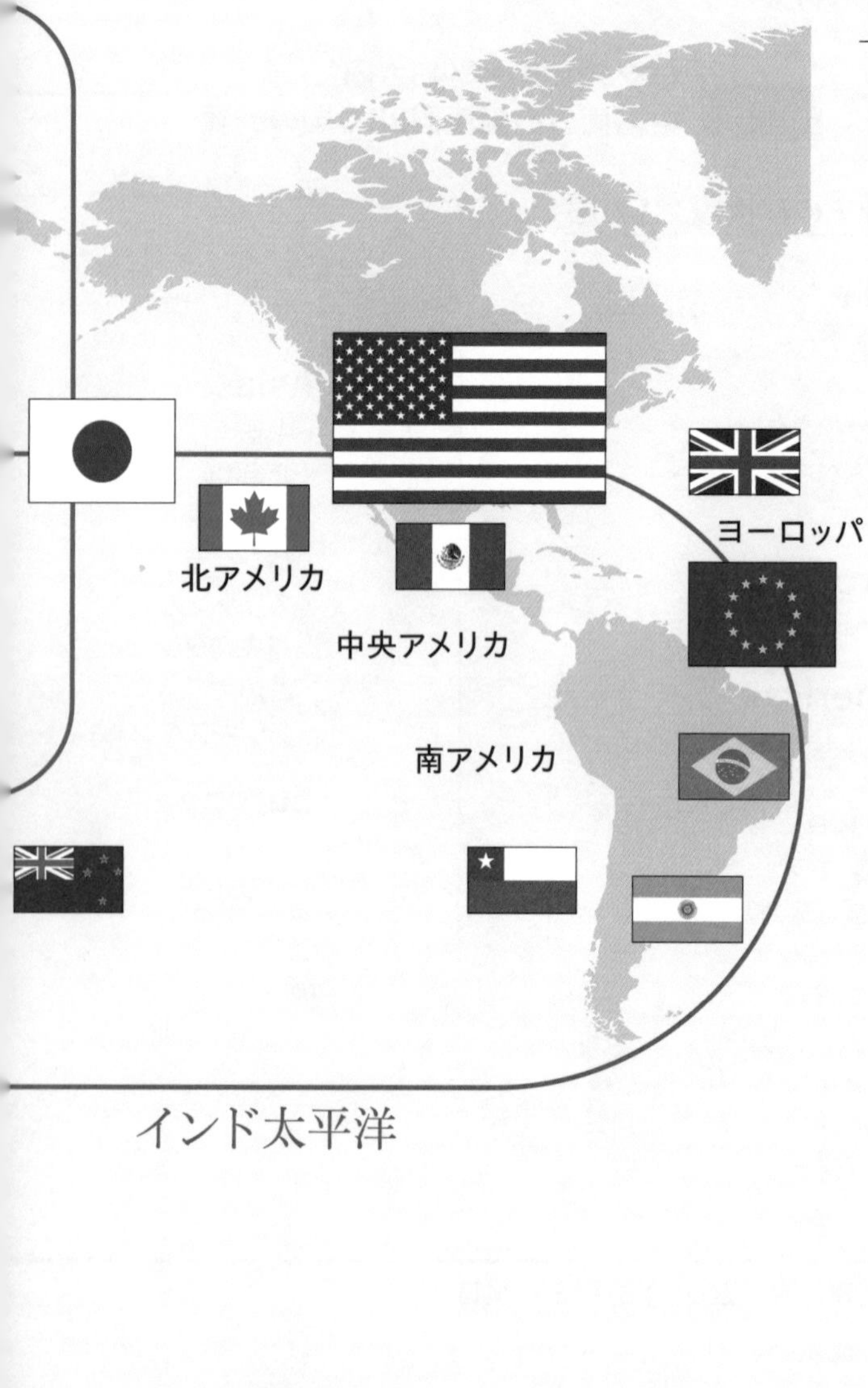

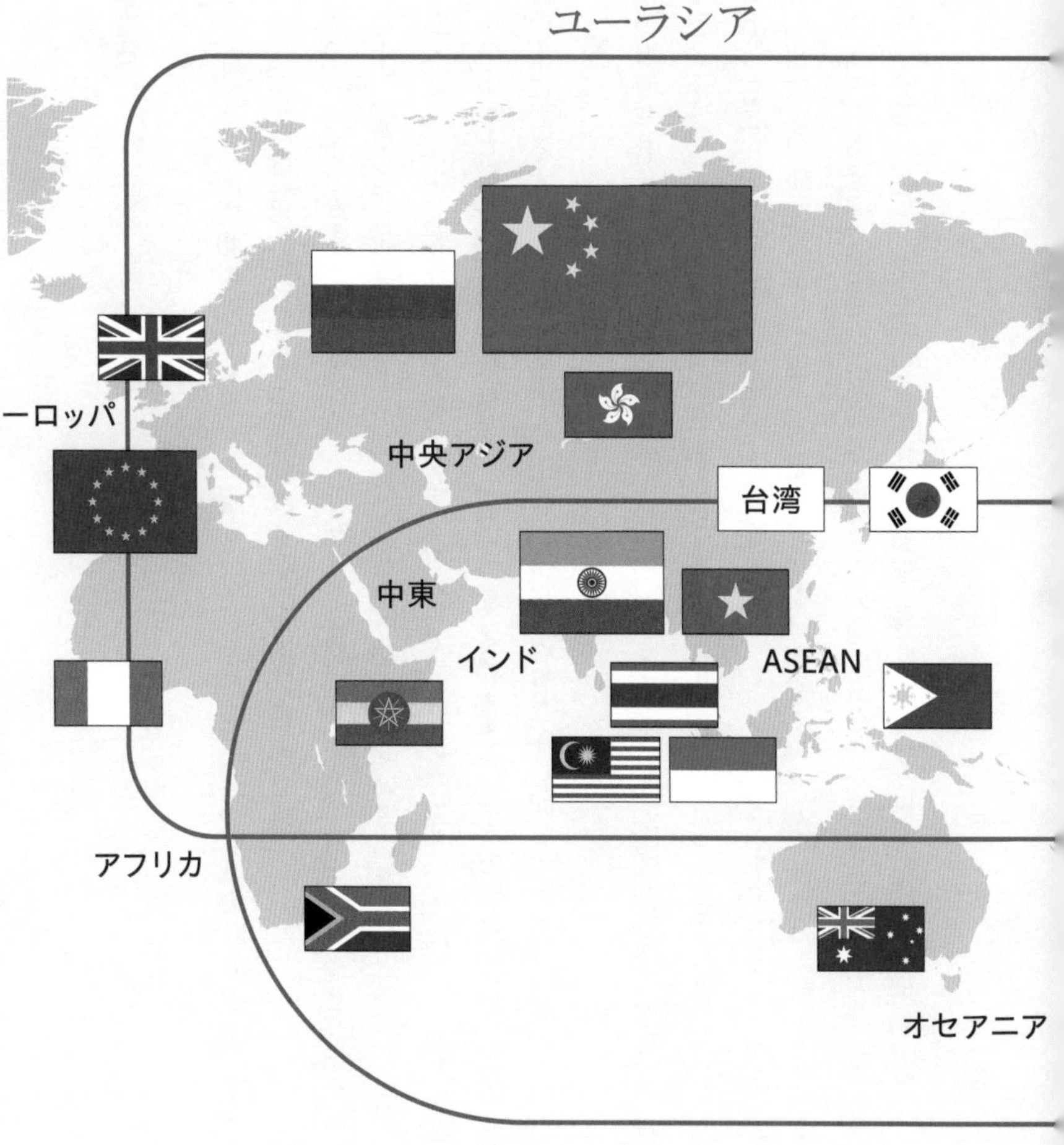

（出所：各種情報を基に恩田達紀が作成）

後書き

自身が社会に出て40年近くも過ぎた現在、グローバルビジネスは失敗の連続の上に成り立っており、「正解は常にない」ことが遅ればせながらよくわかった。

事業会社の約12年と、国内外のコンサルティングファームでグローバルビジネスに25年余り携わる中、「あらかじめ知識があったら」、「もっと早めに聞いていたら」、「より一層仕事が進めやすかった」、「失敗しなくてよかった」、「もっとよいビジネスをつくれた」、「もっと仲良くなれた」、「もっと精神的に強くなれた」、「もっと多くの人々に喜んでいただけた」などの、主に失敗の原因になるような事柄を中心に、過去を振り返りながら記《しる》している。

1990年代半ばの、1回目の留学の際に、ハーバード大学国際問題研究所にて、日米のマネージメント・プラクティスの比較研究「Japanese And American Management Practice Since World War II」、Occasional Paper October 1996」、CFIA at Harvard University」を行い、直近の2回目は客員研究員として米中の覇権争いと日本やインド太平洋地域へのインパクトと次世代戦略「The US-China Rivalry And Its Impact on Japan's Global Strategy」、Occasional Paper October 2020」、WCFIA at Harvard University」についての研究に携わった。

約30年にわたって、ボストン、ワシントンやビジネス界の政策関係者、研究者、知人・友人とともに、米国における最新の国際情勢について生々しい議論を日々重ねたことが、本書のベースになっている。

一方、中国では、2002年から、北京での日系流通企業の現地参入支援を主に行い、開店後は中国国有企業の上海百聯集団の董事会戦略研究室顧問として、2004年4月から2006年6月の約2年余り、野村総合研究所との兼務にて、主に企業の現代化の戦略策定の支援を行ってきた。

当初は歴史問題もあり難しかったが、董事長と研究室の仲間たち、友人たちと真剣に議論し合い、中国の発展と日中関係の良好化にビジネスパーソンとして微力ながら尽力してきた。

現在、または、これからグローバルビジネスに関わる方々や研究者、学生をはじめ海外に興味を持っている方には是非ご一読いただき、本書に示した「世界の根底に流れるもの」の主要ないくつかをあらかじめ理解してほしいと切に願っている。筆者の失敗からゆえに、必ず役に立てていただけると信じている。同じような考え方での失敗、意思決定での失策をできる限り小さくしてほしい。

筆者が提供した研究文書・図表は米中関係だけでも本書の30倍近くの量にのぼっており、15の章と図表を厳選する作業は、編集を担当いただいた日経BP総合研究所の山口健氏との半年にわたる日々のやりとりや都度の打ち合わせを経て、多大なる労苦の下で抽出した賜物である。

作成にあたる全体の方向感と視点については、毎週、同じく総合研究所のユニット長である河井保博氏とディスカッションを重ね、明確な編集方針とアイデアを提示していただいた。

お二人には重ねて深く感謝申し上げるとともに、言葉に表せない貴重な一体感のようなものを感じている。

米国、中国、東欧、ASEANでの滞在経験と約50カ国以上での実際の現地プロジェクトを通じて、グローバル事業における「地政学リスク」、「政変、クーデター」、「経済金融制裁」、「戦争、テロ」、「リーダーの大幅な政策変更」などカントリーリスクとしての、事業撤退、プロジェクト停滞・中止、販売中止、社員の拘束などに見舞われる中、日本と日本企業は日々たくましくなっている。

日々は失敗の連続かもしれないが、振り返ってみれば、その失敗のおかげで今に至っていることが多いのも事実である。

このような難しい環境下でも、新たな冷戦構造が進もうとも、日本や日本企業にとって、見逃してはならない大きなチャンスが到来している。

本書では、日本にこれから訪れる好機について、その背景と過去の事実を含め分析し、解析している。

道は都度変われど、絶対に諦めないことであると思っている。

これからは、世界に出ていく人たち、周りの人たち、より本質を知りたい人たちの「瘡蓋《かさぶた》になり落ちて消えるまで」とできれば本望かなと考えている。

謝辞

米国では、ハーバード大学国際問題研究所で、1990年代半ばから指導していただいてきた、エズラ・ボーゲル先生（Ezra Feivel Vogel ハーバード大学名誉教授）が2020年12月に他界されてしまった。先生は、その奥深い見識とともに、米日中の間の問題点と関係改善の指針を常に発信されてきた。

亡くなる直前まで、「ボーゲル塾」という私塾を私邸で毎月開催し、米国政策担当者、若い官僚、学者、ビジネスパーソン、学生などを招いてご馳走していただくとともに、自由な議論を学内外で実施し後進に元気を与え、育ててきた。元は社会学者として「深く人々の生活の中に入り込んできた先生」からいただいた助言「迷ったらその都度現場を必ず自分の足で歩いてごらん」は、今も実践につなげている。

米中アジアに長く滞在することになったのも、先生の助言からである。

また、故ドナルド・キーン先生（Donald Keene、日本名は鬼怒鳴門、日本研究学者、元コロンビア大学名誉教授）にも直接多大なる影響を受けた。「日本人は、自分たちの伝統に興味が薄いということが一番の欠点ですが、同時に素晴らしいことは他国や西洋の文化を日本流に理解して現代の日本文化にそれとなく自然に取り入れ溶け込ませていることなのですよ」、「西洋と文化がまったく異なるアジアの国の中で、不思議なことに日本人は常に曖昧さを残すことにより、よく知れば知るほど儚《はかな》さへの共感がお互いに湧いたのですね」など、西洋と東洋の懸け橋となってきた先人たちの言葉には重たいものがある。

米国での研究では、ボストンではハーバード大学国際問題研究所、ケネディースクール（公共経営大学院）、ビジネススクールの方々とは、非常に深い議論を交わし、多くの示唆を与えられている。ワシントンの政策担当者やシンクタンクの方々とは、日本の一人のビジネスパーソンとしての筆者に対し、様々な角度からの質問とともに意見を交換し合っている。

その情報の新鮮さと正確性に感謝の念は絶えない。

併せて次の方々に多くの示唆と刺激をいただいた。深く御礼する。

ハーバード大学国際問題研究所の前ディレクターのスーザン・ファー氏、現・ディレクターのクリスティーナ・デービス氏、事務総長の藤平新樹氏をはじめ、タフツ大学教授ジェニファー・リンド氏、ビジネススクール教授の竹内弘高氏。

紙面の関係で順不同となり恐縮だが、

小野勝弘氏、麻生佳津子氏、グレン・S・福島氏、山本幸三氏、越智隆雄氏、小川孔輔氏、田口冬樹氏、淺羽茂氏、岡部光邦氏、尾上定正氏、四方敬之氏、原村健二氏、岩谷邦明氏、遠藤雄司氏、渡辺将人氏、杉山里枝氏、池上一希氏、越山修氏、瀧波栄一郎氏、島村哲生氏、林恵子氏、金井宏樹氏、大平裕一氏、樋口光一氏、佐藤達哉氏、喜多野誠一氏、奥村敏之氏、大久保雄介氏、五十嵐一三氏、岩政陽氏、渡辺一成氏、蒲本浩明氏、武田伸二郎氏、松江英夫氏、渋谷友里子氏、鳥越恵子氏、岩田誠氏、柘植勝仁氏、青柳啓三氏、長野功一氏、岩田隆一氏、川端信之氏、祖開健氏、東方浩氏、園田健也氏、米田篤氏、上野歩氏、江野村勝氏、堀内達夫氏、佐々木俊氏、碓井誠氏、近江淳氏、鈴木源士氏、中田章文氏、円谷茂氏、大谷勉氏、鈴置高史氏、高橋優氏、倉成力氏、田代泰久氏、吉澤厚文氏、並木稔氏、松岡豊人氏、黒石邦典氏、山下茂氏、関口満氏、平石和昭氏、寺田耕治氏、島根一弘氏、足立桂輔氏、土谷豪氏、新堀光城氏、元吉真氏、池谷亨氏、石野栄一氏、

ケネス・グロスバーグ氏、ジェラルド・カーチス氏、フランク・シュワルツ氏、タイ・リ・タン氏、ケブン・ドノバン氏、アンドレア・アカパルゴ氏、には日ごろから大変お世話になった。

あらためて、日経ＢＰの河井保博と山口健の両氏には、グローバルビジネスを論ずる上で、視点の豊かさとその見識とともに多くの示唆をいただいている。

本書作成期間にあっても、３年近く私と家族の自由な時間を過ごすことがほとんどできなかった。

直近はもの凄い勢いで世界が変化し、昼夜問わず米国や欧州、アジアでの情報収集、ミーティングに追われてきた。

妻の美樹と長男の遥平には、30年ほどの間、海外駐在や海外ビジネスで飛び回り、多大な苦労と心配をかけてきた。その息子が素敵な祐夏さんを奥さんに迎え、今週（２０２３年5月）、筆者も「芽衣（Ｍａｙ、めい）のおじいちゃん」になった。祐夏さんのご家族とともに、妹夫妻の平林正安氏と浩咲には都度励まされてきた。

あらためて、感謝する。

恩田達紀（おんだ・たつき）

専門分野は、海外事業支援、新規事業開発、地政学分析（米中覇権争い下での日本企業の戦略、経済安全保障）など。

前職は、ハーバード大学国際問題研究所　客員研究員。研究テーマは、「米中の覇権争い下での次世代の日本とアジアの成長戦略研究」。

野村総合研究所、三菱UFJリサーチ＆コンサルティング、及び外資系コンサルティング・ファームにて戦略コンサルティング業務に25年余り従事。

海外では50カ国以上でプロジェクトを実施。

野村総合研究所時代に中国国有企業の董事会戦略研究室顧問を兼務。

米中冷戦がもたらす経営の新常識15選

2023年7月3日　第1版第1刷発行

著者　恩田達紀
発行者　林 哲史
発行　株式会社日経BP
発売　株式会社日経BP マーケティング
〒105-8308　東京都港区虎ノ門4-3-12

装丁　野網雄太
本文DTP　朝日メディアインターナショナル
印刷・製本　中央精版印刷

ISBN978-4-296-20256-0　Printed in Japan